远东国际军事法庭庭审记录·中国部分
——被告个人辩护举证（上）

Transcripts of the Proceedings
of the International Military Tribunal for the Far East:
The China related
——Individual Defence
of the Accused (Volumn 1)

主编　程兆奇
柴玉美　何屹峰　译　孙艺　校

内容提要

本书所译为远东国际军事法庭被告个人辩护阶段与中国有关的庭审记录。

被告个人辩护阶段区别于以主题为主线的集体辩护阶段,而是围绕被告个人,由检辩双方、被告个人、辩方证人等对法庭采纳的证据中的争议点展开辩论,借此认定被告个人犯罪事实,明确被告个人责任的过程。本书主要是被告荒木贞夫、土肥原贤二、桥本欣五郎、畑俊六、星野直树、广田弘毅个人辩护阶段的庭审记录。

图书在版编目(CIP)数据

远东国际军事法庭庭审记录.中国部分/东京审判研究中心编译.—上海:上海交通大学出版社,2016
ISBN 978-7-313-14847-6

Ⅰ.①远… Ⅱ.①东… Ⅲ.①远东国际军事法庭—史料 Ⅳ.①D995

中国版本图书馆 CIP 数据核字(2016)第 080135 号

远东国际军事法庭庭审记录·中国部分
—— 被告个人辩护举证(上)

主　编:程兆奇	译　者:柴玉美　何屹峰
出版发行:上海交通大学出版社	地　址:上海市番禺路 951 号
邮政编码:200030	电　话:021-64071208
出 版 人:韩建民	
印　制:上海景条印刷有限公司	经　销:全国新华书店
开　本:787 mm×960 mm　1/16	印　张:25.25
字　数:322 千字	
版　次:2016 年 5 月第 1 版	印　次:2016 年 5 月第 1 次印刷
书　号:978-7-313-14847-6/D	
定　价(共十二册):1200.00 元	

版权所有　侵权必究
告读者:如发现本书有印装质量问题请与印刷厂质量科联系
联系电话:021-59815625 * 8028

前　言

本册所译为远东国际军事法庭被告个人辩护阶段与中国有关的庭审记录。个人辩护阶段不同于以主题为主线的集体辩护阶段，而是围绕被告个人，由检辩双方、被告个人、辩方证人等对法庭采纳的证据中的争点展开辩论，藉此认定被告个人犯罪事实，明确被告个人责任的过程，一般包括各被告辩护人的开场陈述、检辩双方对证人的直接询问、交叉询问、再直接询问以及再交叉询问环节。

本册是被告荒木贞夫、土肥原贤二、桥本欣五郎、畑俊六、星野直树和广田弘毅个人辩护阶段的庭审记录。

荒木贞夫，"皇道派"代表人物，曾任职陆军大臣。在个人辩护阶段，辩护人从荒木贞夫的"皇道"思想出发为被告做开场陈述；被告荒木贞夫本人出庭作证，着重为自己担任陆军大臣期间陆军所采取的行动以及执行的政策辩护，比如主张陆军的行动遵循了政府的政策、平定北满和呼伦贝尔以及热河是根据《日满议定书》履行军队的职责、《塘沽停战协定》的签署结束了敌对行为等。在交叉询问阶段，荒木贞夫与检方就是否制定过"占领东四省〔1〕"的计划、上海事变的起因、日本对"满洲国"的承认、热河问题、日本退出国联、南京暴行等展开激烈辩论，在对某些字眼的使用上针锋相对。交叉询问部分可谓相当精彩，充分展示了检辩双方的辩论技巧以及辩方的辩护策略。本部分也体现了法庭对原田日记等书证的处理原则。

土肥原贤二，深谙中国之道。各证人主要就土肥原特务机关的活

---

〔1〕　传统意义上的奉天（辽宁）、吉林、黑龙江东北三省，加上热河省，被称为"东四省"。

动、土肥原军纪等作证,由中国的倪征燠进行交叉询问,从中不仅可以了解土肥原特务机关的情况,获悉证人在为土肥原辩护时的策略,更可以从中体会到当时中国检察人员在国际法庭上争取话语权、为中国伸张正义的艰难。

桥本欣五郎,1937年任野战重炮第十三联队联队长。个人辩护阶段,再现了"瓢虫"号事件,出现了在拂晓前,能看见2 000米外手帕落下,却看不清2 500米外舰船舰旗和舰体的证词矛盾,法庭调查充分展示了检方人员的睿智。

畑俊六,1939年任陆军大臣、1941年任侵华日军司令官。个人辩护阶段,主要围绕畑俊六寻求德国力量解决事变与米内内阁垮台的关系、主张撤军实则在中国扩大战事、中国战俘在日本煤矿的境遇等问题展开。其中法庭对证人泽田茂根据闲院宫载仁亲王的命令写给畑俊六的书信的处理,体现了当时法庭书证规则运用的情况。

星野直树,"满洲国"经济首脑人物,曾任"满洲国"财政部总务司司长、财政部次长、总务厅长、日本企划院总裁和无任所大臣。在其个人辩护阶段,相关证人就星野直树在上述任职期间采取的鸦片断禁政策、对货币体系的统一和财政体系的改革、日本治外法权的取消、对扩大生产能力计划的支持,以及新经济结构计划的修改和实施等经济政策为星野直树辩护,从中可以了解日本对满洲的经济控制以及所犯鸦片罪恶情况。

广田弘毅,"广田三原则"的炮制者,曾任外务大臣。个人辩护阶段,辩方提交诸多往来函电、会议纪要、官方照会、证人宣誓证词、大使日记及著作摘录等,阐明有关中东铁路出售、对华政策、卢沟桥事变后日方现地解决的策略及方案、与蒋政府以及各国的交涉等问题,为广田弘毅辩护。辩论过程中也提到了天皇在御前会议上的态度、日方演习权、对南京暴行的应对等问题。仔细研读自能品味到检辩双方的辩论精髓,也能领略法庭对书证的甄别标准。

阅读被告个人辩护阶段的庭审记录，我们不仅可以领略法庭上检辩双方唇枪舌战的精彩，更能洞悉法庭在证据采纳过程中法理的运用及证据规则的发展过程。了解原始的庭审资料，厘清国际法发展的脉络，读者自会对东京审判做出客观评价。

本册译稿广田弘毅前部分由何屹峰老师翻译。

本册译稿由孙艺进行了校对，解决了许多疑难问题，提高了译稿质量，并在翻译过程中给予本人许多鼓励和支持。

赵玉蕙老师根据《远东国际军事法庭庭审记录》英文版整理了本册译稿原文，为本册的翻译做了大量前期准备工作。

复旦大学的龚志伟具体组织了本册的翻译工作，并给予本人及时正确的引导，使本册翻译工作顺利展开。

闫成老师分担了本人许多其他工作，使本册翻译工作顺利完成。

本册译稿由石鼎老师和陈丽娜老师编制了索引，方便读者查阅，并在翻译过程中给予本人充分理解与支持。

上海交通大学出版社的郁金豹老师、金迪老师给予了大力支持和协助，使本书得以出版。

在此对各位老师一并表示衷心的感谢。

本人在翻译过程中力求忠实于原文，但囿于学识和翻译水平所限，书中难免有诸多错误及不妥之处，敬请读者多指正。

柴玉美

本册出庭发言者

法官
威廉·弗拉德·韦伯

检察官
柯明斯-卡尔
倪征燠
弗兰克·S.塔夫纳
大卫·N.萨顿
罗纳德·亨利·奎廉
W.格兰维尔·布朗

辩护律师
劳伦斯·P.麦克马纳斯
菅原裕
富兰克林·E.沃伦
阿尔弗雷德·W.布鲁克斯
E.理查德·哈里斯
阿里斯蒂德斯·G.拉扎勒斯
罗杰·F.科尔
乔治·威廉姆斯
乔治·山冈
山田半藏
威廉·洛根
伊藤清
本·布鲁斯·布雷克尼

证人
荒木贞夫
真崎甚三郎
爱泽诚
柴山兼四郎
桑岛主计
矢崎勘十

渡赖亮辅　　　　　　　高仓正

小幡实　　　　　　　　小畑忠良

泽田茂　　　　　　　　堀内谦介

田中隆吉　　　　　　　日高信六郎

石渡庄太郎　　　　　　冈本季正

松木侠　　　　　　　　石射猪太郎

凡　例

1. 本书所译,为东京审判庭审记录内容中1947年10月至1948年1月间的中国部分,这些内容都是被告个人辩护阶段的证词、证言和证据。内容涵盖了日本从九一八事变到整个侵华战争结束时的战争罪行。

2. 本书主要根据庭审记录的英文版翻译,参照日文版进行校对,内容按照庭审记录的顺序排列,不作变更。

3. 正文前"本册出庭发言者"名单,为译者汇总整理而成。

4. 为方便阅读,由译者将全书分段并加各段标题。分段主要根据庭审内容,标题仅起提示作用。

5. 译文中一些历史名词如"满洲国"、"新京"、"汪精卫政权"等,保留原状。

6. 脚注为译者或校者所加。

7. 原文中少量明显错误或者有疑问的地方,译文以脚注形式指出。

8. 译稿中的引文,有的地方参考了其他译本,恕不一一指出。

目 录

一、荒木贞夫之皇道思想　001
二、土肥原特务机关与土肥原军纪　097
三、桥本欣五郎与"瓢虫号"事件　142
四、畑俊六与华和解之道　150
五、星野直树战时经济政策　161
六、广田弘毅战时外交政策　187

索引　372

一、荒木贞夫之皇道思想

麦克马纳斯辩护律师：尊敬的庭长大人，请允许我宣读开场陈述为被告荒木贞夫辩护。

……

尊敬的庭上，请允许我们提出反证反驳检方对被告荒木的控诉。

1. 检方对荒木的指控如下

和所有其他被告共有的指控：诉因第1条至第17条；诉因第27条至第32条；诉因第34条和第44条。

和其他一些被告共有的指控：诉因第18条、第19条、第23条、第25条、第26条、第33条、第35条、第45条、第46条、第47条；以及诉因第51条至第55条。

然而，检方仅仅指出了荒木的下列公职：

陆军大臣（1931年12月13日—1934年1月23日）

内阁参议（1937年10月15日—1938年5月26日）

文部大臣（1937年5月26日—1939年8月30日）

国民精神总动员委员会委员长（1939年3月28日—1939年8月30日）

内阁参议（1939年2月1日—1940年8月3日）

既如此，除了对荒木在上述职位任职期间的指控外，对荒木在其余时间内的指控必须表述清楚。而在这一点上，检方仅模糊地列举了各种诉因,因此,我们认为无须提出反证反驳这些指控,仅一幅就能清楚地表明荒木没有参与这一诉因的图表就足够了。

2. 荒木没有参与共同谋划的证据

检方断言荒木参与了共同谋划侵略战争、鼓吹侵略思想和煽动少壮军官。我们将证明荒木既不是一个沙文主义者、也不是一个纳粹主义者,更不必遑论是一个侵略者,而是一位KODO(皇道)信仰者,一位纯粹的日本主义者。他所信仰的皇道,按照它的教义,是一种温和的、不偏不倚的处世哲学,是穿越天地的公共通道,是达成亘古不变、四海皆准人性的永恒之路。他将进一步证明他的思想并非如此具有颠覆性、如此自大、如此守旧到对世界和平造成威胁,并将证明他是一位和平主义者和一位人道主义者,在他全部的演讲、文章和活动中他一直在为世界和平宣扬这种皇道精神,而且这些演讲、文章和活动与煽动宣传和指导任何侵略性战争明确相对。至于八纮一宇的提法,我们能够清楚地证明他是在何种意义上使用这一说法的。

我们将证明他教导陆军行事要像皇室军队一样,这意味着他们也要展现皇室仁慈的品德,而且他训练陆军的口号是:胜利时永不被敌人憎恨,驻防时被当地人爱戴。

根据他在一战中的经历,他警告世界,战争正在恶化成非常残酷的斗争。即使在无法避免的自卫战争中,他也谴责那些使用毒气和细菌的犯罪行为,并主张应该限制使用武器的杀伤力,而且不惜一切代价避免战争对妇女、儿童和其他非战人员造成损害。我们将进一步证明,从他的皇道观点来看,他认为日本与诸如中国、苏联、英国和美国这些国家间迫在眉睫的政治性议题不应该通过战争解决;他的经历就是一系列与激进主义的抗争;日本无法逃脱20世纪30年代世界性的混乱;日本也正蒙受国内连同国外一个接一个的非同寻常的、灾难性的事件;他致力于处理这些事件并一个一个把它们全部解决。然而命运似乎已经禁止他再继续努力,在1934年1月1日,他在处理完满洲事变后,因病重,部分由于过劳,然后他就辞去了陆军大臣的职务。因为担忧日本正贸然追随的悲惨命运,他不得不离开政治中心。

根据他的皇道观点,他反对中国事变军事行动的扩张,也反对《三国公约》,生怕这会导致一场世界战争。

上述一切都将通过书面证据和言词证据可以证明。

3. 我们将证明正是因为荒木贞夫的努力,满洲事变和第一次上海事变才以最可能少的损害结束,避免了它们演变成东亚大规模的骚乱。

我们将表明满洲事变已经具有了本可以导致巨大的世界性战争爆发的某些因素。这次事变在荒木被任命为陆军大臣之前3个月已经爆发,因而不可能再回到原来的状态,而且在满洲,由于它自身的历史背景,独立运动一直在酝酿中,并已经深深影响了全体满洲人民。然而这在集体答辩阶段在某种程度上已经有所证明。但是,我们将证明自他成为陆军大臣后,他采取的措施既不具有侵略性也不表示占领,而目的在于按照国际法保护日本的权益和日本侨民,而这些措施是为了实现内阁在最可能早的日期结束敌对行为的决议。为停火得采取两项措施,其中一项是平定土匪骚乱、击退其他挑衅性活动、签署停战协定,而另一项是平息日本国内高涨的情绪、促使这个国家自我反省,而荒木成功地实现了这两项措施。此外,荒木一直慎重应对"满洲国"的建立和承认问题;他履行了自己的职责,尊重外交当局的意见、遵循政府原则行事;他不仅努力停止敌对行为、阻止它们扩张成全面的动乱,而且他还顶着强烈的反对,甚至冒着生命危险,设法提议召开远东和平会议,期望为东亚和平奠定基础;在他由于工作过度病倒而辞职时,为争取和平他把他的计划委托给内阁。我们会证实该事实。

我们将进一步表明，关于国际关系，他总是遵循相互合作的原则；他反对过早承认"满洲国"；上海事变之后，尽管反对力量很强大，他还是实现了撤出全部军方人员的目的；他是最后一个同意日本从国际联盟退出的人。当他了解到退出不可避免时，为了世界和平他尽力构建和英国以及美国的合作计划；他按照政府的政策处理军事事件，尊重国际条约，从来没有僭越它们的界限。我们也须证实该事实，令法庭确信。

且他尊重"满洲国"的独立，希冀在它的《建国宣言》中说的那样成为东亚地区稳定性上，像沙漠中的绿洲那样的理想国家，而且他并没有异想天开到把"满洲国"看成一个傀儡国家。

4. 我们将证实荒木自1936年就与陆军毫无关联

我们也将证明荒木任职陆军大臣期间，五一五事件爆发，在这次事件中甚至没有一位年轻陆军军官参与；然而二二六事件是一次年轻官员着手的有辱皇军和荒木一直倡导的尊崇精神的非法行动。荒木非常关注这次事件，而且尽管他曾稳健地领导过他们一段时间，但是自从他从职位上退下来，他们不再喜欢他那些合理的、温和的思想，而且事件发生时，当川岛陆军大臣要求他们去拜会荒木时，他们拒绝了。

我们将表明荒木和其他5位将军不得不离开现役，为这次事件引起的混乱承担道义上的责任，由于这是适宜的、合乎预期该做的事情，因为了解并把这次事件遏制在萌芽状态，本应是任何一位陆军高级官员义不容辞的责任，尽管他们并不知悉这样的活动。他们一从现役退出，一项特别针对这6位将军的陆军大臣，应从现役名单中任命的制度就执行了，旨在剥夺他们在未来任何时候成为陆军大臣的机会。

证人田中隆吉向法庭介绍了所谓的皇道派。我们将证明不存在这样一个党派，这一命名既非荒木或者他的朋友所为，也非他们所主张，而是有人开始称呼那些赞同皇道思想的人，像荒木，为皇道派。我们将进一步表明那些排斥这种皇道精神太不实用的人，那些认为唯统制或者像一战中德国那样的全面动员运动制度至上的人，被称为统制派。我们将证实在二二六事件后，凭整肃的借口将几乎所有所谓的皇道派都从陆军中逐出，尽管他们与这次事件没有关联。

我们将表明检方把荒木将军误认为是这一军事派别的领导人。我们将证明荒木将军早在15年前当他完美地处理满洲事变避免了影响整个东亚的时候，就凭借他的卓著功绩赢得了世界声誉，并且我们将通过证据解释为什么他本人如此著名却不久就被从陆军中除名，甚至从来没有组织过一次内阁。

5. 我们将证实尽管近卫公爵要求荒木处理中国事变，但以文部大臣的身份他无法做到。

我们将表明近卫公爵认识到了被称为皇道派的荒木将军和其他人身上对和平的真诚的、热切的渴望，彼时公爵就尽一切努力让他们像处理满洲事变那样设法帮助处理中国事变。

我们将证明内阁参议制是由近卫公爵创立的一项制度，旨在借助于一些像荒木将军，即使已经退休，和其他一些这样审慎的人来处理这次事变。近卫公爵使荒木、宇垣和池田先生一起在上述事变后进入他的内阁，因为这些人在内阁之外对他毫无用处。

……

我们将提出证据涵盖谋划满洲事变、中国事变以及荒木退休后的各种活动，讨论上述六项，对起诉书中的全部指控予以完全、不容置疑的驳斥和否认。

……

法庭书记官：辩方文书第2242号接受为证据第3160号，仅供识别。

（上述文件被标以辩方第3160号证据）

麦克马纳斯辩护律师：现在我想传唤被告荒木。

荒木贞夫，被告，代表自己出庭作证，首先正式宣誓，然后通过日语译员作证如下：

直接询问（由麦克马纳斯辩护律师询问荒木贞夫证人）

（下午开庭）

法庭于13:30继续审理。

法庭执行官：远东国际军事法庭现在重新开庭。

荒木贞夫，被告，代表自己出庭作证，重新站在证人席，经由日语译员作证如下：

法庭书记官：辩方文件第2488号被接受为第3161号证据。

（上述文件被标以辩方证据第3161号）

韦伯庭长：麦克马纳斯辩护律师。

麦克马纳斯辩护律师：尊敬的庭上，请允许我现在宣读第3161号证据：

我，荒木贞夫，宣誓供述如下：

1. 我在接受陆军大臣职位前的情况

从1928年1月到1928年8月，我担任参谋本部第一部长、担任陆军大学校长直到1929年；担任熊本第六师团长以及教育总监部本部长，直到1931年8月。

当我在那些职位上供职时，从我在一战中的经历、我对战争道德性的看法以及创建我们军队的基本原则，我认识到必须把我们的军队与旧时的普鲁士式军队划清界限，因此，我全身心地致力于对军队的教育和训练上,最终目标是提升军队的道德水准。

那些日子里,并非平静无事。相反,种种迹象表明存在潜在的动荡。然而,我对时事问题的看法总是与日本领导人的意见不同,包括那些军国主义人员的看法,而且我总是对那些彼此对立的运动保持不偏不倚。

那是在1931年8月15日,我到达东京接受军事教育总监部本部长一职。那是向军事教育部总监提供咨询的职位。

我是从报纸上了解到满洲事件爆发的。我听说政府确立了不扩张政策,因此我对这次事变没有过多考虑。

十月事件发生时,南次郎陆军大臣和金谷参谋总长恰好要求我去平息这次的祸乱,我成功完成了这次任务,但就参与此次事件的人的惩戒问题没有任何进一步的通知。

当时,我仅是军事预备学校和军事学院入学考试委员会主席,这一职位在那个部门中规定是要由军事教育总监部本部长担任,跟时事问题没有任何联系。

2. 我接受陆军大臣职位时的情况

1931年末,我是次官层面的老成员,因为这个原因,在1931年12月13日犬养毅阁下要求我担任陆军大臣一职。按照当时军队的惯例,我向陆军三大长官(陆军大臣、参谋总长和军事教育部总监)汇报了此事并请求指示。三大长官意见一致,指示我接受这一职位。因此我向犬养先生提交了我的接受函,在犬养内阁正式组建的同一天成为陆军大臣。在本法庭的犬养阁下作证称我是在一些非同寻常的情况下接受的,但是不仅没有任何不合常规的程序与我接受这一职位相关,而且我的前任或者当时任何一位重要人物都没有告知我这样的情况。

在我接受这一新职位的翌日和随后一天,我的前任南陆军大臣、杉山陆军次官以及金谷参谋总长向我解释了当时日本的事态,概要如下：

（1）自从满洲事变爆发后，政府和军队当局就根据不扩张政策努力处理这一棘手问题，但是满洲的情况在过去已经恶化多年，非常复杂以至于定居满洲的日本平民和关东军仍然处于危险中。现存的满洲政权的政府已经失去了对局面的控制，一些有影响的人物已经潜逃，剩下的在满洲各地建立了自己的据点，满洲到处呈现出一种绝对的无政府状态。

（2）军队当局，鉴于他们的首要职责，忙于从两个方面应对这一局势——一方面保护日本国民和他们在满洲的权益；另一方面是自我防卫确保关东军安全。当时的情况，若槻内阁的第二次声明中已经说得很清楚，已经恶化以至于把军队撤回到起初的驻防地已经不现实。

（3）为破坏满洲的治安，张学良在锦州地区建立了一个据点，他并没有遵守诺言从锦州地区撤出他指挥下的所有部队，而且没有丝毫迹象表明他的诚意，某一天他可能履行这个诺言。

（4）缘于和平解决的愿望，日本军方让征战锦州的部队半路上返回，这一事实被张学良利用并进行宣传。他忙于组织宣传他和他的部队在这次战斗中获胜，以此鼓动部队的士气，促使他们渡过辽河，出现在并占领了远至奉天附近的地区，这在很大程度上危及到了日本国民和最前线的部队。

（5）鉴于国际联盟对实际情况并没有全然理解，最近的议员会议决定派遣一个咨询委员会，支持我们的正确主张，保留平定土匪和其他骚乱群体的权力。

上述是陆军三位重要人士向我解释的真实事态的概括，他们的结论是假设任由这种状况发展下去，假设对日本国民造成任何损伤，或者关东军因此遭受任何严重损伤，敌对状态将扩及整个中国，并将导致严峻的国际关系。

3. 政府政策的决定

当我把这些事情向犬养内阁总理大臣汇报时,他,以一个政党主席的身份,对日本内外局势的严重性了解的比我更全面,把他的意见告诉了我,内容如下:

(1) 自我防卫和不扩张应是应对这种局势的根本政策,基于这一政策,应立即恢复治安,结束满洲的敌对行为。

(2) 应当谨记张学良是我们要对付的那个人,他是治安的违犯者,因此,就这点而论,军事行动的战场必须严格限制,任何情况下都不能超出他的统治范围。

(3) 为解除锦州地区迫近的危险军事行动可能是必需的,但是即便这样做时,也应首先要求张学良指挥下的部队从那个地区撤退,以便于根除未来邪恶的根源。

(4) 应该向国际联盟和其他与满洲有条约关系的国家做一个透彻的解释,赢取他们对满洲真实事态的完全理解。

内阁总理大臣的这些意见在内阁会议讨论后被确定为犬养内阁的基本政策。按照这一决定,我与大藏大臣、海军大臣进行了必要接触,为陆军省完成它的职责范围做准备。这一决定也由我传达给参谋本部,以便要求他们做出相应行为。

与内阁的这次决议相关,在第187号和第188号证据中有一断言,意思是我制定了占领东四省的计划。这是不合格译员的翻译引起的错误,与事实全然不同,我会在这份陈述后半部分28项的下面提到这件事情。

我从未听闻,犬养内阁总理大臣如犬养健阁下在庭前的证词那样有意申请天皇敕令撤退关东军。犬养内阁总理大臣很聪慧,本应非常清楚,天皇是宪法的热诚守卫者,没有参谋本部的先行建议,不会颁布天皇敕令。我会通过为与最高统帅部有关事项作证的一名证人反驳这一断言。

检方在起诉书附件 A 第一章中也有一断言，指出在犬养内阁组建后——"在 1931 年 12 月 13 日上台的日本政府，以及所有随后的政府都采纳并延续了这种侵略政策，并且逐渐蔓延至中国其他地区。"犬养内阁和斋藤内阁，我都是内阁成员之一，他们从来没有制定过任何这样的政策，这一点应为这两届内阁中有责任心的成员在公共场合发表的几次演讲所充分证明，几位证人以及将提交法庭的书面证据也会印证这一点。

4. 平定辽西地区（辽河以西）

日本政府遵循上述政策，期望经由外交谈判和平解决锦州地区的骚乱但是自从开始谈判几乎白白耗费了一个月的时间，没有他们从该地区撤退的一点迹象。相反，辽河沿岸一侧，土匪的活动越来越猖獗，到 1931 年 12 月末，局势恶化到日本政府不得不诉诸武力铲平这些土匪和非法暴民据点的地步，以拯救处于危险中的日本国民。我把政府这一决定传达给参谋本部。同时，政府在 27 日发表声明说明当前情况，并向世界解释了日本正面对的困难。

同月 28 日，参谋本部从朝鲜向满洲派遣了一个师团和一个旅团，他们的主力就在那个月末开始了军事行动。

此时关东军，鉴于每天发生的各种伤亡，采取了几项措施应对这种情况，并且多次要求张学良和他的士兵从辽西地区撤离，却没有得到任何回应。

然而，土匪部队一听说日本要采取果断措施，就逃离了锦州地区，连同张学良指挥下的集团军。因此，1932 年 1 月 3 日室中将率领一队日军进入锦州城，兵不血刃，日本国民得以从危险中解脱。

这次行动后，军队承担了维护当地法律与秩序的任务，把其他活动留给了外交当局。然而，在 1 月份，守备部队遭遇了几次由当地各处土匪制造的伤亡，包括在锦西彻底击毁古贺兵团，但是驻守当地的部队遵守不扩张政策，接受了这一切并没有采取任何反击措施。

5. 第一次上海事变

派遣远征军的起因和陆军的政策。

1932年7月中旬,一群中国平民攻击了一伙日本僧人,或杀或伤,就此开始了第一次上海事变。这次事件引发了日本海军和中国第十九路军之间的冲突,很大程度上危及到了大量在上海的日本国民连同日本海军自己。

海军当局,鉴于履行他们在上海的国际义务,同时为了解救自己的海军部队和保护在那座城市的日本国民,就把这个情况汇报给了政府,要求向上海派遣陆军先遣部队。政府知道形势急迫,根据援救海军和保护在现场的日本国民的政策做出决定,要求陆军派出先遣部队。

我就此事商讨参谋总长,我们都同意派遣最少量的兵力来遵守政府政策。参谋总长向天皇汇报了此事,在天皇陛下的准许下,我们最终做出了派遣远征军的决定。

此时上海的局势已变得非常危急,就按海军的要求先用驱逐舰派遣了一支混合旅团,由于时间匆促,这支混合旅团还没进入临战状态。此外处于待命状态的植田谦吉师团也跟随这支混合旅。当时对手的兵力据说大约有50 000人。

遵照政府的政策,我力求尽可能友好地处理此次事件,并希望参谋总长和植田师团长也能遵守这一政策。这导致植田师团长向对方提出和解建议,随后的辩方文书将清楚地证明这一点。植田师团长和解的尝试并没有得到预期的回应,相反,把他逼进了相当大的困境中。

和解的要求和嗣后植田师团长方面在立即诉诸军事行动上的犹豫,被中方解读和宣传为他们对日本部队的完胜,这种宣传引发了一种情势,借此南京政府直接控制下的中国军队加入了正在与远征军对峙的广州第十九路军。此外,这种新的情况影响了满洲的局势,引起那儿的治安状况进一步恶化。甚至国际联盟给予日本的提议都能鼓动中国人的士气。形势极为严峻,危及20 000多日本国民的安全。因此,中国方面利用了我们友好解决的强烈愿望,为日本设置了一个新的更加危险的局面。

政府对新增的困难非常焦虑,要求陆军立即挽救这一局面。那是在2月7日或者8日,陆军远征军的先遣队在上海登陆。植田师团长在2月中旬到那儿,同月底又出现了新的危机。

根据政府更新的要求,我的职位要求我制订措施,依靠作战战术和外交的紧密配合立即挽回这一局面,也就是说,一方面这些措施要顺应参谋本部的作战要求;另一方面要合乎政府的政治原则。

关于此事,我与参谋本部商议,同意他们任命小畑敏四郎大佐为参谋本部作战课课长(小畑中将在日本投降后立即成为东久迩稔彦内阁的国务大臣)。我们也同意推荐白川大将作为远征军最高指挥官最合适的人选,其拥有足够的才能,能够紧密配合当地外交人员,采取适时措施结束敌对行为。接着,根据参谋本部的建议,在内阁会议上决定再增援两个师团。

为这次增援进行了各种各样的准备工作之后,在3月1日拂晓,远征军的先遣师团突袭占领了敌后战略要塞七丫口。敌人在微弱地抵抗后,撤退到20公里外,因为这一撤退合乎远征军先前提出的要求,白川最高指挥官立即命令在3月3日停止敌对状态。翌日,中国军队也照做了。

因此,由于作战部队的灵巧战术,远征军的主要目标得以实现,这次事件也得以解决,尽管增援的主力仍然在船上。

政府与中央军事当局,携手外交当局的活动,努力平定整个局势,确保中国一方未来遵守法律与秩序。

日本军队在3月底自愿撤退到后线,一个又一个半个师团的远征军返回到日本。那时通过美、英、法、意、日和中国方面组成的委员会的有价值的努力，确保上海城内以及周边地区国际安全的计划得以创建，5月5日签署了中日军队之间停战协定。

根据停战协定的规定（第3部分附件2），军队有权在那儿驻扎一部分兵力。然而，因为担心这会成为未来骚乱的起因，也因为对中国主权的尊重，而且，远征的主要目标已经达成，所以决定冒着可能带来各种困难的危险，从中国撤退所有部队，这一撤退在5月底完成。

但是，当时在政府内外有各种意见认为全面撤退为时尚早。鉴于过去的经验，这些意见被认为很有根据，因为无论在满洲还是上海事变的早期阶段，我们起初的温和态度似乎给了敌人宣传他们获胜的缘由，在某种意义上这种宣传成功地蒙骗了人们，导致整个局势因为这个缘故更加恶化。

虽然如此，军队鉴于其强烈的和平愿望，还是完成了全面撤退。不幸的是，尽管撤退给了中国一部分有学问的人和见多识广阶层良好的印象，全面撤退只不过激励了中国普通大众，并且在他们中产生了蔑视日本陆军的情绪。事实上，这对满洲局势产生了不利影响，引起了那儿更多的骚乱。我可以在这里指出这是对中国政策最棘手的地方，政府和军队当局在这一特殊点上都有许多困难。

这些情况会由政府的声明、植田师团长和白川最高指挥官的公告、我以陆军大臣身份所做的有关部队撤退的几次演讲以及在国会会议期间的演说充分说明，所有这些都将作为证据提交。

6. 哈尔滨城内以及周边地区日本国民的保护问题

熙洽（宗社党成员）在1931年12月30日成为吉林省省长，随后宣布吉林省独立。然而就在宣布独立两个月后，他就与哈尔滨的丁超和李杜产生了纷争，因为该冲突，哈尔滨城内以及周边地区总体局势陷入一片混乱,同时威胁到在那儿居住的日本国民的安全。

1932年1月熙洽决定向北征伐,并于27日开始战斗,日本国民面临的危险更加迫近。这种紧急状况迫使日本国民要求关东军前去救援,同一地区的朝鲜人和满洲人也屡次提出同样的要求。

同时,恰有4个日本人被谋杀,几个朝鲜人被抓走,大约4 000日本人和2 000朝鲜人被置于极度危险中。关东军命令对这一地区进行空中侦察,但是飞机不得不在哈尔滨附近地区紧急迫降,机组人员被杀害,他们是关东军的委任军官。

对这一地区,政府态度很谨慎,但是由于形势变得如此严峻,以至于政府认为有必要采取措施在那个地区恢复法律与秩序保护日侨。

然而,尽管要保护日侨,政府还是制定政策规定国际关系特别是与苏联的关系不应被危及。参谋总长遵循这一政策,下令对关东军的军事行动做了一些限制。

这些限制对关东军作战造成了很大困难,但是在经过相当大的艰难后,一队人马最终成功到达哈尔滨城郊。

由于这次军事活动的目标是保护在那个地区的日本国民,而既然这个目标就这样完成了,远征军主力部队就沿原路返回,甚至没有进入哈尔滨城。

芳泽外务大臣于1932年1月31日在枢密院全体会议以及第62届帝国议会上作了解释性发言,将作为证据提交的这次发言的备忘录,会澄清这次军事活动执行时的情况。

7. "满洲国"独立宣言及其承认;日本中央军事当局对其的态度

就在锦州恢复法律与秩序不久,我想是在1932年1月初,关东军的板垣参谋来到东京,向我汇报了满洲的局势、独立运动的状况以及本庄关东军总司令对总体形势的看法。

根据我收到的这些报告，满洲的每一个省都宣布了独立，满洲处于一种极不稳定的状况，一步走错，就可能引发全局进入各地方政权占据自己势力范围的混乱局面。另一方面，在全满洲有影响的人士中迅速形成创建一个新国家的强烈愿望。事实上，他们这种强烈的愿望变得如此势不可挡，以至于对于既没有强制进行军事管理也没有配备充足兵力的关东军来说，由于没有认真考虑这一新情况，维护法律与秩序几乎都是不可能的。通过这次汇报，我进一步了解到下列事实：与这次独立运动有牵连的那些人的一致意见是让溥仪阁下做这个新国家的统治者。本庄总司令的看法是把这个问题留给他们，不要采取任何可能妨碍满洲人民狂热愿望的措施。

一听到这次汇报，我就想到必须注意满洲宣布独立可能引发的国际问题。然而，我还是把这一信息向内阁总理大臣做了汇报。

内阁总理大臣那时已经知道满洲在发生什么，他的看法是不要管独立的问题，他仅认为上述国际问题应该予以研究。

政府在这个问题上的决定也是把它留给满洲人自己解决，不要干涉，因为政府主要关心的事情是维护法律与秩序。

同时，满洲的独立运动有了进一步的发展，然后在2月28日在满洲有影响的人士之间达成了的独立决定，附有要求溥仪阁下做统治者的额外决议。之后，3月1日宣布独立，溥仪阁下在同月9日就任执政。

关东军的首要职责是确保满洲的治安，希望这个新诞生的政权正如它宣告的那样能够遵守国际条约和外部规则，对内根据民意进行治理，以便在五族协和下一个充分奉行王道的新的理想国家、一片免于过去一切不幸事件的真正乐土应该得以实现。关东军的态度是静观其变，不做任何干预。

然而关东军维护治安、保护日本国民的主要职责,不得不以一种与不断变化的局势相应的方式执行,因此,关东军就这些当地事务与新政权进行了专门讨论。

来自关东军给中央军事当局的这些报告由后者在第一时间报给了政府。鉴于满洲事态的实际情况,政府得出结论除了把满洲治安的维持留给关东军总司令自行决定和判断外别无他法,并决定观察局势的进一步发展。

我也遵守政府的这一政策,仔细观察局势以便于我不会在以后采取对策时犯错。

外交部认为这个问题是一个国家的内部分裂事例,独立并不违反国际法。在这种情况下,军队所能做的就是遵守政府的政策,尽力成功完成维护治安以及保卫"满洲国"防的首要职责。

同时,新政权逐渐巩固根基,为了避免满洲进一步的骚乱,因此政府决定与新政权尽可能合作。政府在帝国议会第61届会议上解释了这一政策。

我从来没有听说犬养内阁总理大臣,正如犬养健阁下所作证词那样,为了友好谅解向南京政府派遣特别代表萱野阁下。即便这是真的,也必定是私人性质的。犬养先生进一步证实犬养内阁总理大臣与参谋本部一位课长谈过这件事,而这位课长由于这次谈话,被降职到另一岗位,这是完全错误的。犬养先生并没有提到这位大佐的名字,但是从他的证词看这位大佐被降为罗南政权司令官,也是从藤田证人的证词看出,很清楚他指的是重藤大佐。重藤大佐因为与三月事件和十月事件有某些牵连和其他人一起被从中央军事当局踢出来,而且因为这,他成为军队清洗轮岗军事人员的目标。藤田证人也是在这个意思上作证。

为讨论满洲的问题,我与内阁总理大臣有过几次会见,我们之间从来没有意见上的任何冲突。我总是按照政府的既定政策处理事务,无论何时出现新问题,我都与内阁总理大臣就此充分讨论,并遵守他就此问题的决定。

关于犬养内阁总理大臣对国际问题的看法,我从来没有在他身上觉察到他持侵略态度的任何迹象。不独犬养内阁总理大臣一人,而且关东军热切祈望"满洲国"能有理想化的进步,那是他们对这个新国家的全部渴望。这一事实已经在法庭上由已故本庄繁大将的遗嘱和其他证据澄清。

第二部分。

下面我将提及对"满洲国"这个国家的官方承认问题。这个问题纯粹是一个国际外交问题,主要由外务省主管。相应地,陆军除了与维护治安有关的问题以及可能从中引发的国防问题外,在这一事件上并没有采取任何措施,我尊重外务大臣的意见,把一切交由他处理。

"满洲国"自从建国时起,就逐渐成为日本国内国外讨论的话题,众议院6月15日在全体会议上通过一项决议决定正式承认这个新国家。

在对这一问题仔细考虑后,日本政府决定遵从外交部的看法,外交部认为新国家是一个独立国家内部分裂的结果,对已经获取自身法律独立的这种国家的承认不会以任何方式违反国际法。之后在采取一些必要的手续后,在9月15日予以正式承认,随之签署《日满议定书》并安排互派大使。

正式承认一经做出,关东军就承担了这个新国家的守备和联防新职责。新增加的职责意味着关东军的全部行为都具有国际性质,代表两个独立的国家,日本和满洲。因此他们规定,在他们采取任何与国防以及维护治安有关的措施前都要与满洲当局商讨。

因此从"满洲国"的成立到正式承认,局势自然发展。随着这一发展,日本发觉有必要决定自己对这一事态的态度。日本政府,期望"满洲国"作为日本的友好邻邦能够健康发展,决定顺应它的要求,给予"满洲国"日本能力范围内全部必要的支持,这样做,就要采取措施阻止会在满洲引起骚乱的各种活动。

日本既没有意图把"满洲国"变成日本的傀儡,也没有触犯国际法,这可以很容易地从内阁总理大臣和外务大臣在帝国议会上的演说连同他们在枢密院的质询答辩中查明。这也可以从"满洲国"郑国务总理阁下在"满洲国"建国周年纪念日通过电台发表的致辞中感受到,他在致辞中表达了创建一个新国家的狂热理想。

我个人希望"满洲国"应该沿着他在独立宣言中指出的路线,向着成为一个理想国家的目标健康地发展下去,获取一个独立国家必备的一切资历。

1934年春,当"满洲国"的皇帝亨利·溥仪阁下访问日本时,我被召见并与之会谈了几个小时。溥仪阁下非常热切地着重强调了他建立王道乐土的愿望,谈话到后来,他让翻译离开,通过在纸上书写的方式与我面对面地谈他要成为全中国的皇帝、从而复辟他祖先建立的原清王朝的抱负。

这时我大胆向他建议说皇帝应该做的就是培育帝王的美德,正如他在登基时候宣称的那样,在国内外都值得信任。

正如这次谈话所示,没有丝毫迹象显示亨利·溥仪阁下已成为日本政府的一个工具,相反,甚至有迹象表明他主动把日本政府引向他希望的方向。

那之后"满洲国"并没有怎么按预计的那样发展。因为对这个国家不满意,我拒绝参加它建国10周年纪念活动,并广为散播了心中对这一局势的看法。我在与李顿勋爵和其他人的谈话中全面表达了我对满洲的见解和看法。

正如我在帝国议会第62届会议演说中解释的那样,在正式承认"满洲国"之前,张学良在满洲引发骚乱的活动愈演愈烈到迫使日本采取措施收拾这种局面。

10. 平定北满、呼伦贝尔和热河

对北满、呼伦贝尔和热河的平定运动本质上有些许不同，因为"满洲国"到此时已经建国并获得承认，军事行动是为了完成军队对日本和"满洲国"的职责。换句话说，这次运动是履行规定在《日满议定书》中的军队职责的一次行动，只是"满洲国"的内部事务。

平定运动是由北满的日满联合军队执行的，因为曾经宣誓效忠于"满洲国"的马占山暗中策划苏炳文在1932年12月叛乱，1933年2月末在热河发生了汤玉麟叛乱。

为开展那些运动，我特别提醒参谋本部要注意遵守政府政策以便于前往呼伦贝尔的远征军不会对苏日关系造成任何坏的影响，以及在热河的战事不会扩大到北满地区。我进一步要求他们的军事行动应该严格以《日满议定书》为依据，并且应在促成敌对行为的结束方面予以极大关注。我也要求陆军省与参谋本部保持密切接触。

在呼伦贝尔地区，苏联的善意给予我们极大的支持，我们成功地安全解救了那里的日本侨民，平定运动也就到此结束。

在热河运动中，即便冒着对作战不利的风险，参谋本部和关东军还是制定政策规定部队在长城线停止前进。曾经有军队一度跨越长城，但是被立即下令返回。这次军事行动引起了敌人的另一次攻击，但是我们的部队追赶撤退的敌军直到苏河，并停留在那。因此关东军严格遵守了政府和中央军事当局的政策。

与此同时，张学良实际上已经全面下野，并达成了一个协议，《塘沽停战协定》由国民政府代表何应钦和关东军代表参谋次长冈村宁次少将签署。对此证人远藤三郎、武田寿会透漏更多细节。

11. 《塘沽停战协定》的签署

顺应国民政府军事委员会北平分会代理委员长何应钦阁下的

要求，在1933年5月25日，何先生和关东军代表冈村宁次少将讨论停止敌对状态，并于1933年5月31日签署《塘沽停战协定》。协议由日本政府和"满洲国"政府及时予以确认，因此满洲的敌对行为事实上已结束了。

按国际法定义满洲事变根本算不上一场战争。因此，没有签订和平条约这样的程序。在双方之间仅就防止未来再次发生敌对行为的几项约定达成一个协议。

随后，"满洲国"政府成员和中国方面成员在大连会议会晤商讨关于维护中国与"满洲国"友好关系的实际日常事务。我们政府中一些负责这类事务的成员也出席了这次会议，但是由于这件事情没有直接涉及"满洲国"与日本的关系，我记不住具体细节了。

如此一来，在若槻内阁时期猖獗于整个满洲已经产生比如随时会引发中日间全面冲突的骚乱和敌对行为，被我在接受继若槻内阁之后的犬养内阁陆军大臣一职一年半时间内完全解决，实现了赋予军队的结束敌对行为的使命。

12.《塘沽停战协定》后我采纳的政策

我作为陆军大臣结束敌对行为的最重要的使命就这样完成了，我决定利用这个机会制定计划稳固几项国内外事务。我确立了下列三项主要原则并决心实现它们。

（1）稳定自昭和时代伊始就已处于绝对混乱状态的国内事态。

（2）整肃军队以便于军队建立在皇军的建军原则基础上。

（3）改善与外国的关系，借此确保世界和平、特别是远东和平。

1933年6月当帝国议会结束时，我提出制定一个切实可行计划执行这些原则。

第一，我打算做的第一件事是净化民心，去除日本自一战以来积聚的所有邪恶的诱因，同时特别注意国内外事态以及日本国民性格的特色。完成这项任务最好的方式是让人民敬佩天皇陛下的仁慈美德。为实现这一目的的可行计划之一就是申请授予大赦令,释放右翼和左翼政治刑事犯以及其他刑事犯并给予他们严厉警告不得再重复同样愚蠢的事情,罪行具有特别残暴性质的那些人除外。

第二,我打算稳定农村地区以及渔村人们的思想,通过采取各种方法把他们从当时所处的极度贫困中解脱出来。

第三,我认为有必要制定根本措施结束政治和意识形态领域的混乱和骚乱。

第四,我的第四个意图是寻找途径捍卫皇军本色,皇军存在的理由就在于践行道德,让其彻底理解创建这支军队的基本原则,以便于过去颇为频繁发生的不幸事件在未来能够避免。

第五,当时的日本正面临一些棘手的国际难题。我认为急需解决所有这些问题,做出我们能承受的最大妥协,在我们不得不主张的方面充分主张。日本当时所需要的是确定自身存在的最小范围,保护自己免受迄今仍不稳定的欧洲事态的影响。

在这些情况下,首要任务是捍卫远东的和平,为了做到这一点,我决定举办在远东事务上利益相关国家间的国际会议。我的意图是在对与会者之间的未决事件彻底磋商后,首先建立起远东以及太平洋地区的和平,然后使之成为捍卫世界和平的基石。

然而事情过于重大以致无法立即做出决定。我花费了整个7月和8月份研究该计划的可行性,同时准备一些预备事项。9月我为这项计划准备了基本方案,并向内阁总理大臣提议在我的建议基础上制定明确的计划,以便于呈交帝国议会审议。

对我来说申请特赦看上去是最困难的问题。在这个问题上,我获得了海军大臣的支持,向内阁总理大臣提出的建议是以海军和陆军的共同意见提出的。

有一些异议反对授予几位极右和极左刑事犯大赦。我主张无论他们曾经可能犯多少错误,他们的不当行为是源于他们要改善他们的国家和社会的未来的激情。

是不幸的生长环境或他们狭隘的偏见，驱使他们盲目地草率地秉持这样一种极端的理想。尽管如此，他们是陛下仁慈美德应该同等惠泽的宝贵臣民。我坚持认为这是我们国体的显著特色，并竭尽全力去实现这一特色。

既然问题发展到这一步，于是，受到斋藤内阁总理大臣命令，政府中掌管这类工作的人员研究该计划可行的一面，除了这个，他在与这个计划的主题有关的大臣之间接连举办了几次会议。涉及外事和国防的五大臣会议经常举办，另外涉及农村地区问题的五大臣会议也频繁举办，因为农村地区的问题是国内政治问题的一部分。我和三土铁道大臣一起出席了这些会议。

这两方面的会议都开了20多次，到年底时计划的要点已彻底讨论过。有几个问题甚至制定了明确的计划。

对计划的基本研究体现出了应有的进步，涉及外事和国防的事务以备忘录的形式在1933年10月发布公报。涉及农村地区的问题达成一些重要的决定，这些问题是内政会议问题的一部分。

我的意图是到1934年1月底前帝国议会按期召开的时候，为所有主题制定出明确的计划，把它们呈给国会审议。政府、军队和国会应该力求通过各自的职能稳定国内事务，这些工作结合外交部门的活动一起诱导整个局势召开远东和平会议。这就是我的意图，为了实现它，我尽了自己最大的努力。

因为《塘沽停战协定》签订后我把自己全部的注意力都投入到这件事上，对其他事情我没有什么兴趣，甚至当我反对某些事或者有异议时，我通常就此作罢，不再理会。

在1934年1月1日，尽管计划还在评议当中，我病重卧床不起。然而，因为我非常渴望想要不惜任何代价执行这一计划，我推荐林铣十郎大将作为我的继任者，然后辞去陆军大臣一职。

到那时，我的计划的主要部分仍然在由各内阁大臣逐项讨论，但是还没有准备好呈给内阁会议。既是这样，当我从职位上退下来时，我就把有关该计划的建议连同表达我全部见解和信念的一封书信寄给了内阁总理大臣，并要求他加速推进召开关于该计划的内阁会议。

不幸的是，不但总体形势没有按我预期的那样发展，而且军队当局内部情况也发生了根本改变。由于对事态不满，我决定避免实质性地卷入任何官方事务。我的继任者林铣十郎大将在上任4个月后不得不因个人原因辞职，还推荐我做他的继任者，但是因为对事态的这种不满，我坚持谢绝接受。

与此同时，事情完全恶化，在我辞职两年后，二二六事件就迫使我和军队其他元老一起退出现役。

从辞去陆军大臣之职到退出现役的两年时间里，我担任军事参议官一职，但是没有向我提过一次重要性质的咨询，因此关于这段时期没有什么可说的。

而且，这时军队内部情况处于绝对混乱状态，由于我一直被边缘化，因此我并不知道当时军事事务的掌管情况。所有这些情况都有书证和证人证明。

13. **国际条约问题**

外交事务不由陆军大臣掌管。作为陆军大臣，我仅关注由我掌管的事务，并按照政府决定的政策处理它们，因此对外交事务我知道的不多。

外交事件的决定通常根据外务大臣的调查和意见作出。当决定对政府其他部门有重要影响时，就与这些部门的大臣商讨，而当事情充分重要到在总体上与所有部门都有关联时，通常要在内阁会议上讨论决定。否则，其中大部分要根据外务大臣的决定处理。

关于与满洲事变有关的国际条约，若槻内阁已经援引自我防卫权,犬养内阁的内阁总理大臣和外务大臣也多次宣布沿用这种自我防卫权。

我被告知我们的行动在自我防卫行动的限制内,每一《互不侵犯条约》的签署国都保留了实施自卫的权利。一位著名的国际法学者解释道,自卫行为一直实施到由暴力和威胁引起的压力解除为止。而且日本自1931年12月10日在国联理事会会议上保留了讨伐土匪部队和不法分子的权利,理事会对此予以批准。陆军的行动权限由政府政策所决定。

至于与"满洲国"独立和后续承认有关的问题,犬养内阁和斋藤内阁的内阁总理大臣和外务大臣都在帝国议会和枢密院对此做了解释。他们说独立是一个国家自己的人民实行的内部分裂的自然结果,而《九国公约》对这种行为没有规定任何限制。他们进一步指出独立是在满洲的历史背景基础上实现的。他们引述了一些国际法专家的多个意见,并说在几个例子中外国军队在场有助于独立的实现。

这些解释说服了内阁所有其他成员,于是军队继续按照既定政策行动直到自我防卫权的实施不再必需。我记得,所有这些细节都包含在呈给国联全体大会的《日本政府意见书》中。

与国联的关系在犬养内阁前已经相当恶化,或许是由于没有对局势作适当解释。就在犬养内阁组建前,国联决定派遣调查团。这个决定令我们相当满意,犬养内阁希望调查团根据实际状况得出对局势的正确认识。军队也期望调查团能够考虑到历史背景通过实地接触真实情况,对这儿的和平状态得出不偏不倚的结论。

正如我前面所说,犬养内阁的满洲政策是立即恢复治安并予以后期维护,旨在通过给予配合以及正确理解国家间的问题改善国际关系。

军队也遵守这一政策,把军事行动降到最低程度,而致力于立即结束敌对行为。军队处理上海事变的方式就是军队该项政策的一个很好的证明,而从上海的全面撤退有助于或多或少改善日本的国际关系。在这一事实的鼓舞下,军队继续集中精力于这一点上。

如前所述,犬养内阁和斋藤内阁都对"满洲国"的独立和正式承认予以研究。通过对研究结果以及对满洲治安先决条件的观察,两届内阁都遵从满洲独立运动的自然发展,当确信满洲在健康发展时,遂决定给予正式承认。按照政府的该项政策,军队努力防止军事行动扰乱几次暴动后勉强得以恢复的治安,完成"满洲国"的联防新任务。

关于国联,我知道政府已设法争取它的理解,呈上政府对这起事变性质之复杂性的意见书和对未来维护和平之举措的建议。当松冈阁下被政府派遣作为全权代表的时候,政府已决定为了获得适当的理解不惜一切代价留在国联,我认为松冈阁下也相应地被指示过。

为了让国联成员能对这一问题有个正确的理解,军队也按照政府的政策努力促成日本能够留在国联的局面。然而,骚乱和动荡仍在满洲各地持续,而在这些敌对行为结束前,国联全体大会的决议就达成了。日本从国联获取真正理解的希望就这样破灭了,日本别无选择只能按照《国联盟约》第1条第3项的规定退出。虽然这样,日本还是颁布天皇诏书和发布政府公报向世界表明日本与国际社会合作的决心。这也会由书证和证人证实。

14. 我对外交事务的看法和想法

当我还在职时,外交事务并不直接归我管辖,相应地,我也不能把我对那些事务的看法付诸实践。我所能做的就是按照政府的既定政策完成军队的职责。但是为了澄清对于国际问题我的行动根据,我感觉有必要在此同时陈述一下我对国际问题的基本认识和我当时采取的后续措施。

……

（2）中日之间的关系。有关中国和日本的关系，自孩提时我们就被告知，自明治时代起拥有高尚理想和阅历的老人们就多么渴望竭力为我们的友善邻邦中国争取稳固、健全的独立，由此给我们的友邦国民的人们带来幸福。像"同文同族"和"唇齿辅车"等说法经常被用来表示中国和日本应有的关系。我对中国起初的概念就是这样形成的，我相信所有对中国有些兴趣的人们都是这样。我在杂志《文艺春秋》上题为致蒋介石总统并向我的同胞们呼吁的文章，表达了我在这件事上的看法和想法。

我主张中日之间的合作要建立在推广东方文化上面，而东方文化又进一步建立在东西方文化的融合上。当1925年我有机会与当时上海的一些中国人交谈时，我表达了自己的这个意见，现在这些人成为中国的领导人肩负重任。至于实现中国完全独立的方法，我有机会在1932年春通过在日本的中国公使馆馆员，向蒋介石总统提出了我的个人建议。

中国注定是我们的友好邻邦。我非常真诚地希望这个国家完全独立，从来没有想过它会分裂。这就是我为什么总是引述外蒙古和新疆问题作比较的理由。

我认为满洲事变是被当时满洲斑驳的历史背景和复杂的事态推到爆发点的一种局势的爆发，而这种爆发导致了满洲人民宣布独立。换句话说，这是民众的自然结果，如果不首先矫正起因，仅凭少数人有限的力量阻止不了这一结果。假设中国想要摆脱这一不祥事件，它本应在一战后立即制定适当措施，责令一个像我自己这样的人从中途就处理这起事变，首先必须要做的就是结束敌对行为。我认为假设满洲最终成为理想的乐土并获得世界的认可，无论政治上独立与否，它与中国的关系其实就连远东的和平状态在未来都还可设法再调整，我就是沿着这个思路来处理这起事件的。我心中的真实想法是在中国一部分土地上创建一理想乐土，并期待它的母国复兴。

当我看到那些生活在艰苦生活条件下的满洲人民时，我禁不住祈祷满洲领导人经常谈到的理想的皇道（王道）乐土能够实现。这不单是我一家之言，所有有广博见解之人都有上述相同看法。重点是中国和日本之间要立即实现和平，让世界认识到这个事实。之后中国与"满洲国"关系的再调整多半就可能实现。

因为秉持这种想法，我认为作为陆军大臣当务之急就是停止敌对行为。这就是为什么我从上海撤出所有日军并且在《塘沽停战协定》后倡导召开远东和平会议的理由。证人和书证会证明这一点。

马可·波罗桥事变发生在《塘沽停战协定》4年后。无须说，这一事变与满洲事变没有联系。我同意近卫内阁总理大臣的要求，接受内阁参议职位并在他的内阁中任文部大臣。内阁总理大臣的目的是让我设法结束支那事变。我竭尽所能顺应内阁总理大臣的要求，但是我的力量不够强大，循此路线没有产生任何成果。

当时正值南京战役，我反对占领敌方首都的行动。我觉得这对未来两国人民的感情都是有害的。这就是为什么我强烈反对占领那个城市的原因。

就在那时我想起了曹子建的七步诗。

我坚信假设中日和世界主要国家的领导人对中日之间的关系理解得更深入一点的话，马可·波罗桥事变就不会产生如此的反响。

缘于同样的看法，在占领广州和汉口前，我提出自己的建议，并反对对那些城市采取军事行动。然而，当时我不是军队当局的成员，也未能密切关注事态发展情况，所以我的希望没有得以实现。我从来没有想过侵略中国，也从来没有相应行为。事实上，我把中日两国文化和精神的融合放在了终极重要的位置上。

......

这就是我的看法，我能够明确声明在我的一生中我从来没有怀有侵略思想，更不用说统治世界。

如蒙允许表达我自己的看法，像领土扩张这种雄心只不过是一种幼稚的荣华，离永恒的福祉还很遥远。

关于满洲，当我接受陆军大臣职位时，满洲正陷于动乱之中。我除了全身心投入到结束敌对行为外没有别的想法。仅生活其中的满洲人民的悲惨处境就深深触动了我，以至于我对建立王道（皇道）乐土持赞成看法。而"满洲国"建国后，我对满洲人民狂热的愿望留下良好印象，这个新国家的领导人把儒教，一种源于中国的教义，作为他们创建理想国家的原则。满洲复杂的国际问题并没有从我的脑海中溜走，但是既然已经宣布独立，我希望能从道义上实现一个理想的国家。

然而，随着时光流逝，它并没按我希望的方式发展，我却听到了满洲人民多次请愿和他们尖锐的批评。正如我在前面陈述的，由于对时局很担忧，我婉拒了到满洲庆祝它独立10周年，也没有参加在日本举办的庆祝活动。

......

15. 军备和我指导陆军的政策

......

军队在1932年和1933年的预算，除去满洲事变的预算，分别大约是17 000万日元，相比前几年没有实质性增加。相反，1933年显示比前几年有所减少。为应对这起事变不得不提供的新的设施和装备是挪用了下一年的预算偿付的。在这种情况下，任何积极的战争准备都是不可能的。

我做陆军大臣时，为应对满洲事变的军队预算，连续两年分别是14 000万或者5 000万日元。在对"满洲国"承认后,根据《日满议定书》的规定,军队承担了"满洲国"防的新增任务。还有,随着需要护卫的铁路的扩张,也对铁道守备队有一些补给,但是这并没有引起费用的任何实质性增加。在对"满洲国"进行联防时,在"满洲国"的军事设施限于防卫性质,不意在承担任何进攻性的军事行动。

建立铁路线、统一通信系统以及开发利用自然资源对一个正处于发展中的新国家来说是合理的、必要的;对维护治安也是必要的。这不过是一个新生国家应该采取的一项正常措施,"满洲国"只不过做了而已。指控日本把"满洲国"变成一个发动侵略战争的军国主义基地肯定是错误的、没有根据的。可以进一步支持这一点的是"满洲国"的军事设施限于自卫性质。

……

16. 满洲事变期间的军事纪律

满洲事变起源于对日本来说至关重要的事项。由于这次事变的最终目标是给日本和中国国民都带来和平和福祉,在前线的日本陆军的军官和士兵连同在日本的普通大众都对在当地的满洲人和其他人员充满了同情。敌对行为也不具有宣战的性质,因此所有俘虏被立即释放,并给予支持让他们从事安定的工作。对那些处境困难的人们给予救济金。到那儿视察情况的那些人的报告对事实已经说得很清楚。没有一起屠杀或者暴力事件,也没有任何报告有那个意思。《李顿报告书》承认了这个事实。

《芝加哥论坛报》报道的发生在千金寨附近的事件只不过是一次较小的发生在一个警察小分队和一群当地土匪间的小规模战斗。这一事件被夸大并成为宣传的主题,那是中国人的惯常手法,这则宣传由鲍威尔先生报道并按宣传的样子插入报纸中。鲍威尔先生自己的证词清楚地表明了此点,某种程度上,日本领事的抗议也可以支持这一点。这次小型战斗太小且没有向我报告，因此我对此也不了解。

17. 我成为第一届近卫内阁参议员时的情况

自1936年3月我从现役退下来后，我对事态相当不满意，过着退休生活。那段时间里，当支那事变在1937年7月爆发时，有一段时间我对时局极为焦虑，我向近卫公爵内阁提出了我对促成和解的方法的看法。

恰在1937年9月，当时是内阁总理大臣的近卫公爵派人来叫我。当我见到他的时候，他对支那事变非常焦虑，问我对挽救局势的方法是否有什么想法。此时第二次上海事变已经爆发，局势确实很严峻。

我告诉他假如中日之间发生正面冲突，不仅有违我们国家的政策，从作战的角度看，也会给日本造成巨大的困难。我建议他应该就那些事询问小畑中将的意见，但是他告诉我他已经有小畑中将的意见了……

……

18. 内阁参议员的职能和我对内阁总理大臣的建言

……

我想大约就在这个时候经由德国驻中国大使陶德曼阁下的斡旋开始了和平谈判。所有参议员都期待这次谈判的成功，但是日本政府方面的不断努力遭遇了挫败。参议员们没有参与和平谈判的协商，相应地也没有被告知详情。然而，他们茫然热切地期望政府能够完成这次谈判，直到1月16号证明，那是徒然。

因此，参议员们，他们的职责从一开始就是无效的，现在变成纯粹的名义上的闲职。参议员们因南京的暴行被指控，但是它们既没有权力也没有职责控制这样一次事件。

……

交叉询问（由柯明斯-卡尔检察官询问荒木贞夫证人）

问：好了，让我们看一下：就你抗议的事情举一个例子，看一下你抗议的到底是什么：你说，在你的宣誓书第41页顶端，第28项第1节，和再次在第4页顶端第一个新段落里，他们错误的记录了说你制定计划占领——在这一处你说是满洲，在另一处说是东四省。那现在你抗议的是哪一部分？

答：可以请您就这些确切的词语再重复一遍吗？

问：大将，如果您希望，我会为您读一下您宣誓书中的这些段落。我将读在第4页的这一段：你说与内阁的这次决议相关，在第187号和188号证据中有一断言，意思是我制定了占领东四省的计划。这是不合格译员的翻译引起的错误，与事实全然不同。好了，错在哪？你的意思是你没有制定计划？

答：是的，就是那样。

问：你说你根本没有制定计划？

答：你指的计划是什么意思？

问：你本人用过这个词。

答：尽管许多文书现在不由我做主，但是我记得就在这次审判开始后不久，第188A号、第188B号和第188C号文书被提交给本法庭，而且尽管三份文书都论及同一主题，但第188C号文书的措辞相对容易理解。其他两份文书使用的措辞与文书C迥然不同，而这就是一个尽管实际上这些译员可能花了很大的气力，但是他们的翻译却是不适当的例子。

问：现在你介意回答我的问题吗？你说你没有制定过计划吗？

答：恰如我已经回答的。

问：那么，请回答是还是不是。你制定过一个计划或者没有制定过一个计划？

答：我刚刚回答过我没有制定过这种计划。

问：你反对使用单词 occupation 吗？

答：我整个都反对。关于刚刚出现的这个单词 occupation，我记得我与一位翻译说了有相当一段时间了，试图明确它的确切含义。这个单词在日语中是 senryo。

问：哪位译员？

答：我不记得了。

问：你知道吗？你刚见过的所有 3 位绅士在这个问题上都根据你的意思记录，他们 3 个都用了单词 occupy 或者 occupation 作为你回答的一部分，或者问题的一部分，对此你并没有异议。

答：后来，翻阅这次审讯的书面记录后，我第一次发现单词 senryo 翻译成 occupation，我不记得审讯的时候那个单词是否实际用过还是没用过。

译员：更正。我不记得当我答辩时，那个单词 occupied 是否被实际记下。

问：你是说当你首次——任职后不久无论当时做了什么或者决定了什么，与所有东四省都不相干？

译员：记录员能重复一下这个问题吗？

（随之，官方法庭记录员宣读最后一个问题）

答：恐怕我不能理解你问题的要义。然而，如果涉及满洲，当然它就与东四省有关。

问：当然没有关系，有吗？满洲指东三省，你决定也占领热河，这就成为四个。

答：那不对。东四省这个说法是张学良大约在宣布效忠国民党的时候首先使用的。当时他早已经把热河纳入他的控制之下，称他控制的地区为东四省。

问：好了，现在，你能回答最初的问题：在你成为陆军大臣后不久，那四个省份应该由日军占领是计划的一部分吗？

答：我对这个问题不是很理解，但是在我任职前后没有要占领这四个省份的计划。我可以明确地说在我任陆军大臣时没有。这正如我已经重复说过的一样。

问：好，请你看一下第3162号证据好吗？它上午被接受为法庭证据但是没有宣读。

（随后，文书被递给证人）

语言部，你们有上午被接受为法庭证据的第3162号证据吗？

语言监督官：是的，我们有。

柯明斯-卡尔检察官（继续）：那是你在1946年2月11日交给检方律师之一海德检察官的书面陈述吗？

答：正如我上午说的，我相信这是我当时给他的书面陈述的副本。然而，我记得我写下了同样的东西并在当时递给了海德检察官。

问：好了，现在，我想你听一下其中的几部分。第一段：在1931年12月13日，我被任命为陆军大臣，当时我认为通过制定总体计划解决这个国家当时国内外存在的各种复杂的问题从而稳定局势是非常重要的。然后，第二段中间：

当时战争席卷了满洲广大地区。在北满地区骚乱一度被镇压下去，但是由于马占山的背叛，这一地区再次陷入战争之中，而我们的军队早已占领了齐齐哈尔。假设任由事态就这样自由发展下去，无法预料战争灾难可能会达到什么程度。从战略上讲，我们的部队与实力的确强劲的张学良部队交战，军队方面任何小的失误就可能导致被彻底击溃。在这之前我们在尼港、济南和南京很少有被羞辱的经历，尽管在最后一个说出的地方发生的事情稍有不同。为了不重复类似的失误，同时避免中国与日本之间全面冲突，也把灾难限制到尽可能小的程度内，该事件不得不被立即、果断处置，因为那时灾难已经深重；否则，我看会失控。鉴于这次事件在过去的发展相当没有计划性,有必要制定下列计划:我与内阁总理大臣、大藏大臣以及书记官长进行了商讨,决定毫不迟延地恢复辽西地区的治安,那一地区处于悬而未决和不明朗状态,并且平定仍然留在那儿扰乱治安的土匪。因为那正是国会闭会期间,所以决定必要的开销动用紧急支出账户。当内阁在这件事情上采取行动时,枢密院也采取了必要的措施且全部完成,那大概是在12月10日至20日之间。

上文提到的计划如下:

(1)目标:立即恢复满洲的公共治安。

(2)敌对方:对这一地区的混乱负有责任的东四省领导人。

(3)地区:张学良控制下的东四省。

枢密院对此事进行了讨论,出席的两三个顾问提了问题,对它们予以回答之后,计划获得批准。

特别是顾问江木千之说这事已经阐述的逻辑上前后一致、清楚,而且,他还鼓励我继续推进这项计划,设法立刻恢复公共治安——因此我记住了。于是提议的费用(3 000万或者5 000万日元)获得批准予以支付,一些必要的程序被立即采取,最高统帅部事实上已开始运作。那些日子里张学良似乎是在辽西地区的锦州,然后到了热河。

为了避免战争灾难扩大,我决定把军力限制到最小规模,部队缓慢推进,等待张学良重新考虑,因此我并没有向战场上的部队发布真正的动员令。然而,事情没有任何好转。直到第二年春天我一直压制部队积极行动。我也遵守政策在任何情况下不跨越最后一个省份的边界,留在长城线以内。尽管热河军事行动后,部队曾两次跨越长城作战,然而参谋次长在天皇的命令下紧急出差到作战现场,命令他们撤退并留在长城线以内。

然后你更改了最后一句话，写道：

尽管热河军事行动后，部队曾两次跨越长城作战，但是却决定，参谋次长将会在天皇命令下紧急出差到作战现场，命令他们撤退并留在长城线以内。然而在他出发前事情已经解决完毕。

我不必再往下读了。

关于您自己写下的那份陈述，你说的与问答环节3位翻译记下的陈述不同吗？

答：这件事情不会圆满地推断出来，除非我告诉你我把这份书面陈述交给海德先生时的情形。

问：你在宣誓书中已经告诉过我们那些了，你不必再说了。

麦克马纳斯辩护律师：请庭上明鉴，我认为这在宣誓书中还没有解释彻底；今天上午我试图让第674号文书被采纳，我说过这份文书是相同的；而且我认为在那些情况下，证人应该有在证人席解释的机会。

韦伯庭长：我不明白为什么为了这个回答，这种解释是必要的。他仅仅是在问：这两个回答有什么不同？假设在某阶段需要解释，那就解释，但不是现在。

答：尽管我相信你理解起来会困难——尽管我相信你不能理解这种情况除非我解释，根据法官大人的裁定，我应该回答我被问时的那个问题，现在我就把我的回答限定在当前的问题之内。

在译员记下的讯问记录中，出现了词语占领东四省，而在我的书面陈述中，我已说过正在满洲发生的冲突应该在它发展成日中两国间的全面冲突前立即停下是很重要的。这就是两者大不相同所在。

问：你们的确占领了东四省，不是吗？

答：不，它们不是被占领的。

问：你的部队没有在作战结束后控制了它们每一地区吗？

答：我想您知道"满洲国"这个国家的建立。真实的情况是在"满洲国"建国后日满之间签署了《日满议定书》；且根据这一协议，日本获得在"满洲国"驻军的权利，因而按照这一协议履行日本的国际义务。

问：那么在协议签署前你们无权在那儿驻军，不是吗？

答：日本在满洲沿铁路附属地驻军的权力早已确立——有条约为据。当后来日本军队在其外面——铁路附属地以外地区采取军事行动时，帝国政府多次声明正在采取的行动是出于自卫，而且既然治安尚未恢复，军队就没有撤退到铁路附属地。

问：好吧，在你的供述中我观察到你用这个词组——军队是去平定土匪。军队如何平定土匪？

答：那是一个很细节性的问题；除非您给我一些具体的细节，否则我很难回答您的问题。

问：我想知道您派您的军队平定这帮土匪是什么意思。您的意思是杀掉他们，不是吗？

答：我不认为是这样的。

韦伯庭长：我猜他的意思是镇压。

柯明斯-卡尔检察官：好了，在你的宣誓书第14页第11项第2段第一句话，你说，按国际法定义满洲事变根本算不上一场战争。在第3162号证据中，第2段大约往下8行，你说，从战略上讲，我们的部队与实力的确强劲的张学良部队交战。——你如何使那两次陈述一致？

答：可以重复一下第一个引语吗？我不太明白。

问：你在宣誓书中说，按国际法定义，满洲事变根本算不上一场战争。

答：我明白了。在第一个例子中我的意思是严格讲那不是国际法定义的战争；在第二个例子中我的意思是当时我们实际正面对的敌人的确是很强大并且人数众多。

问：那么他的部队就是你正在说的土匪了？

答：不，不是这样的。

问：你怎么称呼他的部队？

答：张学良的部队是张学良统帅下的部队，土匪就是土匪。

问：你说的土匪是什么意思？

答：有许多不同的土匪。作为一般描述，我认为你可以说土匪是非法行动但没有任何明确计划的那些人。

问：说非法行动，你的意思是指抵抗日本人吗？

答：那些人从事破坏治安的行为，扰乱各个地区治安的行为，就可以被称为非法行为。

问：那么按照你的说法，日本人就是在设法维护治安的这些人，他们不是吗？

答：您的意思是指日本人还是日本陆军？

问：日本陆军。

答：维护治安是日本陆军的职责。

问：好了，在你的宣誓书第13页，应该是第9段，但实际上被印刷成第2部分第7段。无论怎样，在你提到你离任后满洲的发展这一页的第3段。你说"满洲国"并没怎么按预计的那样，并且你对此不满意，没有参加满洲建国10周年纪念活动。你对什么不满意？

答：当满洲建国的时候，在满洲掌权的人宣布了他们的奋斗目标。他们说，除其他外，他们希望建立一个根据王道治理的前途光明的、追求和平的国家，并希望建立一个拥有高尚品德的国家，那会是一个和平的港湾。但是后来，我开始感到这些奋斗目标并没有按照我自己所信仰的去实际执行。在"满洲国"建国10周年纪念之际，我记得读过一些报纸，那些报纸刊载了许多有关满洲发展的统计数据，并说满洲有了这样那样的进步。于是，我对报纸没有称赞"满洲国"发展成为一个按照王道治理的前途光明的、追寻和平的国度而不满。就是因为这种感受我没有迫使自己参加纪念活动并奉上我的祝贺。

韦伯庭长：好了，现在 16:00 了。个案的进展速度慢得令人沮丧。休庭至明天上午 9:30。

（法庭在 16:00 休庭，直到 1947 年 9 月 12 日 9:30）

1947 年 9 月 12 日，星期五
日本东京都旧陆军省大楼内远东国际军事法庭

法庭在 9:30 重新开庭审理。

……

荒木贞夫，被告，代表自己出庭作证，重新站在证人席上，通过日语译员作证如下：

交叉询问（由柯明斯-卡尔检察官询问荒木贞夫证人）

问：荒木大将，法庭昨天休庭时，我已经问过你是什么引起你在离任后对满洲事态不满。我仍然想知道真实发生在满洲的什么事件或采取的什么实际行动引起了你那种不满。

……

答：正如昨天我对您问题的回答那样，这个问题取决于按照王道原则建设一个和平、安全国度的计划是否按计划不断进步。

问：你能告诉我们发生在满洲引起你不满的任何真实的事情吗？

答：正如我在宣誓书中陈述的那样，在我辞去陆军大臣一职后，我就与国家事务的许多方面不再接触。自从我从陆军大臣的职位上退下来，我从各省省长和这个新国家的其他公职人员那里听到关于满洲的许多报告，他们告诉我满洲发展的各个方面，诸如铁路的扩展、经济发展等，但是我没有一次曾听说过王道原则的根基已经确立了还是没有确立,那就是我在这个问题上不满的原因。这是我不满意的第 1 个理由。我承认我必须对那些大力发展满洲的人士表示感谢,相比其他国家的发展,满洲的发展已经非常好了。然而我不满意的第 2 个理由来自我听到了人们的抗议,王道原则的确立并没有让人们满意。

韦伯庭长：柯明斯-卡尔检察官,你真的认为这些回答会对我们有帮助吗？

柯明斯-卡尔检察官：没有帮助,法官大人。我认为在某个时候证人会谈到我问的那些具体事项的。

问：难道您不是这个意思吗,大将,发展——

麦克马纳斯辩护律师：请庭上允许,我可以请求检方就这个问题再问一次,而不是提出一个新问题吗？

韦伯庭长：驳回请求。

柯明斯-卡尔检察官：难道您不是这个意思吗,大将,在满洲所有权力实际上都在日本陆军和日本官员手中,且满洲当时正在为了日本军事工业的利益被开发利用？

答：我没能领会您那个问题的要点。您的意思是问我是否对那满意？

问：是的。

答：那么我的答案是并非如此。

麦克马纳斯辩护律师：请庭上允许,这次我可以提议应向证人明确解释一下这个问题了吗？

韦伯庭长：问题十分清楚。这位证人唯一担心的是他没有领会问题的要点,不是它的意思。证人们关心的不是问题的目的,而是它们的意思。

麦克马纳斯辩护律师：请庭长大人明鉴,我确信本法庭想要诱导出事实真相,我真诚地希望或许你们可能找到答案,假设证人们理解这些问题的话。这正是我此刻试图要做的：证人理解这个问题吗？

韦伯庭长：如法庭记录所示,问题十分清楚。不会被误解。

我已要求我的同僚对您予以训导,麦克马纳斯律师。我可以向你保证在这一点上没有一个人支持你。律师们忘记了,当他们这样做的时候,如果出现任何问题,法庭记录就是它们最好的答案。

证人:最后一个问题看上去有些混乱,因此假如我把要点说清楚的话,我只会说这个,为了创建一个爱好和平的国家,按照王道原则"满洲国"的发展并没有被引导到适当的方向上。这就是我要说的全部内容。

问:就那一点我仅再问另外一个问题。对那种状况你责怪谁?

答:这个问题不应由我来回答。不应由我来回答那个问题因为我正在谈我离职陆军大臣后的事情,并且我对"满洲国"的详细情况或具体事项既不了解也不熟悉。

问:那么,我谈另外一个问题。在你宣誓书第 25 页,第 7 段,以我的理想开头的那部分,这一段的第 2 句,你说,我除了全身心投入到结束敌对行为外没有别的想法,确切点,在满洲。在第 14 页,第 11 项最后一段,你说在你成为陆军大臣后的一年半内完全解决了满洲的骚乱。

难道你的真正意思不是在一年半内,你在这四个省份完胜张学良的军队并彻底征服了他们吗?

答:你怎么能用那种我不理解的方式解读那一段。它就清楚地写在那。

问:除了赢得一个完全的军事胜利,你是如何处理这件事的?

答:正如昨天我在宣誓书中说的那样,随着事件的发展,发生了许多变化,最终在日本和中国间达成了一个协议。关于那份协议我无需详细叙述。昨天谈到热河问题,但是这个问题是按照日满间签署的一个名为《日满议定书》的国际协议处理的,且就是按照这一协议,为了"满洲国"的利益解决了这一问题。

……

问:现在,我想问一下有关 1932 年的上海事变的问题。在你的宣誓书第 5 页第 5 项,你在第 1 段说它在中旬开始——副本上说 7 月,但是你肯定说的是1932年1月——一群中国平民攻击了一伙日本僧人，或杀或伤。我使你想起了它是在那之前开始的，不是吗？

答：我不是很明白，因为我并不觉得它是在那时之前开始的。

问：由于满洲所发生的一切，有没有中国人组织的抵制日货运动，特别是在上海？

答：有。

问：那么，日本的外务省没有在1932年1月12日宣布由于遍及中国的排日运动，日本政府决心采取严厉的措施应对这一局面吗？

答：谁说的？

问：我在问你是否日本外务省没有发布那个公告。

答：我记不住一些细节了。

问：还有，它没有补充说明这些措施可能包括派遣越来越多的海军陆战队或者封锁中国各重要港口吗？

麦克马纳斯辩护律师：请庭长大人明鉴，证人说他不知道，对此根本什么也不知道，检察官是在证明自己的主张。我反对这种提问方式并反对把此写入庭审记录里。

韦伯庭长：反对无效。

柯明斯-卡尔检察官：你不记得日本外务省使用的那个说辞吗？

答：我不知道。

问：到1月底事实上没有60多艘日本军舰遍布中国各港口，其中包括30多艘在上海吗？

答：我对海军事务不熟悉。

问：在1月12日至1月18日间，日本陆战队和日本侨民没有举行示威游行、在上海四川路毁坏很多华人商店吗？

韦伯庭长：我的同僚柯明斯-卡尔检察官请听好，我认为你的看法是发生在中国的抵制日货运动不应该是日本向中国开战的正当理由？

柯明斯-卡尔检察官：是的，庭长大人。

韦伯庭长：不管对还是错，你采取这个立场吗？

柯明斯-卡尔检察官：是的，庭长大人。确定无疑，特别是当下，它是由早已存在的日本在满洲对中国的战争挑起的。

麦克马纳斯辩护律师：请庭长大人允许，我可以反对这种对话，反对把其写人记录吗？

柯明斯-卡尔检察官：荒木大将，我使你想起了这次事件，有关僧人的这次骚乱，不是仅仅在对华人商店的攻击中才产生的，对吗？

答：看上去您要求我提供上海事变爆发的细节。假若那是你希望的，我很高兴叙述一下我第一次是如何对那一事变开始感兴趣的——

问：等一下，大将。请你在叙述其他事情前先回答这个问题，好吗？

译员：证人说，我认为是海军省或者可能是海军大臣首次把这件事报告给内阁。

既然你在询问这些细节，我原想我应该把我自己解释的更清楚一点，通过这样解释一下，可能就会使这个问题没必要了。但是假设你需要我立即回答那个问题的话，我会说我不知道。

柯明斯-卡尔检察官：假若你不知道，那么，为什么你在宣誓书中说这次事变是由所谓的对僧人的攻击引发的？

答：正如我刚说的，我第一次对上海事变感兴趣是在海军省向内阁就此作首次报告的时候。

问：那是什么时候？

答：我觉得大约在1月中旬。

问：那么，对我问你的事情，你那时不知道吗？

答：你是指你问我的关于僧侣的事情吗？

问：不，不仅仅指有关僧侣的事情，而且还有我一直在问你的其他事情。

答：是的，我不知道。这种报告可能在内阁做过，但是我不知道。

问：那么，这是你的立场吗——你仅仅了解日本人可以抗议的事件而忽视所有其他的？

答：因为海军省在负责所有这类事情，因为海军大臣是首次汇报这件事的人，我记得是他说的——他关于这些僧人的报告。我觉得那大概是1月20日之前或者之后，但是在那个日期前，既然事情整个在海军手中，我对此事也就没兴趣。

问：你对我问过你的外务省的公开宣告没兴趣吗？

答：是的，它没有留在我的记忆中，因为当时对中国的抗议非常多、非常频繁。

问：你知道在1月20日，日本驻上海总领事村井对上海市吴市长提出的五项要求吗？

答：当时不知道。

问：您在任何时候有费力查询过上海的日本人向中国人提出什么要求，并得到什么答复了吗？

答：既然这些细节与大约15年前发生的事情有关，我说不准是否问过或者查询过这类事情。

问：但是你向上海派了部队？

答：是的。

问：那样做之前，难道你没有费力查明那儿争端的是非曲直吗？

答：我就要说到那一点，但是你让我等等、先回答问题。那就是为什么我没有回答那一点的原因——我没有就那一点自我解释。我可以谈了吗？

问：可以。

答：我觉得大约是在2月14日或者15日，大角海军大臣来找我，说上海形势危急并要求陆军支持。于是我问了当时的状况。那是第一次我听说这个事件。那就是我是如何了解到的，也就是说，从海军大臣大角岑生那了解的。我第一次从他那了解到有关上海的实际危急局势。我觉得我在宣誓书中写到了下列事情，即海军也把这件事汇报给内阁,并在内阁要求派遣陆军增援,既然这件事不能由我自己决定,我把这件事提交到参谋本部,与他们商讨,得出结论是别无选择只能顺应要求派出增援部队。

韦伯庭长:休庭15分钟。

(法庭10:45休庭至11:00,重新开庭后审理如下)

法庭书记官:远东国际军事法庭现在重新开庭。

韦伯庭长:被告贺屋兴宣,仍然在法庭的允许下与他的律师交谈,上午庭审的剩余时间将会一直这样。

交叉询问(由柯明斯-卡尔检察官询问荒木贞夫证人)

问:荒木大将,就在休庭前,您告诉我们您大约在2月中旬从海军大臣那里首次听说上海事变。早几分钟之前你告诉我们您是在1月20日的一次内阁会议上听说这件事的。哪个对?

答:关于这些僧人,我第一次是在一次内阁会议上听说的,在1月中旬的某个时候,那个月20日前后,而且我在那次内阁会议第一次从海军大臣或者外务大臣那里了解到此事件,即僧人事件。我不记得是哪位大臣汇报的。既然处理那个地区即上海的事情是海军的任务,因而直至海军在2月提议或者要求陆军增援之前我对此事既不熟悉也不感兴趣。

问:作为内阁大臣,你不认为你有义务调查海军提议的以日本政府名义在上海要采取的军事行动的是非曲直吗?

答:我只是相信也信任海军,因为这些事情由海军掌管。

问:好吧,你告诉过我你没有听说过1月20日向中国市长提出的五项要求。

答:这类要求或许提出过,但我想不起来了。那或许发生过,我应该觉得那确实发生过,因为大多数的抗议——它们中的许多是由外务省发出的。

问：你知道就在 1 月 28 日那个下午，尽管很苛刻，中国市长还是被迫全盘接受了那五项要求，并开始把它们付诸实施吗？

麦克马纳斯辩护律师：请庭上允许，我反对这种提问方式。

韦伯庭长：反对无效。

答：我想不起来了。

柯明斯-卡尔检察官：你知道，尽管那样，就在当天 23∶00 日本海军援兵登陆并向中方发起了进攻吗？

答：正如我前面已经说的，我不记得了。而且，即使你可能问我许多详情，但我不能说我个个都记的。

问：如果那些事情是真实的，而你也听说过，你还会派遣部队到上海帮助海军吗？

麦克马纳斯辩护律师：我反对该问题，请庭上允许。

韦伯庭长：支持反对。证人不必回答。

问：好，高桥大藏大臣是你在犬养内阁中的同僚吗？

答：是的。

问：他是一个讲真话的人吗？

答：我想人人都在讲真话。

问：包括高桥？

答：是的，我想是这样的，我相信是这样的。

问：在 2 月 17 日或者大约是 2 月 17 日，关于上海，你向他说过如果中方不退后 20 公里你会继续予以重击吗？

答：我是否在那一天这样说过，我不记得了。但是我相信，如果不那样，战争会以更大的规模爆发。敌对行为关系到中日两国，而即便我们使用中日这个词，在中国这边作战的是不在南京政府直接指挥或者管辖下的十九路军——这支部队并不总是由在南京的中国政府直接指挥或者管辖。假设十九路军在当时撤退 20 公里，那么，与上海地区有关的国际义务就能得以履行，上海事变得以解决，安全区得以创建。

问：为了恢复陆军的声望，必须把军队派到上海去，你向高桥表达过这样的观点吗？

答：那不可能发生。

问：那正确反映了当时的情况吗？

答：我不知道这个信息的来源。如果高桥被指说过这样的话，他就完全错了。这不是真的，因为假设果真如此的话，高桥永远都不会赞成。

问：在1932年11月7日，你对原田谈过高桥，说他是一个很出色的人？

答：我不记得这个日期，也不记得我是否曾经这样说过。但是，在他有生之年，我很尊敬他。

问：好，还是在第5页，在你的宣誓书第5段，也就是倒数第2段，关于上海，你是这样说的，我就此事商讨参谋总长，我们都同意派遣最少量的兵力来遵守政府政策。在1932年12月6日你向原田说了这些——

语言部，你们能使用你们已有的日文副本吗？

翻译监督官：不能，我们没有原田的日文副本。

麦克马纳斯辩护律师：请庭长大人明鉴，我当然不反对荒木大将向原田或者其他任何人说什么，假如他当时认识那个人的话。然而，如果检方的问题是基于另一个人的结论、想法和言论的话，首先，我认为合适的问题应该是，证人认识原田吗，然后再从那儿继续下去。

韦伯庭长：在法律发展到目前这个阶段，我需要声明，假设这个人向一个完全陌生的人说了一件事，那个完全陌生的人可以把这个人所说的在法庭上说出来，如果这件事具有相关性而且有实质性内容？而且这位证人说了他认识原田。

柯明斯-卡尔检察官：语言部，现在找到记录日期为1932年12月6日从第65章开始的那部分了吗？

翻译监督官：没有，我们没有日文副本，柯明斯-卡尔检察官。我们会翻译好。

柯明斯-卡尔检察官：好吧。

柯明斯-卡尔检察官（继续）：在1932年12月6日那一天，原田男爵来拜访过你吗？并且谈话转向了热河的军事行动？

答：我不记得何时我与原田男爵见过，而且我不知道单就这一问题讨论过什么主题？

问：我已经向您提到了讨论的主题是热河和提议的在那儿的军事行动。

答：我不知道。

问：你没有说过：假设我们应该继续限制我们的部队不能超越热河，局限于目前那些地方，难道这不会是尼港事件的重复吗？

答：我不记得了。

问：你继续说道，让我们像处理上海事变那样来处理这个局面？

答：好吧，即便那应该是《原田日记》中记载的事，我不知道这种谈话在何时、何地以及如何发生的。我想不起来了。

问：我已经向你提示过，这发生在1932年12月6日，原田来拜访你，我不能确定在哪儿，但是，想必是陆军省。我提示一下，在我宣读完这一段后，你继续说，——

麦克马纳斯辩护律师：请庭上允许，我反对。我反对检察官读任何其他与那一点有关的东西，因为证人说他根本对这件事就一无所知，并且庭审记录中不应含有任何与那一次会面有关的东西，因为证人对此根本就一无所知。庭长大人，柯明斯-卡尔检察官屡次试图恢复证人的记忆。对法庭来说已经很明显了，证人对这次谈话一无所知，因此为什么在这儿继续把这位检察官的某个说法硬加入到记录里面去？

韦伯庭长：我们正在讨论另外一个问题，并且柯明斯-卡尔检察官有权通过指出谈话的事件、地点以及谈话的性质帮助证人恢复记忆。

柯明斯-卡尔检察官：在我向你提及上海事变后，你是否继续说道，换句话说，派遣大规模兵力在尽可能最短的时间内完成这件事？

答：既然原田男爵意外拜访我，并且在沉迷于某种交谈后，立即离去，对我来说除非在一些特殊的场合，否则很难记起我们俩在何时进行了什么样的谈话。

问：你说了还是没说？

答：我已经回答过了。我说我不知道。那不在我的记忆里。难道这个回答还不够吗？

问：你继续说你曾？

韦伯庭长：柯明斯-卡尔检察官，作为同僚，提醒了我，你有职责向证人提出你嗣后意欲证明的事项。我觉得你已经充分完成了那一职责。鉴于他的态度，我认为仅是向他提出这些事情的形式问题了。

柯明斯-卡尔检察官：请庭长大人明鉴，这确实转入了另一个问题，我觉得或许就那一点——这件事的另一个方面给他一些提示是公平的。

韦伯庭长：简要说一下每件事就足够了。你为了公平对待被告所做的一切并没有被充分意识到。

柯明斯-卡尔检察官：有关上海，你说过军队不想派士兵到那吗？

答：向谁说？

问：向原田，就在这同一场合。

答：这个，我不可能回答因为正如我前面说的，我想不起来或者不记得我和原田的任何一次谈话了，因此我不能做出任何肯定的回答。

问：军队不想派士兵去上海是事实吗？

答：是的。

问：为什么不想派？

答：嗯，我的观点是开战没有意义，既然当时海军在处理这件事，最大的希望就是海军结束这件事而无需陆军采取行动，基于这个原因陆军并不想为了海军的目的而派遣部队到前线。

另外解释一下，可以说参谋本部没有关于向中华民国派兵或者开战的计划，而统帅部是否会赞成这类事情很难说。

问：难道真相不是这样吗：你了解我已向你提过的上海的情况，你知道日本海军在那是错误的，而你不想追查。

答：我说的是事实。我从来没有想到那。我甚至从未考虑过这类事情。我甚至从未像你说的那样考虑事情。我也不觉得海军是错误的。

问：你向原田抱怨过外务省并没有因上海事情的快速解决而归功于您？

答：可以再翻译一次那个问题吗？

（于是，译员又翻译了一次最后一个问题）

正如我已经重复说过的，我不记得我在任何时候对原田说的任何事情了，如果是具体的事情的话，我可能记起来，但是我不知道我是否专门向他说过这样的话。我可能向其他人说过某些事情，但是我想不起来与原田男爵的谈话。

问：好吧，看一下你是否记起这个相当醒目的措辞。你继续说到在那种情况下对你来说遵守规矩没什么用处？

麦克马纳斯辩护律师：请庭长大人允许，反对该问题，它与本案毫不相关。

韦伯庭长：据此理由反对无效。

麦克马纳斯辩护律师：请庭上允许，可以根据其他理由吗？

韦伯庭长：你应当同时陈述所有根据。不可以、不得逐项提出辩护理由。

麦克马纳斯辩护律师：请庭长大人明鉴，我认为检方是在根据《原田回忆录》提出这个问题。该文书不能作为法庭证据，其中许多陈述是结论和意见——

好吧，我收回。

韦伯庭长：好。柯明斯-卡尔检察官？

柯明斯-卡尔检察官：庭长大人，如果法庭认为我在这个问题上已经超出必要——我不想超出必要的时间给他机会应对这些问题，如果他能的话。但我确实不想占用法庭的时间，仅仅为读而读。

韦伯庭长：柯明斯-卡尔检察官，当律师像你这样明显在权力范围内行事时，我们不愿干预。但是我们确实认为证人对这些问题都在采取不明确的态度。本来大有裨益的交叉询问，看来希望渺茫。

柯明斯-卡尔检察官：庭长大人，我会搁下这个话题，谈另外一个不同的问题。

问：荒木大将，在你宣誓书第12页和第17页，你提到了在你同意承认"满洲国"独立前你收到的国际法方面的建议。你是从谁那得到这一建议？

答：从外务大臣那。

问：你没有问过或者不知道他是从什么法律权威部门获得他的建议的吗？

答：我觉得是对这样一件事提出了一个纲要。

问：你是否知道日本政府就此咨询过两位国际律师，我认为应该是英国籍：戴特博士和贝特博士？

答：我记不起来了。

你的意思是我跟他们谈过、咨询过或者他们告诉过我？

问：我没有说他们亲自告诉过你，我是说他们的建议提交给了内阁，而你是内阁成员之一。

答：我想不起来了，但是你刚刚提到的这两人是外务省的顾问或者某些临时政府雇员吗？

问：我提示一下，他们是生活在日本的国际律师，定期向外务省提供咨询。

答：我明白这个问题了。

麦克马纳斯辩护律师：请庭长大人明鉴，我认为证人的宣誓书中已经说得很清楚了，他与外交事务一点关系也没有。我认为这已超出了宣誓书的范围，我反对这个问题。

韦伯庭长：难说什么超出了宣誓书的范围，在宣誓书中，被告声称他没有与被告中的任何一位共谋过。这个问题毫无疑问在宣誓书的范围内。

柯明斯-卡尔检察官：庭长大人，我能否只是提醒一下法庭，这一次不需要但是以防其他时候需要，法庭在过去某个时候说过，关于被告的交叉询问不必局限于宣誓书的范围。

韦伯庭长：我同意，根据提出的这个理由处理这个问题。

柯明斯-卡尔检察官：NIKAHASHI是犬养内阁的内务大臣并且是你的同僚吗？

语言监督官：阁下，您怎样拼写那个名字？您能拼读一下吗？

柯明斯-卡尔检察官：N-I-K-A-H-A-S-H-I.

语言监督官：柯明斯-卡尔检察官。没有这种日文名字。是N-A-K-A吗？

柯明斯-卡尔检察官：或许是吧。在这点上我或许拼错了。好的，NAKAHASHI，——N-A。

答：如果是中桥德五郎，那么他是我在同一内阁的同事。

问：好。下面，我将简要告诉你，这两位律师的意见为内阁周知，即他们都不赞成，他们的大体意思都是提议的凭借日本的帮助建立独立的"满洲国"和对其的承认都是违背国际法的。我应再补充一下那是在1932年2月在内阁提出的。

麦克马纳斯辩护律师：庭长大人，可以给出问题吗？

韦伯庭长：我明白那是一个问题。如果证人有疑问，我们会帮助他。

柯明斯-卡尔检察官：不对吗，证人？

答：这个问题与我是否知道这两位国际律师向内阁提交了这样一条意见有关系吗？

问：在1932年2月。

答：我明白这个问题了，但是我不知道。

问：大约在1932年3月11日，你是否参加过一次内阁会议而且不是在那时决定鉴于这样做可能违反《九国公约》，对"满洲国"的承认应该延后，至少表面上暂时延后吗？

答：能重复一遍吗？我对整个问题没搞明白。

（法庭的日文记录员又宣读了上面的问题）

我不记得这发生在哪次内阁会议上，但是我知道做出了那种性质的政策性决定这一事实。

刚才提到了国际法问题，还有许多国际疑难问题，但是我认为犬养内阁在当时的措施和政策是那时自我防卫权的继续，并且只要存在威胁或者危险就应该继续援引这种自我防卫权，且这种动乱仍在扩展甚至有扩展到日本本土的可能性。我认为这是当时存在的国际法问题之一。

韦伯庭长：您是在说把"满洲国"建成为一个所谓的独立国家是日本自我防卫的一种措施吗？

证人：不，不是这样的。我只不过表述了国际律师持有的观点。

还有，就满洲独立和独立的"满洲国"国家的建立，国际律师在这一点上的观点是既然这是由于一个国家内部分裂的结果产生的，甚至《九国公约》的当事方对那个国家，那个新国家，予以承认也不会是非法的，且这件事多次出现在议事日程上，如果我记得对的话，我觉得当时的内田外务大臣在承认"满洲国"后他在国会演说时对日本在这件事上的立场做了充分解释。

韦伯庭长：休庭至13:30。

（泫庭12:00休庭）

……

荒木证人：……我想知道刚刚由检方向我读的这一段的英文翻译是否是发表在这本书中该段的准确翻译。我这样说是因为经常由于对文书的笔译或者口译引起许多错误。

韦伯庭长：这个问题会提交给语言部。

柯明斯-卡尔检察官：现在我提交从该书节选的四段摘录作为证据，在同一张纸上，一段我刚刚读过，我会在适当的时候读另外三段。

韦伯庭长：我想这本书应该标注以供识别。

柯明斯-卡尔检察官：已经标注了，据我所知。

韦伯庭长：不是，它是公开提交的，没有异议被采纳了的。但是事实上提交它是为了以供识别。就这样标注。

法庭书记官：更正：以日文书写的题为《事关全体日本国民》的这本书被接受为第3164号证据，仅供识别。

韦伯庭长：按照惯例，采纳这四段摘录。

法庭书记官：从中节选的四段摘录，检方文书第2406号，接受为第3164A号证据。

（上述提交的这本书被标注为检方证据第3164号，以供识别；其中的摘录部分，第2406号文书，被标注为检方证据第3164A号并接受为法庭证据）

……

柯明斯-卡尔检察官：在1932年8月21日或者大约这个时间，关于满洲事件应该通过日中间的直接谈判解决的建议，你与近卫公爵有过一次谈话？

答：正如你过去一直做得那样，如果提日期，我很难记起任何具体的日期。你是在指原田男爵吗？

问：不，是近卫公爵。

答：我想不起来了。我不记得在那个月份和该月份的那个日期有过什么会面。

问：你记得在1932年的任何时候与近卫谈过中国大使提出的整个事件应该通过中日之间的直接谈判解决的建议吗？

答：我不记得，但是难道你不觉得近卫公爵对这类事情不知情吗？他那时是一位贵族院议长。

语言监督官：难道那时他不是一位贵族院议长吗？

答（继续）：我不记得刚提出的这个话题。

问：你不赞成那个建议吗？

韦伯庭长：柯明斯-卡尔检察官，他说他想不起来了。

柯明斯-卡尔检察官：你说过，大体意思是作为国联审议的结果，当日本被世界上其他国家孤立时，你支持营造一种日本将会发动一场对抗整个世界战争的局面？

麦克马纳斯辩护律师：鉴于证人的回答，反对这一提问，反对这种说法，请庭上允许。

韦伯庭长：当他声称对那整个话题不知情时，我认为你不应该就该话题的各部分继续交叉询问。

柯明斯-卡尔检察官：请庭长大人明鉴，我仅仅是在确保我已为这个问题的证据奠定了基础。

麦克马纳斯辩护律师：请庭长大人允许，我坚决反对。

韦伯庭长：支持辩方反对意见。

柯明斯-卡尔检察官：好，将军，请您看一下您以前见过的这本书的第118页好吗？让这位绅士替您找到这一页。你们使用了这些词语吗——语言部，请从文书第2406号第118页宣读——目前，这肯定是针对满洲问题的第一次决议，要让欧洲和美国明白存在这样一种志气，凭此，倘若任何人在我们前进的路上设置阻碍，我们要扫除一切阻碍继续前进。

答：是的。

问：那么请翻到这本书的第 21 页。您在那儿说了这点：远东各国已经成为白种人压迫的目标。已经觉醒的日本帝国再也不能忍受他们的高压了。坚决反对任何强国的行为，只要该行为反对帝国政策，这是大日本帝国的职责？

答：是这样写的。

柯明斯-卡尔检察官：他说是这样写的吗？

译员：是的，阁下。

语言仲裁官（摩尔少校）：庭长阁下，对前一个问题的回答是：是的。本应该就像这一个这样，是这样写的。

韦伯庭长：谢谢你，少校。

柯明斯-卡尔检察官（继续）：那么，将军，这是根据你的一次演说记下的还是你自己写下的？

答：我觉得是从某个地方节选的。

问：那么，是从你创作的某个东西上节选的吗？

答：正如我以前说的，很明显这本书是从报纸、杂志上节选各种文章以及从各种书籍和讲稿中截取部分内容后，一部分一部分拼接在这本书中而形成的。

问：但是，一切都是你说的？

答：我没有对这本书仔细审查，但是当这——出版一本这种书的事情被提出来时，我告诉这本书的出版方，假若要摘录某些部分并要用在该刊物中，应该用脚注或者某种形式给出那些摘录部分的出处。

问：那么，给出了吗？

答：您指什么？

问：在这本书中给出摘录的出处了吗？

答：没有，没有提到。

问：当时，在这本书出版后你立即见到了这本书了吗？

答：是的，我认为一经出版就立即寄给我了，当然，既然它是关于一些我写过或者说过的东西,我就没有仔细审查或者研究,但是在那时,我的确告诉过他:你们为什么不插入脚注或者一些其他的对引用资料的出处的提示?但是,由于这是如此细节性的问题,也就算了。

问:由于不是你所说的东西,当时你质疑过这本书任何一部分的准确性了吗?

答:我还没研究这些细节问题。

问:好吧,请你翻到这本书第 27 页好吗?你在那儿找到这些话了吗:不必说,皇军的精神在于弘扬皇道、传播国民道德。每一发子弹必定承载着皇道精神,每一把刺刀的刀尖必定铸入了国民道德。如果有任何人反对皇道精神或者国民道德,我们就用这发子弹和这把刺刀给他们来上一下?

答:是这样写的。

问:那么,这些是你说的吗?

答:假若你想领会全部要义的话,我希望你再往下读一点。

问:如果你希望再读些,那就请吧。

麦克马纳斯辩护律师:请庭长大人明鉴,我不反对证人继续往下读,但是我确实认为证人的宣誓书包含了全部情况。

问:将军,你想读的是什么?

译员:这是一个大致的翻译:然而,在"来上一下"之前,如果有任何反思或者重新考虑,就没有必要见到血了。

答(继续):我想进一步说一下因为实际上我并没有亲手写这篇文章,所以其中使用的一些措辞很尖锐。

就新闻报道和杂志文章来说,我觉得为了出于商业目的卖出这些出版物,考虑到了这个国家的事态,书中许多地方使用了措辞强烈的词语。但总的来说,尽管我没有浏览并通读全书,但是这本书实质上再现了我的思想。

问:好吧,那么,我想再问你一两个有关热河的问题。在 1933 年 2

月 13 日的内阁会议上——语言部,请翻到《回忆录》的这个日期,最后一部分,做出热河争议应该被看作是全面涉及暴乱分子的决定了吗?换句话说,他们,指日本陆军,不是要去攻击中国正规部队而是将攻击这些所谓的土匪。

麦克马纳斯辩护律师:请庭长大人允许,我们可以要求对那个问题澄清一下吗?

韦伯庭长:只能通过重复予以澄清。我看不到有什么模糊的地方,但是假如证人想用另一种方式重复一下,让他提出来。

答:我要回答最后一个问题吗?

问:是的。

答:好吧,看来在 2 月份的一天某时又有事情发生了。您能告诉我这样一个声明是在何地又是向谁做出的吗?

问:我说的是,那是当天内阁会议的决定,您是成员。

答:没有大体意思如同刚才那样措辞的决定。

问:那是——

答(继续):从刚才向我读的内容的背景来看,我应该想到那是从既定政策发展而来,即军事行动将只限于对匪盗行径的镇压,所有这类行动由日本按照和依据《日满议定书》实行。在热河争议被提出前,如果事实上我记得正确的话,内阁的决定是要阻止日本和中国之间的这些争议演变成一场战争。

问:真正的决定不是这样:如果可能,为了避免与国联引起进一步的麻烦,在热河的战役应被描述成是对抗叛乱分子和所谓的土匪,而不是对抗中国的正规部队?

答:单词 described 或者 description 是什么意思?

问:这个问题应该由日本陆军或者政府来描述(described)。

答:我没明白那个问题。可以清楚地重复一次吗?如果可能的话,我希望用不同的语言清楚地向我提出该问题。

问：日本内阁没有在1933年2月13日决定为了避免与国联引起的进一步麻烦,在热河的战役应被描述成是一场对抗叛乱分子和所谓的土匪的战役,而不是对抗中国的正规部队吗？

韦伯庭长：单词described让证人理解有困难。用represented替换described。

答：从那一段的写作风格听起来似乎那不仅是对日本作为一个国家的侮辱,而且也是对内阁连同陆军的侮辱。如果原田男爵据称写了那个,那本应是——那就是他自己私人的、主观的看法。

我会这样说：内阁的讨论和决定是,所有军事行动应该依据《日满议定书》实行,而且当时在考虑的问题与范围有关——与决定行动的范围有关,并且就土匪或者中国正规军或者其他什么而论,我觉得那不涉及任何相对的东西。内阁的决定是因为这是"满洲国"的内部问题——但是,既然日本陆军正在采取行动,假设我记得正确的话,内阁决定的大意是这种行动应该按照它不会导致日本和中国间的任何敌对这样来打算——即行动不会导致日本和中国之间的全面敌对行为。

问：就在这同一次会议上,回复国联照会的问题和日本是否应该从国联退出的问题也没有予以讨论吗？

答：我不记得了。

问：那么,我向您提示一下,关于热河战役表述方法的提议是基于为了不在那个时刻把与国联的难题复杂化才决定的。

麦克马纳斯辩护律师：如果庭上允许,我要求问一个问题而不是给予证人提示该怎样回答。

韦伯庭长：把那当作一个问题。

证人：我得回答吗？

韦伯庭长：是的,如果你理解这个问题的话。

答：我现在纯粹是在猜这个问题,但是我现在记不起来是否当时有过这样一次内阁会议。这仅仅是对这个问题的一个猜测,不过,尽管我认为我的理解没有什么错，但是我记不起来在那时是否有这样一次内阁会议。

问：就这样吧。不过，热河战役的实际效果不是把中国正规军赶出热河了吗？

答：可以重复一遍吗？我没有听见这个问题。

（于是，日文法庭书记官宣读最后一个问题）

答：嗯，我不知道那儿有多少中国正规军队，我对实际作战情况不熟悉。不过，假若中国正规军在那的话，会是这种情况。从作战命令我可以推测假若中国正规军进入热河并在那个地区制造骚乱——即假若中国正规部队进入热河并阻碍了在那一地区的平定和镇压任务，那么就会采取军事行动把他们肃清。

如果我可以再补充一点，热河成了"满洲国"这个国家的一部分——既然热河成了"满洲国"这个国家的一部分，假若中国军队进入这个国家并且采取挑战性的、挑衅性的态度，那么"满洲国"一方的军队自然会诉诸军事行动制服他们或者把他们赶出去。

麦克马纳斯辩护律师：庭长大人，我可以建议把证人的上一次回答，这个回答前面的那个，呈给摩尔少校吗？

韦伯庭长：把它提交给语言部。

答（继续）：请您重复一下好吗？

问：真实的情况不是这样：正如你在宣誓书中告诉我们的那样，在你把张学良逐出满洲后，他又立足于热河，之后，你又把他逐出热河？

答：这个问题很难回答。我已经明确回答过热河问题纯粹是"满洲国"的国内问题，那次行动是依据《日满议定书》采取的，而且因为那是"满洲国"的国内议题，不是我们该干预的事情。

柯明斯-卡尔检察官：好吧，我现在要提问了——语言部，烦请——有关国际检查局文书第620P号，你们有英文版和日文版。假如找到，请向证人出示，并找到相关段落，向他出示。

（于是，文书被递交证人）

问：好了，将军，那本书——首先，看一下封面，是1933年日本陆军大"满洲国"日记吗？

答：是，题目是《满密大日记》，昭和八年，1933年。

问：对。

现在，请你翻到前面向你出示的那一页好吗？那是一封带有你亲笔签名和完整日期1933年4月8日的电报吗？

答：问题是什么？

问：问题是，那是一封日期是1933年4月8日的电报并带有你的亲笔签名吗？

答：4月8日？我找不到这个日期。

问：找到你的亲笔签名了吗？

答：我没有注意到这个日期。在另一个地方写道3月11日。

问：不要纠结于这个日期。你在该文书上找到你的亲笔签名了吗？

答：是的。

问：嗨，当向您宣读时请跟上。

麦克马纳斯辩护律师：请庭上允许，反对宣读。这本书还没有标注为法庭证据，而且我反对把它标注为法庭证据。

柯明斯-卡尔检察官：感谢我朋友的提醒。

我提交这本书以供识别。

法庭书记官：本书，用日文书写，题目《满密大日记》，接受为证据第3165号，仅供识别。

（上述提交的文书被标注为检方证据第3165号，仅供识别）

柯明斯-卡尔检察官：接下来，我要提交证人承认有他亲笔签名的这段摘录作为证据。

韦伯庭长：按照惯例，予以采纳。

法庭书记官：检方文书第620P号接受为证据第3165A号。

（于是，上述提交的文书被标注为检方证据第 3165A 号，接受为法庭证据）

柯明斯-卡尔检察官：我将仅读一下文书底部的这一部分：

手写电报原文

陆军大臣——荒木签名，陆军次官——柳川签名。

局长——重厚签名，课长——山下签名

课员——铃木签名

关于：对"满洲国"的祝贺。自陆军大臣，致关东军司令官

通过日满军队的密切合作，我们成功肃清了热河土匪。并祝贺远东和平业已建立，我们向各级官员和勇士们的伟大创举致以深深的谢意。请把上述信息转告满洲军队。

问：好，将军，在 1933 年 2 月 15 日，在一次内阁会议上讨论过日本是否应该从国联退出吗？

麦克马纳斯辩护律师：我不想提这些反对意见，但是证人当天在那吗？如果不在，他怎么会知道？

韦伯庭长：禁止向他提示答案。所提问题完全合法。假若他不在那里他会解释。

答：您是说 2 月 15 日吗？

问：是的。

答：我不记得 2 月 15 日这个日期，尽管我不确定这个日期，但是我觉得关于国联的问题曾在内阁被提出讨论过。

问：那么，您是否在现场并和内田外务大臣一起当即提交了从国联退出的决议？

答：不，没发生这种事。

韦伯庭长：我收到一位法庭成员请求，就这封电报，证据第 3165A

号,提出一个问题。电报是手写的,并带有许多签名。电报是由签名的人中的一位写的吗?

证人:印章显示了赞同电报正文和电报初稿的那些人的名字;草稿本身由负责的官员拟定。

韦伯庭长:是这样,柯明斯-卡尔检察官,该你提问了。

柯明斯-卡尔检察官:在内阁最终决定从国联退出之后,为这一目的,起草了一份皇室公告?

答:是的。

问:草案提到了在满洲的日本人?

答:什么草案?

问:皇室宣告草案。

答:您指的是天皇诏书的内容?

问:是的,我是按最初起草的名字——对不起。有一份草案您用这些话予以批准:作为与"满洲国"承认相关帝国政府的国家政策?

答:既然当时天皇诏书被公之于世,如果我被许可看这个文本的话,我可能能够查明是否用过任何这样的词语和措辞。我没有去记这份诏书。

问:我在问您有关初期讨论的事情,在它定稿前。

答:我记不住细节问题了,但是我记住了草案首先是由外务省制定的,并且因为与天皇诏书有关,院内阁议做了一定的改动、修订或者修正,并就这些问题进行了讨论。

韦伯庭长:休庭15分钟。

(法庭在14:45休庭,15:00继续审理如下)

……

柯明斯-卡尔检察官(继续):荒木大将,就在休庭前我向您提出的问题的要点是:你反对满洲独立这种词语包含在天皇诏书中,因为如果用"独立"这个字眼,在满洲和日本合并时可能会不方便?

答：根本没发生这种事。

问：说您一直赞成吞并满洲,是真的吗?

答：荒唐至极!

问：而且,甚至在您从政府辞职后,还意图执行您的计划?

答：我连想都没想过这种事。

问：关于满洲独立这些词语,它们最终还是出现在《诏书》中。但是,您成功反对把一段文字插进去,即在上下级之间以及军方和平民之间不应该有混乱的情绪?

答：我没听清那个问题。不包括什么?

问：有过提议应在天皇诏书中有一段文字,命令上下级之间不应该有混乱的情绪以及文职官员和军事官员之间应该融洽吗?

……

问：用另一种方式表述反过来好像也是在建议：在上下级之间应该恭敬。

答：我想请将整个问题从头到尾重复一遍。

问：在内阁中有这样一个提议,即天皇诏书应该包含这种意思的措辞：一方面,文职人员和军人应在各自的领域内融洽工作；另一方面,在上下级之间应该恭敬或者有良好的感情?

问：这是全部问题吗?

答：是的。

答：您在问我是否我提议插入这些话?

问：不是,你是否反对插入这些话。

答：我从没说过任何这种意思的话。因为零零散散的翻译刚才在那点上我有些迷惑。

问：那么,在 1933 年 10 月,说陆军决定于 1935 年攻击苏联而海军决定于 1936 年攻击美国,这是真的吗?

麦克马纳斯辩护律师：请庭上允许,反对该问题,因为它既不在宣誓书范围内，也是全新的事项。

韦伯庭长：提问在宣誓证词范围内，而且大部分交叉询问通常会曝新料。反对无效。

问：那是真的吗？

答：真是极端滑稽、荒谬甚至去臆想的事。

问：在1933年12月5日的一次内阁会议上，有过关于美国和欧洲国家在有关贸易事务特别是海关税率方面对日本的态度的讨论吗？

答：在这次内阁会议上吗？

问：是的。

答：我想不起来了。

问：大藏大臣高桥说过困难不仅与贸易关系有关而且还起因于这样的事实：即日本陆军和海军在声称1935年和1936年会是关键年，并组织宣传好像日本与俄罗斯以及美国正处于战争的边缘？

答：刚才用的是关键年这个词，但是在那个时候，用过危机时刻或者危机时期这些词。但是，因为危机时刻并不意味着有任何意图要参加战争或者发动战争。

问：高桥说过不会有这种危机时刻吗？

答：我——尽管我想不起大藏大臣高桥说了什么，我甚至一次也没有从高乔本人的口中听到过这种事情。

问：您气得脸色发白地答复过，那不是真实情况。会有一次危机。军方今天没有意图开战。然而，我们必须做好准备。

麦克马纳斯辩护律师：反对，庭长大人，反对把最后这段评论写进记录中。请庭上明鉴，很多次当证人说他对任何事什么都不知道时，而检方坚持要其证实，这无助于一次公平的审判，如果庭上允许，请记录在案。

韦伯庭长：柯明斯-卡尔检察官，你是鉴于前一次的回答而坚持提出这个问题吗？

柯明斯-卡尔检察官：庭长大人，这一次证人承认有过一些这种事情的讨论，尽管他对措辞相当不认同。因此，我觉得向他提出余下的部分是适当的。但是如果我已经为进一步的证据奠定了足够的基础，我不会抓住这个问题不放。

韦伯庭长：假若柯明斯-卡尔律师是在反复要求一个回答的话，反对无效。

柯明斯-卡尔检察官：将军，您用过那些词吗？

答：好的，刚才在这个问题上似乎有点儿混乱，但是我要说，有那么一次高桥大藏大臣和我激烈地争论过，尽管我不知道是否有人脸色变白还是变红。但是那不是我们正在辩论的问题。如果必要，我会对那一次的争论做出解释。如果不必要，我就打住。我要回答吗？

韦伯庭长：不必，除非要求你。

柯明斯-卡尔检察官：早在一年前，在 1932 年 11 月，你首先向近卫公爵、之后向原田男爵说明了你当时对一项国家政策的一个计划？

答：可以重复一下日期吗？

问：在 1932 年 11 月。

答：我想不起来了。

问：这项政策没有包含 3 项内容？

麦克马纳斯辩护律师：请庭上允许，我必须再次反对。抱歉我不得不反对。但是证人说他想不起来了，而现在检方仍然在询问他，这一政策没有包含 3 项内容吗？他根本想不起来了。

韦伯庭长：你可以尝试通过给出更多细节恢复他的记忆，而那就是我所理解的你正在做的。反对无效。

柯明斯-卡尔检察官：第 1 项，为增强国力实施紧急政策两年；第 2 项，考虑是否在这两年内攻击苏俄；第 3 项，同时维护与美国的友好关系。

答：我记不起来曾经见过或者出现过这种场合。

问：在向原田男爵解释这一政策时，你提出了你在宣誓书中提到的一项策略作为备选方案,即召集远东国际和平会议吗?

答:在1932年年底,满洲问题尚未解决——到那时为止还没有得到解决,除了迅速结束满洲问题,我什么也不考虑。

问:你说过,在两三年内你必须完善日本的国防,就是说,完成准备工作并且通过展示军力,无论是以和平方式还是战争方式,主张日本的意图?

答:我不认为我有过任何机会或者应该有任何机会与原田阁下谈论这种问题。

问:高桥大藏大臣反对过吗,认为那要耗费4到5年时间而且花费巨大?

答:您的意思是与原田男爵一起?

问:不是在这同一次,是在任何时候。

麦克马纳斯辩护律师:请庭长大人明鉴,我对随后的这些问题有些茫然。我有个模糊的想法,它们可能来自《原田男爵回忆录》,我前面已经反对过了,因为它们是基于一些结论和意见这一事实。就这个特定问题,我反对这种提问形式。

韦伯庭长:反对无效。

证人:可以重复一下最后一个问题吗?

问:高桥大藏大臣反对过你的计划因为那要耗费不是两年的时间而是四年或者五年时间并且花费会太多?

麦克马纳斯辩护律师:反对,请庭长大人允许,我反对添加你的计划。没有任何迹象表明荒木做了一个计划。如果他的确做了一个计划,那就亮出来。为什么检方要添加这样一个词,你的计划?

韦伯庭长:柯明斯-卡尔检察官。

柯明斯-卡尔检察官:在我看来,庭长大人,这个问题是合适的。如果不把它与我已经向他提问过的计划联系起来是难以理解的。是的,他否认了,但是为了让问题易于理解,我必须把它与我已经问过他的这个计划联系起来。

韦伯庭长：用已经提到的计划代替你的这个词。

柯明斯-卡尔检察官：庭长大人明鉴。

问：请回答好吗？

答：没有这样的事。

问：而且你说过为了这个计划你所要求的预算是相当合理的并且——

韦伯庭长：没有必要再交叉询问了，假若你想对证人公平并嗣后为证据奠定基础的话。我们感到就这位证人否认的一些事情向他提问对我们毫无帮助。

柯明斯-卡尔检察官：如果庭长大人认为我已经为日后进行整体讨论，奠定了足够基础的话，我不会就此再提出更多问题了。

韦伯庭长：我认为你应该把每一待证事项非常简要地向他提出，当被告知他什么也不知道或者想不起来时，就停止那一特定事项的交叉询问。

柯明斯-卡尔检察官：庭长大人明鉴，好的。

问：你在1933年1月13日的一次内阁会议上以及事前反对过与苏联签订互不侵犯条约吗？

答：我没有反对签订互不侵犯条约。

问：你说过原因是它可能便于共产主义宣传？

答：让我说一下有关互不侵犯条约我是怎样想的。这是在我内阁同僚间盛行的一种见解。因为日本和俄罗斯之间有很多悬而未决的问题，这些问题必须首先解决，而且只有随着这些问题的解决双方展示出充分的真诚和善意之后才能签订互不侵犯条约。否则，这件事将引起更多的麻烦。那是内阁大臣们的普遍看法。

问：在1933年1月13日的内阁会议上，就互不侵犯条约这一话题，高桥大藏大臣和你本人有过争论，因为他坚称而你否认军队特别是宪兵队正在通过恐吓控制舆论和报纸？

答：在所有内阁大臣中，高桥大藏大臣是我最尊重的人，我和他关系最密切，而且因为这我们经常坦诚地交换看法和见解，但是我记不起来在1月某天的内阁会议上发生过任何这样的一次争论。

问：但就那个话题在任何一次内阁会议上有过争论吗？

答：没有。

问：在1933年2月1日的内阁会议上，你的一些同僚抱怨军队正在煽动报纸，倡导（日本）从国联退出？

答：我不知道。

问：你说过是这些报纸在写他们，他们自己，不是你煽动的？

答：是的。

问：而他说过如果你想的话你就能阻止他们，为什么你没有阻止？

答：报纸在我的管辖之外。

问：你认识一位秋草少佐，或者一个像那样的名字，他驻守在满洲，在那处理与白俄罗斯移民有关的事务？

答：是的，我认识秋草少佐。

问：那么你支持过他在那些白俄罗斯移民中组织密谋反对苏联吗？

答：没有。

问：你在他的要求下在东京接见过一个人，这些白俄罗斯移民中的一个名为罗扎耶夫斯基的人？

答：我第一次听说罗扎耶夫斯基这个名字，我认为是在俄罗斯阶段，俄罗斯检察官提交来自那个人的一份宣誓书的时候。我确实知道许多白俄罗斯人在东京访问，但是我不知道他们的名字。

问：你授权过罗扎耶夫斯基或者任何人在称为《我们的道路》的报纸上发表与你的面谈吗，这份报纸是白俄罗斯人在满洲发行的吗？

答：我从来没有给过这样的许可。

问：你认识一个名为谢苗诺夫的人很多年吗？

答：认识，很熟悉。

问：你和他讨论过从苏联分离地名，苏联领土的计划？

答：没有。

问：不过，在1933年12月9日，你和海军大臣在新闻媒体上发布过一个声明？

答：如果你告诉我声明的大意，我可能记起来。

问：有关提议的1936年的危机和对你所说的正在试图离间公众与军方的思想动向的谴责。

答：那是在1933年8月吗？

问：在1933年12月。

答：在那个时候，在有关国防和外交的决定在五大臣会议上做出后，我觉得外务省发布了那一类的声明，但是至于它的内容，仅告诉我这样一个基本的梗概，我无法说出来。我认为这样一种声明是可能发表的。

问：被告小矶在满洲战役期间派遣宪兵队士兵、宪兵队成员，伪装成劳工进入中国和满洲，是真的吗？

答：我不知道。

问：你在1939年8月3日向原田男爵这样说过吗？

答：我想不起来曾经向他说过。

问：你说过你对你当时的内阁同僚小矶了解很多？他不是拓务大臣吗？

答：是哪一年？

问：1939年，在平沼内阁。你不是文部大臣而小矶是拓务大臣吗？

答：是，是这样。

问：你没有说过许多事情向原田男爵不利于小矶的吗，包括我向你指出的那件？

语言监督官：柯明斯-卡尔检察官，劳驾请换种方式提问。

问：你没有向原田男爵说过许多不利于小矶的事情吗？包括我已经向你指出的那件？

答：是的。

问：现在，第2213号证据已表明在1933年12月大笔的钱被从满洲特务基金汇给了在满洲的小矶。

答：那是一个问题吗？

问：不是，是已备好的一个问题的依据。

当你是陆军大臣时，你命令过小矶从那笔钱中寄回100万日元给你吗？

答：没有这种事。

问：事实上，他把100万日元寄回了到陆军省？

答：我不知道。

问：这笔钱不是被你在日本用作军队一方的宣传了吗？

答：岂有此理。

问：当你在1938年5月加入第二届近卫内阁时，你已经从上一个10月起就是内阁参议了，不是吗？

答：难道翻译没搞错吗？我不明白。

问：你不是自从1937年10月起就是一位内阁参议了吗，在第一届近卫内阁期间？

答：是。

问：你在宣誓书第30页顶端第18项说你反对占领南京。

答：是的。

问：并说那会让中国和日本的关系在未来糟糕得多？

答：不仅那样，而是主要观点就是那个。

问：1938年5月你成为那届内阁的文部大臣吗？

答：是的。

问：那时南京已经被占领，不是吗？而且南京大屠杀已经发生了，正如你说的，与你的建议正相反。

麦克马纳斯辩护律师：庭长大人，反对这种提问形式。

译员：是南京的沦陷——证人那样认为。

证人：我可以继续吗？

柯明斯-卡尔检察官：可以。

答：我记得南京是在12月13日沦陷的。对，当我成为文部大臣时南京已经沦陷了，军队早已在行动了。

问：你读过有关日本军队在南京犯下暴行的记述吗？

答：没有。我没有读过。

问：为什么没有？

答：因为即便在那个时候，我对这件事甚至连谣言也没有听说过。

问：你现在了解了这与你向军队反复灌输的政策完全相反，不是吗？

麦克马纳斯辩护律师：我反对该问题，请庭上允许。没有确凿与否的证据表明荒木大将在任何时候、任何地点或者任何其他地方向任何人灌输过任何东西。

韦伯庭长：他被问到他是否向军队灌输过与根据本案的证据，发生在南京的事情相反的东西，而你反对这样一个问题吗？

柯明斯-卡尔检察官：宣誓书中有诸如此类的记载，庭长大人。

韦伯庭长：反对无效。

麦克马纳斯辩护律师：请庭长大人明鉴，我不反对证人将要给出的回答，根本不反对，但是我反对这个问题的倾向性。

韦伯庭长：这个问题确实是以隐晦的形式提出的，但是如我所说，问题不会导致异议，他应该回答。

证人：我可以把最后一个问题解读如下：我向日本军队倡导的，与嗣后发生在南京的事情相反吗？

柯明斯-卡尔检察官：可以。

答：假如在南京的事件确切地如已经向本法庭讲述的那样，那么我要说我极为遗憾那与我所倡导的相反，但是我对实情不是完全熟悉。

韦伯庭长：休庭至星期一 9∶30。

（法庭在 16∶05 休庭直到 1947 年 9 月 15 日 9∶30。）

1947 年 9 月 15 日，星期一
日本东京都旧陆军省大楼内远东国际军事法庭

法庭在 9∶30 重新开庭审理。

出庭情况：

法庭上所有成员都已出席，除了尊敬的来自印度的法官拉达·宾诺德·帕尔，从 9∶30 到 16∶00 没有出席。

检方照旧。

辩方照旧。

（英语到日语及日语到英语口译由远东国际军事法庭语言部承担）

法庭书记官：远东国际军事法庭现在开庭。

韦伯庭长：柯明斯-卡尔检察官。

荒木贞夫，被告，重新站在证人席，通过日语翻译作证如下：

交叉询问（由柯明斯-卡尔检察官询问荒木贞夫证人）

问：荒木大将，这是关于热河的又一个问题。你说过两次是根据 1932 年 9 月 15 日的《日满议定书》进入热河的。这是你的看法吗？

答：是的。

问：但是，你告诉过我们早在 1931 年 12 月在你进入内阁后不久就已经决定了，即热河要被包括在作战领域之内，你没有告诉我们吗？

答：不是这样的。犬养内阁初期制定的政策是——

语言监督官：日文法庭记录员。

（随之，日文法庭记录员读出上面的回答）

译员：既然不确定谁去执行，没有人能够知道陆军会执行到什么地步。

（随之，翻译监督官用日语讲给证人）

译员：更正：既然没人知道中国陆军方面对手会是谁，没人能够知道日本陆军能到什么地步。

答（继续）：因此，既然对满洲的动荡事态负有责任的人是张学良，我们必须和他算账。那么，很自然地，关于张学良的影响力能扩及到哪里，这样的问题就被提出来了，而且既然当时他的影响力扩及到了热河，这就是我们做出决定的根据。但是，既然我们真正的意愿不是使用武力，犬养内阁甚至希望在尽可能短的时间内和平解决这些事情。那就是犬养内阁组建时制定的政策的主要框架。

柯明斯-卡尔检察官：请法庭查阅与此回答有关的第3162号证据。

问：攻击热河的行动不是实际开始于1932年7月吗？1932年8月他们不再继续了吗？

答：不，不是这样的。

问：然而，你在星期五告诉过我，就在休庭前，你对日本陆军在南京的暴行甚至连谣言都没有听说。你确实是这个意思吗？

答：对所谓的该事件的一切情况，我当时一无所知。

问：你第一次听说这件事是什么时候？

答：我第一次听说该事件是当关于该事件的证词向本法庭提交的时候，但是当我在星期五回答时，我说过我还不确定它们是否属实。

问：作为一位内阁顾问，你没有见过来自在南京的日本总领事馆的报告吗？

答：这类文书不向内阁顾问出示。

问：你不知道向南京派出了官员调查此事吗？

语言监督官：柯明斯-卡尔检察官,是文职官员还是军事官员?

柯明斯-卡尔检察官：军事官员。

答：关于这件事的一切,我一概不知。

问：你不读报纸吗?

答：不,我的确读报纸。

问：你不仅读日本报纸,还读外国报纸?

答：不,我不读外国报纸。

问：难道日本报纸没有包含对日本士兵屠杀中国人的丰功伟绩的报道吗?

答：我从未见过这样的报道。

问：你不知道在1938年2月松井大将被召回,由畑俊六大将代替他吗?

答：我知道他被替下来。关于他被替下的情形,我什么也不知道。

问：你没有对原因进行调查吗?

答：是的。

问：好的,你告诉过我们你确实知道在1938年1月16日近卫内阁决定不再与蒋介石做进一步的谈判。

答：我的确知道这件事。

问：而那,正如我从你的宣誓书中理解的那样,与你自己的政策完全相悖,不是吗?

答：当声明发布时,所有内阁顾问在这个问题上都给出了强烈意见,因为不再与蒋政权交往这一说法的含义很含糊不清,而声明本身的措辞不是最佳,没人能够预测这样一种声明会有什么影响。

问：这些已经够清楚了,不是这样吗：内阁已决定与蒋介石战斗到底了?

答：内阁顾问几乎听不到任何这样性质的事情。事实上,内阁考虑很周到甚至竟然向我们出示这一声明。

问：声明发表了，不是吗？

答：那是——内阁发布了声明，我感觉内阁考虑很周到竟然向我们出示那份声明。

问：你的意思是在发表之前向你出示过？

答：是的。

问：那么，你说过的你就此表达的强烈意见是什么？

答：实际上所有内阁参议的意见是，尽管声明的措辞含糊不清，但它的确意味着未来与蒋介石政权的所有谈判将要被切断，因此我们感觉那会成为中国政府和我们之间任何可能进一步谈判的一个障碍。内阁参议们对有关这次声明含糊不清的意见的发声，几乎就是内阁参议员与建议内阁有关的不得不提出意见或做出努力的最后一次机会了。

问：可是，尽管与你的建议相悖，声明还是发布了，不是吗？

答：我不知道在内阁会议上确切地讨论过什么。然而，我的确知道这则大体意思是日本政府不会再与蒋介石政权交往的声明，根本未经任何修改就发布了。

问：那么，为什么你在1938年5月还加入这届在两个你已经告诉我们的关键性的政策问题上拒绝你建议的政府？

答：我觉得对我来说完全退隐仍然太早，我应该为了我的国家做最后一次努力，也部分是因为近卫公爵的请求非常急切才接受的。我觉得放弃希望仍然为时尚早。

我想替近卫公爵说这一些：关于与蒋政权有关的该则声明，当我后来遇见他并向他问起有关这则声明时，他说，我发布声明并没有要切断与蒋政权所有进一步谈判的想法，但若蒋政权重新考虑，我们一直愿意再次开启谈判。

问：你不知道当你还是内阁成员时，他在1938年12月重复了这则声明吗？

答：眼下我记忆力不太好。

问：那么,你不知道在1938年12月内阁正在采取措施扶植汪精卫成立与蒋介石相对抗的政府吗?

答：我不知道。

问：内阁行事继续与你所说的你自己的政策相悖,为什么你还留在内阁?

答：正如我前面所说的,我感觉仍然有某种方式,通过它我的希望和理想能够实现,为了那个目的,我正在竭尽全力,但是因为我的职位——因为我担任的内阁职务,我没有办法了解到与那些事情有关的政策,也不会在这些问题上向我征求意见,例如,我甚至不知道汪精卫何时来到日本,想不到他就在那儿。

问：好,你已经提示过你在第一届近卫内阁和平沼内阁时期,各种事情是由五大臣会议决定的,没有与你协商,是真的吗?

答：是的。

问：事实是没有五大臣会议做出的决定在提交给内阁并获得内阁批准之前会生效?

答：会是这样,假如一项政策要被实施——做出决定后实际实施。然而,在当时,几乎没有重要的政策在被决定。

问：例如,在1939年6月10日或者大约这个日期,当平沼内阁决定建立汪精卫政权时,你没有出席吗?

答：在那一点上,我不太确定。然而,我们甚至不知道汪先生已被带到了日本,并且那段时期就在日本。

问：在中国事变周年纪念日,你有没有发表过一个演讲,在演讲中你自己说到,日本在反日的中国被完全制服到不能再站起来的地步之前,是不会放下武器的?

答：我认为那不可能是我的演说。对发表过这样一篇演说我个人没有记忆,我认为它肯定是取自《文部纪要》或者你以前参阅的其他文书之一。

问：你没有促使它发表在你们自己的《文部时报》上吗？

答：《文部时报》或者《文部纪要》，是由文部省出版的，有一个非常能干的部门负责该评论的出版，有人肯定写了那番说辞，大概我本人或许浏览过它，但是仅此而已。因此，我记得当你向我出示那些月刊中的一本时，我翻阅了一下，我当时在想，哦，是的，我的确记得那个。但是，差不多也就到这个程度了。

并且，在文章的第一部分，那个意思的想法可能会找到，但是假如你从整体上看这份文书，特别是后面的部分——

译员：更正：不是文书是文章。

答（继续）：——你会发现那篇文章的真正意义并不在于这样一种想法。

柯明斯-卡尔检察官：第2281号证据，交叉询问完毕。

韦伯庭长：麦克马纳斯辩护律师。

再次直接询问（由麦克马纳斯辩护律师询问荒木贞夫证人）

问：将军，你被审问过很多次了，不是吗？

答：在20到30次之间——20多次。

问：昨天出现在法庭审判室的3位译员，不是在巢鸭监狱出现在你面前的仅有的译员，是吗？

韦伯庭长：昨天指星期五。

答：是的。

问：还有其他人，有吗？

答：我记得还有其他几个人。

麦克马纳斯辩护律师：请庭长大人允许，我可以在此时重新呈交第1899B号辩方文书吗？法庭还没就此裁决。

韦伯庭长：对此有任何异议吗？柯明斯-卡尔检察官。

柯明斯-卡尔检察官：检方反对该文书，请庭上允许，因为假设它与本案有点儿相关性的话，在集体答辩阶段就应该被提出来了。

韦伯庭长：证人说过他对白川义则的声明负有个人责任吗？

麦克马纳斯辩护律师：我认为是这样，庭长大人。

韦伯庭长：就是他下令发表这则声明的，是这样吗？

麦克马纳斯辩护律师：这是我对证人证词的记忆，请庭上明鉴。

韦伯庭长：柯明斯-卡尔检察官。

柯明斯-卡尔检察官：这不是我的记忆，庭长大人。我认为他没有被问及这份文书。我也许是错的。

韦伯庭长：有关其他指挥官，他做过这种意思的供述，但关于白川义则我不记得他是否做过此类供述。

柯明斯-卡尔检察官：庭长大人，对于这个人白川义则和植田谦吉一到上海就发布的公告，他做过那种意思的供述。但是我认为他没有说过他们随后发布的一切都是在他的指示下发布的。

韦伯庭长：好吧，除非能够表明他个人与此有关，根据我已经决定要适用的法律规则，或者我应该说裁决，该文书必须予以拒绝。

麦克马纳斯辩护律师：请庭上允许，我可以询问一下证人以确定他是否对这则声明负有责任吗？

问：将军，请您查看第1899B号辩方文书，并告诉法庭你是否对其中白川义则所做的声明负有个人责任。

答：我会回答。在白川义则大将起程之前我指示过他，正如我指示植田谦吉师团长一样，政府和中央军事当局的想法是一样的，如同他随后在他的公告中——在他的声明中——体现的那些想法一样，即他们就应该如此。尽管这有些详细了，但我相信白川义则大将是按照我的意图来发布他的声明的，即这些事情不应诉诸武力解决。

麦克马纳斯辩护律师：我再次提交这份文书，请庭上允许。

韦伯庭长：柯明斯-卡尔检察官。

柯明斯-卡尔检察官：庭长大人，这是个小问题，但是为了维护原则，我认为回答完全没有涉及该文书，而该文书是对发布该声明的这位将军，到达上海之后发生的一些事情的事实陈述。

韦伯庭长：大多数意见，反对有效，驳回文书。

麦克马纳斯辩护律师：将军，在1932年5月11日——

韦伯庭长：在你再直接询问前，我认为我应该代表法庭成员提出一些问题，以便于你的再直接询问可以论及对这些问题的回答，假如必要的话。

韦伯庭长：证人，在你的宣誓书的第3项，你提到了政府的不扩张政策。那适用于中国本土吗？

答：到处都适用。

……

麦克马纳斯辩护律师（继续）：将军，在1932年5月11日，你在你的官邸发表过一则有关日军从上海撤退的声明吗？

答：是的。

问：请您查看第1899E号辩方文书，并告诉法庭这是否是一篇对你那时发表的那则声明的真实无误的报道。

韦伯庭长：柯明斯-卡尔检察官。

柯明斯-卡尔检察官：庭长大人，法庭反对该文书——

韦伯庭长：是检方。

柯明斯-卡尔检察官：是检方——对不起——反对该文书。如果这份文书可采纳，我不会反对它的真实性。但是，依我看，它违背了法庭在星期四宣布的裁定，即证人不能谋求通过证明他在其他场合发表过非好战性言论，来抵消据称是他曾经发表过的好战性言论。依我们来看，这份文书也不过就是这个意思。

麦克马纳斯辩护律师：请庭上明鉴，它确实能体现证人当时的态度。

韦伯庭长：我认为该文书被柯明斯-卡尔检察官提及的我们先前的裁决所涵盖，麦克马纳斯律师。

法庭倒是乐见该文书。

柯明斯-卡尔检察官。

柯明斯-卡尔检察官：庭长大人，我想补充一点，就这份文书包含的事实而言，它们都已经被接受为法庭证据了。

韦伯庭长：根据法庭多数意见，反对有效，驳回该文书。

麦克马纳斯辩护律师：将军，我向您出示的是第1884号辩方文书，并问您这是否是一篇有关您在1932年3月8日欢迎国联调查委员会所作演讲的真实无误的报道。

韦伯庭长：柯明斯-卡尔检察官。

柯明斯-卡尔检察官：庭长大人，我再次提出同样的反对，同样的评论，假如文书可采纳，我想我已经向我的朋友讲得很清楚，我不会反对它的真实性，因此，没有必要要求该证人确认。

韦伯庭长：是吗，我们还没有见到。

柯明斯-卡尔检察官：它真的只不过是日本对国联立场的声明，我们已经再三解释过了。其中部分内容，在最后1页第3页上。事实上，不是这么爱好和平，还不如说支持了检方的理由，但是我们没有考虑这份文书的足够重要性而要求法庭据此采纳。

韦伯庭长：好的。法庭多数支持反对意见，驳回该文书。

麦克马纳斯辩护律师：将军，现在我问您，在1933年10月30日，您提议过为促进世界和平而召开东亚和平会议，邀请所有有关国家参与吗？

答：是的。

问：我现在要求您仔细查看第2012号辩方文书，告诉我们这是否是一篇真实无误的有关那时与您的提议密切相关情形的报道。

（随之，文书被递给了证人）

韦伯庭长：柯明斯-卡尔检察官。这份文书还没有提交，是吗？

麦克马纳斯辩护律师：我正在等证人回答。

答：这是一位新闻记者写的报道，他到福井拜访我，在那我接受了他的采访，有关我以前提出的举办亚太会议的提议。对该文书的后半部分我什么也不知道。

韦伯庭长：后半部分是什么？从哪儿开始？

证人：这部分开头是：远东门罗主义的自我放弃——

柯明斯-卡尔检察官：在英文本第4页，庭长大人。

证人：……外交当局表示很吃惊，反对这一计划认为那等同于……等。我对这一部分毫无所知。

问：将军，你的确提过这样一个建议，不是吗？

答：我在我的宣誓书中已经说过，在《塘沽停战协定》后，我全部的努力都在为实现这次会议——这个说法本身在我的宣誓书中没有提到，但是主要事实摆在那。

……

麦克马纳斯辩护律师：现在我提出第1883号辩方文书，这是犬养国务大臣在1932年1月发表的一次演讲，提出它是为了解释荒木作为成员的内阁对满洲事变的态度。文书也会表明那一态度没有包含领土野心。

柯明斯-卡尔检察官：但愿庭上允许，检方对此予以反对，这违背了最近的裁定。那不是荒木的演说，就算是，它本应在集体答辩阶段提出，而且不管怎样，就荒木可能声称对其负责而论，那也只是一个为了迎合公众对和平意愿的例子而已。

韦伯庭长：麦克马纳斯律师，这似乎非常笼统。为了能够采纳，有什么具体的理由吗？

麦克马纳斯辩护律师：请庭长大人明鉴，只有一个理由，正如我前面已经说的，它表明荒木作为成员的内阁的态度。

韦伯庭长：那可真是一个具体的理由。荒木是内阁的一位成员。根据多数意见，反对有效，驳回该文书。

麦克马纳斯辩护律师：我现在想宣读证据第3163A号证据。这是植田谦吉大将致中方的一则声明，描述了他友好处理中国事变的努力。《上海事变外交史》第83页：

> 本职热诚希望借由最有效之手段完成职责所在，就下列条款通知贵军：
>
> （1）贵军应即从速停止战斗行为，于2月20日7:00，前线部队从现在的据点撤退完毕。于2月20日17:00前，从连接黄浦江西岸与租界西北端，穿过曹家渡镇、周家桥镇以及蒲淞镇，连接黄浦江东岸、烂泥渡以及张家楼的租借线以北20公里地域（包括狮子林炮台）内撤退。且在该区域内，撤去炮台以及其他军事设施，并不得再建。
>
> （2）贵军开始撤退后，日军不炮击、不轰炸、也不追击。然飞机侦察不受此限。你方军队撤退后，日军将仅保持虹口附近地域包括工部局道路区域和环虹口公园地域。
>
> （3）贵军从前线撤退完毕后，日军为确认执行情况，将派遣护卫调查人员到撤退地域调查。该调查人员将携带日本国旗，以资识别。
>
> （4）贵军对该撤退区域以外居住在上海地区的日本侨民的生命和财产，必须完全保护之。如对这些人的保护不完全，日方将采适当措施。对游击队也应采取最有效的禁止措施。
>
> （5）就上海地区（包括撤退区）外国人的保护问题，将另行谈判。
>
> （6）至于禁止排日运动，1月28日吴市长向村井仓松总领事的承诺，贵方须严格执行之。关于此项，日方外交人员或将分别与贵方上海行政长官谈判。如上述各项未予执行，日军对贵军将不

得已采取自由行动，所产生一切责任后果，由贵军负责。

1932年2月18日21:00。

致第十九路军司令官蔡廷锴将军。

植田谦吉，日军司令官。

我想现在宣读第3163B号证据，这是上海派遣军白川司令官在1932年3月1日向第9师团做的一次声明，提交是为了表明日本陆军、内阁和陆军大臣荒木贞夫的态度，借此他们表达了关于上海事变不愿意参战的想法，并进一步公开了他们迅速解决这次事件的态度，在《上海事变外交史》第91页：

今天我刚到这儿，为了与海军合作，保护居住在上海地域的我们的人民，统帅上海派遣军。

尽管日方已经尽一切努力用和平手段处理这一问题，但是都无济于事，既然第9师团最终拿起了武器，中方会以更加严密的备战和更大的兵力来对抗我们。既如此，日方不得不增加必要的兵力完成它的首要目的。然而我们不想打仗，不想让问题再复杂化。如果中方诚实地接受我们的要求立即撤退他们的军队，我们将毫不犹豫地停止军事行动。无疑，对普通的中国人我们会是忠诚的邻居，并且我们会和所有有关国家保持融洽尊重他们的权益。

在我到达上海地域统帅皇军之际，鉴于我们军队派遣的目的，我意欲尽我最大努力不扩大这次事变，并为了充分保护我们的人民同时恢复东亚的和平秩序，尽可能限制并迅速结束这次事变。

1932年3月1日。

上海派遣军司令官

白川义则。

我现在提交第 1882 号辩方文书。这是荒木国务大臣于 1932 年 3 月 23 日在贵族院第 61 届会议上所作的报告，关于满洲事变和第一次上海事变，其中在第一次上海事变中为促进和解撤退了所有日本军队。

韦伯庭长：柯明斯-卡尔检察官。

柯明斯-卡尔检察官：但愿庭上允许，检方反对该文书，因为那只不过是荒木被告为了迎合公众对和平意愿的见解的重述，伴随着的是这些大规模的军事行动。

韦伯庭长：你反对，因为这是自利性言论。

麦克马纳斯辩护律师：这份报告恰在满洲事变期间所作，无疑我应该想到法庭会非常有兴趣查明荒木在当时的态度。

韦伯庭长：多数意见，反对无效，文书按惯例予以采纳。

法庭书记官：辩方文书第 1882 号接受为证据第 3167 号。

（上述提交的文书被标注为辩方证据第 3167 号，接受为法庭证据）

麦克马纳斯辩护律师：我现在宣读第 3176 号证据。

1932 年 3 月 24 日官方公报特刊。

贵族院在帝国议会第 61 届会议进程速记

会议于 1932 年 3 月 23 日星期三 10:09 召开。

国务大臣荒木贞夫阁下。

（省略）

我继续宣读：

我想大概说一下我当时主要掌管的事务。中国的反日运动已是东方永久和平的一个巨大障碍和最应受谴责的事件之一，近年反日运动突然活跃起来，满洲当局不仅完全漠视我们国家的特权，而且日本和朝鲜侨民也承受了极大的压力,直至他们被踩躏导致了对这些人民的杀戮。这种严峻的形势登峰造极到谋杀日本军官。我们的同胞,连同居住在满洲耐着性子容忍这些暴行的那些人,开始直面迫在眉睫的危险。事态越来越糟糕,在奉天附近北大营地区王以哲统帅的中国士兵放纵的暴行挑衅下,日本部队被迫违背意愿为了自卫起来反抗。

自那时起,日本陆军就以较少的兵力迎对数量多出很多的敌人,日夜持续作战,克服各种困难。另一方面,正如我们刚在议会收到的鼓励性决议那样,我们获得了非常热情的支持,源于多年未曾经历过的全国范围的民愤。因此在人民的同心协力下我们面对了许多国际性危机并得以克服。

日本陆军在半年的时间内,屡次击退由退伍军人组成的兵匪马贼以及中国便衣士兵的攻击。当前,留在满洲的日本军队的数目少于3万人,驻扎在我们帝国两倍半大的满蒙的广袤地区,直接担负着保护100万日本和朝鲜侨民的生命和财产安全责任,间接维护3 000万居民的安宁与福祉。这些士兵以一贯的正直履行他们的职责伫立在国防生命线上,捍卫国家安全。

我认为尊敬的各位对这类信息已非常清楚。

在事变爆发时,日本陆军部队由第二师团和独立守备队组成,包括分散在各地的那些部队,人数仅有1.04万人。而奉天城内以及周边地区兵力在事变发生时仅仅达到4 000人。而中方陆军人数总计大约有22万人,驻扎在奉天附近的军队不少于1.4万人。考虑到这种情况,在冲突爆发时,决定从朝鲜派遣一支混合旅,众所周知,其他部队已经为满足各种紧要关头的需求从国内和朝鲜派出。就这样,人数较少的日军清除了辽西附近对满洲的威胁,扫除了北满所有的骚乱。土匪不仅被镇压而且被招安,目的是为了日军方面最小的伤亡。这些努力带来了目前的安宁。然而仔细观察,形势不容乐观,有关当局正匆忙努力采取措施应对这种局面。即便从我们自己的国防角度,我们理所当然地希望维护满洲的永久和平和发展,因而不待说,为了这个目的,当时的情形必须保持目前的军力,如果可能,应更多。各有关当局正忙于研究这一情况。就上海以及周边地区的事态,根据它本质上不同于满洲骚乱的特性判断,军队意识到必须慎重采取措施并观察它的进一步发展。但是在2月底,为应对紧急需要,内阁参议院决定从九州派遣一个混合旅和一个支援师团,这在一定程度上是按照最高统帅部设计的计划。鉴于上海特别复杂的局势,军队当局从一开始就希望能够不流血地迅速解决这一问题,并反复与中国当局举行谈判,而他们没有任何诚意,用炮击回应。这些情况迫使我们交火,对此我们非常遗憾。

除了那时积极作战的广东十九路军,随着蒋介石指挥下的警卫部队的加入,中方陆军实力大增。整体军力共计6个师,威胁要主动进攻。因此,按照我们的应急预案,要求前往此地区的两个日本师团及其附属部队已经派遣,并且本月早些时候,就一举已无可挽回地击败了敌军主力。目前,日本陆军主要集结在某有限地域内,暂停敌对行为,目的在于恢复和平。日本陆军充分考虑到了当时的局势,与帝国政府的基本政策完全一致,并与海军协同作战,成功实现了目标,避免了日本和中国之间的全面冲突。派遣我们的部队到上海地区的目标是保护日本侨民和维护国际公共租界的治安。所以,只要中国不威胁进行大规模的进攻,日本陆军当局已经决定,按照最高统帅部的意愿行事,自愿撤退军队。在本月中旬,第十一师团和第二十四混合旅已得到指示撤退,在国内待命,他们现在正在运送途中。上述是我掌管的重要军事事务的梗概。鉴于目前国内外的情况,仔细研究这一事变的性质和发展演变表明,它不仅在严重性和严肃性上是我们远征西伯利亚或者满洲事变无可比拟的,而且可以说在重要性上即便是俄日战争也无可比拟。结果我们的士兵和国家的士气都得到提升,就很自然了。我们真诚地希望凭借我们对国家的忠诚、无私的奉献和努力以及我们的紧密团结捍卫我们国家的安全、人民的安宁和福祉,就此实现这一辉煌结局。在最近军事行动中陆军和海军展示了融洽的合作,史上无与伦比,合作的出色足以让军队自豪,而且应该特别说明的是这值得我们特别关注。由于天皇陛下令人敬畏的德行和诸神的慈悲,由于士兵无与伦比的奉献和忠诚,已经说明陆军值得世界各国敬重,并在人民的一致支持下能够采取坚定的立场。值得庆贺的是崭新的和平的曙光正在东方显现。各有关当局深知责任越来越重大,考虑到我们的国家结构,全部坚定决心要通力合作共克时艰,确保国防安全,提升皇室声望于国外,为全体人民的福祉宣扬国家美德于国内,遵循KODO(皇道主义),而据此为帝国的完全和平做出贡献,为履行我们守卫和维护我们的天皇的重大责任而倍加努力。

……

真崎甚三郎,证人,代表辩方出庭,首先经过正式宣誓,通过日语译员作证如下:

直接询问(由菅原裕律师询问真崎甚三郎证人)

问:证人先生,请说出你的全名。

答:真崎甚三郎。

问:还有地址。

答:我的地址是东京都世田谷区世田谷一町一百六十八番。然而,有必要稍微更正一下,因为当我准备宣誓证词的时候,我不在家。这份宣誓证词是在市谷的远东国际军事法庭准备和签字的。

问：我现在将向你出示宣誓书。请你仔细审查一下看是否有你的签名以及那是否是你的宣誓书好吗？

（随之，文书被递给了证人）

答：这是我的宣誓书，并且我已经签字。

问：这份宣誓书中有什么要更正的吗？如有，请说出来。

答：没有。

问：请说一下原因为什么书写的地址——在那份宣誓书中书写的地址要更正？

答：我的地址发生改变因为直到8月30日11:00，我被拘押在巢鸭监狱。

问：还有其他要更正的地方吗？

答：没有。

菅原辩护律师：我现在提交辩方文书第1162号作为证据。

韦伯庭长：按照惯例，予以采纳。

法庭书记官：辩方文书第1162号接受为证据第3168号。

（上述提交的文书被标注为辩方证据3168号，接受为法庭证据）

菅原辩护律师：我开始宣读：

我的名字是真崎甚三郎。我原来是大日本帝国陆军的一名大将。

1932年1月到1933年6月19日，我是参谋本部参谋次长，短期做过军事参议官；1934年1月到1935年7月16日为教育总监；然后再次成为军事参议官，并于1936年3月被调到预备役。

当我成为参谋次长的时候，参谋总长是闲院宫载仁亲王，陆军大臣是荒木贞夫中将。

当我就职时，荒木陆军大臣向我解释了当时存在的日本国内外的情况，就我记得的，要点如下：

我们国家国内外事态相当令人担忧。国内已经有许多事件，而我们与国联的关系也远不尽如人意。

就满洲来说，尽管前一届内阁实行不扩张政策，不过形势更加恶化。

因为这存在完全可能会发展成一次常规战争的危险，我们必须千方百计立即挽救这一复杂的局势。当荒木被任命为陆军大臣时，锦州地区正处于危急关头。如果我们不挽救这一局势，我们的侨民和部队就会遭遇危险。外交谈判处于停滞状态，形势恶化，关东军处境艰难。因此政府不得已决定，为了自卫和保护侨民清理那个地区。参谋本部也向关东军下达了这个意思的命令。清理运动刚刚结束，我认为没有必要再作战了，除非我们陆军面临挑衅。不管怎样，我们要设法把敌对行为控制在尽可能小的范围内。政府按照这一原则对付仍然在扰乱治安的张学良。因此我们军事行动的范围在任何情况下都要限制在他的势力范围内。请把这谨记在心，严格管控军队。

在与我会面的时候，我的前任告诉我几乎相同的事情。

当我出任参谋次长一职时，我被引见给犬养毅内阁总理大臣。尽管他主要向我解释了日本当时正在经历的政治困难，他也对时局谈论了几句，或多或少与荒木陆军大臣所说的类似。内阁总理大臣并没有以任何方式暗示他有意向天皇申请敕谕，借此从满洲撤退全部军队，我也没有曾经从任何人那听到过犬养内阁总理大臣有这种意图。

我向参谋总长闲院宫载仁亲王汇报了我分别从内阁总理大臣和陆军大臣那儿听到的情况，在他的首肯下，我按照荒木陆军大臣向我阐明的政府政策管理和开展军队事务。当我这样做的时候，陆军省突然决定应海军当局的要求，为增援海军并保护上海的日本侨民，立即向上海派遣部队。

我把从陆军大臣那听到的谨记在心，采取一切防范措施恪守他的原则以便于派遣部队不会超越他们的主要目标范围。植田师团长（T. N.——派遣军司令）也严格遵守该政策试图不诉诸流血手段而结束这一局面。我记得他首先发表公告要求对方重新考虑他们的军事行动。然而，与他的期望相反，对方加强了作战准备并加固了防守。事实上，有迹象表明中日之间全面的冲突不可避免。

在这些情况下，为迅速解决这种局面，从战略重要性的角度上决定进一步增援。当第二次增援的先锋部队沿长江在七丫口登陆时，十九路军开始撤退，因为把它赶到了预期战线以外，攻击也就停止了。因此3天后敌对行为结束，伤亡几乎可以忽略不计。

没过多久，为确保未来安全，就签署了一份协议。

这份协议规定日本有权在那里驻扎部分部队，但是考虑到荒木陆军大臣的原则，而那也与我们的原则完全等同，我们决定从中国撤退所有部队，我觉得全面撤退是在签署协议后一个月内进行的。由于热河和呼伦贝尔战役以及《日满议定书》规定的关东军的任务，以及因为持续不断的主要由汤玉麟领导的热河城内以及周边地区，和主要由苏炳文领导的呼伦贝尔城内以及周边地区扰乱治安的活动，使得日本和"满洲国"的军队有必要依据《日满议定书》的规定诉诸军事行动。这发生在正式承认"满洲国"这个国家后，因为作战自始至终采取了不要偏离实现治安这一主要原则的预防性措施，给作战带来了极大的困难。不过，对呼伦贝尔，我们的目标经由苏联的调停达成，而对于热河，为把军事行动限制在长城线以内进行了各种努力，冒着遭受相当大的作战不便的危险，前线部队被严格要求遵守这一基本政策。部队如有跨越这一限制时，他们被立即命令返回，进一步的行动就此停住。之后敌对行为最终通过《塘沽停战协定》的签署结束。

我相信荒木陆军大臣是对满洲事变最为严重担心的人之一。因为这一担忧,他坚定决心要解决它,这最终导致了《塘沽协议》的签订。《塘沽协议》一签署,他就通过调整国外事务连同国内事务,力求处理日本整个局面。

在那些日子里他经常告诉我,他正在致力于让人们活出日本原初的教义,通过这样做在人民中间提升天皇陛下仁慈美德的感召力,在外部,通过实现早已倡导的国际和平会议改善恶化的国际关系。

当我被任命为参谋次长时,当地人民热诚希望"满洲国"独立。因为这是政治问题,参谋本部按政策没有予以干预。荒木陆军大臣对此持最谨慎的态度。他遵循政府基于外务省的意见和真实情况做出的决定,在此期间,参谋本部致力于确保那里的治安工作。

荒木陆军大臣对国联的看法相当明确。在内阁会议上他充分解释了他的看法并劝说与会人员做出不要从国联退出的决定。

我的印象是陆军大臣的观点是他希望劝说国联。在我看来,陆军大臣坚定地相信一旦他看得高于其他一切的满洲治安得以恢复,就能获取列强对日本处境的完全理解。

荒木陆军大臣从战备力量的角度强调部队质量而非数量的重要性。他力图恢复自一战起就落后于战争期间其他列强的战备力量。在国防方面他有自己的理想,那完全立足于道德。他特别关注提高军队委任官的品格和道德水准。

荒木陆军大臣也施加影响使那些由于对时局愤愤不平并已引起大量麻烦的年轻官员冷静下来。他尽最大努力使那些官员在不被曲解的情况下养成一种纯洁无瑕的精神,以便于他们可以把还没有涣散的注意力集中到他们的职责上。在他把全身心的注意力投入到这一目的上的时候,他还让属下不遗余力地教育和引导更年轻的官员,因此他们不久就开始展现出镇定的迹象,在五一五事件发生时,结果没有一个陆军委任军官参与其中。

检方可以询问证人了,因为我没有额外问题再问了。
韦伯庭长:柯明斯-卡尔检察官。

交叉询问(由柯明斯-卡尔检察官询问真崎甚三郎证人)

问:将军,我有几个问题。

在宣誓证词第3页上,你说当地人民热诚希望"满洲国"独立,参谋本部没有对此予以干预,而且荒木陆军大臣对此持最谨慎的态度。

你记得在巢鸭时被审问过吗?

答:不,不记得。

问:你说过下面的话:我与把满洲建成一个独立国家有些关系?

答:好吧,当你向我说一些像那个意思的事情时,我的确回忆起一次审问,但是意思完全相反。

问:你说过军队中有一种要完全接管满洲的意见吗?

答:不,我根本没有说过这样一件事。

问:——但是我觉得那永远不会收拾好这个烂摊子,于是我向天皇建议建立一个独立的国家,也向当时的斋藤内阁总理大臣提出相同的建议?

答:好吧,让我这样解释一下情况和事实:当我去满洲的时候,我发现日本官员到处把持职位。在这样一种情形下,显得好像日本已占领了满洲。因此,我特别强调在这样一种情况下,满洲并不能被恰当地治理和管理,而且倘若满洲要得到恰当的治理、倘若满洲要享有真正的稳定,那么,满洲的管理必须完全交托出去,交在满洲人手中。

问:你说过我感到日本对满洲的任何占领都是对《九国公约》的违背?

答:就条约而言,我完全是个外行,但是从一个外行的直觉我感到那会是一种违背。

问：关于上海，对此你已做过证，当你被讯问的时候你说过：当我是参谋次长时，在不同事务上我要获取天皇的许可，特别记得在我们向上海派遣14师团的时候我去征求过天皇对此的许可？

答：您问这个问题是什么意思？

问：当你被讯问的时候你说过这个吗？

答：我相当老了，我早已忘记了。除非你再给我说一些细节，否则我解释不了。

问：我会继续往下读。你继续说道当我去的时候，天皇起初说他看不出有什么理由要派遣他们？

答：他没有说他看不出有什么理由。但是，天皇的确说过，大体意思是这样，合适吗？有必要派遣更多部队吗？

语言监督官：那个意思是他询问过。

问：你说过吗？天皇告诉你他感觉随着在上海的局势恢复到正常——

菅原辩护律师：庭长大人，反对最后一个问题。我看不到和天皇有什么牵连。

韦伯庭长：反对断然无效。

问：你说过天皇感到随着在上海的局势恢复到正常，没有必要往那里派遣师团？

答：不是这样。

问：难道你不知道甚至在海军登陆上海之前，中国的市长已接受日本总领事要求的全部条款了吗？

答：对此我不知道。

问：你说过，我告诉天皇他们已经在行军中了，假如他们在上海用不上，我们肯定需要他们在满洲，于是他最终勉强同意了？

答：事实并非如此。在上海，战争正在进行，我们怀疑过那儿是否需要部队，因此我们采取了各种可能的预防措施。但是一半部队在公海上，一半在火车上——正在行军中，我们无法阻止他们，于是就按照这样的计划执行了，即假如他们去了上海，而且不需要他们影响事情的解决的话，之后他们会被调到满洲，那儿正缺部队。

问：你说过向上海派遣过三次部队？

答：我不知道是否我说过还是没有说过，但是往那派遣了三次是事实。

问：你说过像中国的主权或者保障它的条约，这样的事情在当时并没有进入你们的大脑？

答：是的。事实上，各列强的部队驻扎在华北和上海，在当时关于主权的看法相当肤浅，因此我们几乎没有考虑过它。

问：嗯，那么，回答应该是是的，不是吗？

答：这个问题的大体意思是——这个问题是我们是否考虑过主权？

问：主权或者条约。

答：我们对此没有深入考虑过。

问：当你说那从来没有进入你们的大脑（heads）的时候，用的是复数，除了你自己的，你还想到了谁的大脑？

答：我没有特别指代任何人，因为就有关外交事务而言，我遵循政府——政府的外交当局规定的方针。

问：难道你不是指荒木的大脑？

答：是的，荒木不包括在这一类人中，因为在所有人中荒木极为强调和重视国际条约。

问：他告诉过你这是对它们的违反吗？

答：他没有。

问：那么他同意这样做，不是吗？

答：我认为对于派遣部队他是同意的，因为那是内阁的决定。

问：好，在你的宣誓书第3页，在中间，你说陆军大臣荒木对国联的看法相当明确,在内阁会议上他充分解释了他的看法并劝说与会人员做出日本不会从国联退出的决定。

你出席那次内阁会议了吗?

答：我没有出席那次会议,但是我在宣誓证词那儿以及其它地方所说的是我经常、不断从荒木本人那听说的。

问：难道你不知道真相是他在内阁表达了恰好相反的看法吗?

答：对此我不知道。我对荒木告诉我的深信不疑。我本身并不知道在内阁会议上发生了什么。

柯明斯-卡尔检察官：没有更多问题了。

菅原辩护律师：没有再直询。证人可以退庭了吗?

韦伯庭长：按照惯例,证人可以退庭。

(于是,证人退庭)

菅原辩护律师：麦克马纳斯律师会继续提出证据。

韦伯庭长：麦克马纳斯律师。

麦克马纳斯辩护律师：我现在请求法庭采纳辩方文书第1934号为法庭证据。这是陆军大臣荒木在1932年6月3日在国会第62届会议上作的发言,有关因为日本部队撤退而中国居民不安的发言,但是那还是因为渴望和平和履行条约义务才撤军的。提出这份文书也是为了表明陆军大臣强烈反对11位陆军学员参与五一五事件。

韦伯庭长：柯明斯-卡尔检察官。

柯明斯-卡尔检察官：请庭长大人明鉴,依我们看,这份文书实质上是重复的而且自利的。就以前争论的2项理由,检方反对该文书。

韦伯庭长：里面还有什么新的内容吗?麦克马纳斯律师。

麦克马纳斯辩护律师：除了我刚才陈述的,没有了,请庭上明鉴。

韦伯庭长：看来是重复。

法庭多数意见,支持反对,驳回该文书,因为是重复的。

麦克马纳斯辩护律师：我现在提请法庭注意第2177号证据,请求法庭允许我宣读该文书第 22 页上的一个问题和回答。这份文书包含大川周明的第三次审讯的备忘录。我现在宣读第 22 页上的这个问题：

向大川提出的问题：
真崎大将和荒木大将参与 3 月事件和 10 月事件了吗？
回答：没有。

我现在提交辩方文书第 1869 号，这是一份国会众议院第 62 届会议速记，提交上述文书的目的是为了表明承认"满洲国"为一个独立的国家是整个国会的决定不是荒木的独自决定。国会这届会议在 1932 年 6 月 15 日举行。

韦伯庭长：柯明斯-卡尔检察官。

柯明斯-卡尔检察官：请庭上明鉴，这是由一位名叫儿玉的人在国会的演讲，我觉得我们以前没有听说过这个人。

依我看，这与考虑国会同意还是不同意政府的政策完全不相关。在这里被指控的人是在被告席上的那些人，问题是他们是否对此负有责任。

假如我的朋友期待它被接受的话，我不反对承认国会的确在 1932 年 6 月 15 日通过了一项政府应该承认"满洲国"的决议，但是儿玉阁下的演讲，依我看，不过是在浪费时间。

韦伯庭长：麦克马纳斯辩护律师。

麦克马纳斯辩护律师：您好，庭长大人。我要表明的是荒木没有带头倡导，那是国会的决定。

我认为柯明斯-卡尔检察官的让步足够了。

韦伯庭长：你可以撤回文书。

麦克马纳斯辩护律师：好吧，我就那么做，撤回。

我现在提交辩方文书第 2011 号，这是一份 1932 年 8 月 26 日贵族院会议议程记录。那是内田国务大臣的演说，提交是为了表明……

二、土肥原特务机关与土肥原军纪

韦伯庭长：沃伦上校。

沃伦辩护律师：尊敬的庭上，请允许我们此时传唤我们的第一位证人爱泽诚。

……

爱泽诚，证人，代表辩方出庭，首先经过正式宣誓，然后经由日语译员作证如下：

直接询问（由沃伦辩护律师询问爱泽诚证人）

问：请向法庭说一下你的名字和现住址好吗？

答：我的名字是爱泽诚。目前的住址是东京都港区赤坂台町一号。

沃伦辩护律师：请向证人递交第2098号辩方文书。

（随之，文书被交给证人）

问：请看一下那份文件并告诉法庭那是否是为你准备并经你发过誓的宣誓书，好吗？

答：这是我的宣誓书。

问：宣誓书的内容真实吗？

答：真实。

沃伦辩护律师：现在我们提交辩方文书第2098号作为法庭证据。

韦伯庭长：根据惯例，予以采纳。

法庭书记官：辩方文书第2098号被接受为证据第3176号。

（上述提交的文书被标以辩方证据第3176号，接受为法庭证据）

沃伦辩护律师：（宣读）

根据我们国家遵循的诉讼程序，我已首先按附加页上的誓词宣誓，特此宣誓作证如下：

我，爱泽诚，已到法定年龄，首先根据我们国家遵循的诉讼程序正式宣誓，出于我的自由意志和自愿希望作下列陈述——

韦伯庭长： 沃伦上校，你有许多份宣誓证词。不要读那些形式部分，那没有必要。

沃伦辩护律师： 谢谢，庭长大人。

（继续宣读）

从1933年4月直到1936年3月，我受雇于奉天陆军，作为一名文职人员，隶属于奉天陆军特务机关。在我任职期间，特别是从1933年12月起直到我辞职时的1936年3月，土肥原贤二是奉天特务机关长。在他任职期间，土肥原大将的助手按顺序依次为今井武夫少佐、田岛彦太郎少佐和谷荻那华雄少佐。我被问及是否知道我为之工作的机关的最初职责应是什么。我无法回答这个问题，理由是这些具体的职责规定在陆军司令官向特务机关长发布的指示中，并且是关东军司令官给我们机关长的，根据陆军惯例，被视为机密或者秘密，包含在这种命令中的情报一般不会在雇员中广为散布，特别是文职雇员。因此，我，作为一名文职雇员，未能直接了解这些命令，但是借由我们施行的职能和我们预期要履行的职责，我的确大体上知道它们包含什么。

这些职责大体上与关东军新闻课的类似。它们包括向新闻界发布新闻，这些新闻是由在各地作战的日本部队从前线传给机关的。例如，热河作战。我们有4位职员，大部分时间忙于破译电报,这些电报包含用于新闻稿的事项。我的具体职责是翻译从中方收到的无线电广播内容、并协助破译密码电报。在热河作战结束之后,即从土肥原将军到来时起,我们的职责有所变更。这是因为构成我们工作重点的向新闻界提供新闻的工作在当时被大为缩减。我们的职责包含搜集信息、发布新闻。在那些日子里我们主要参与搜集有关奉天、热河省以及内蒙古的政治运动和公共治安状况的信息。

庭长大人,我认为在您的副本上省略了单词"peace"。

奉天特务机关在大连有一个分部,汇集来自中方消息人士的信息,在我们与"满洲国"的关系和"满洲国"的进展方面提供有益参考。它汇编有关在"满洲国"特别是南满铁路圈的日本人行踪的信息。我们督导任职于"满洲国"政府的日裔人员,是为了要确保他们不专横行事或者他们的行为不走极端,这些有时是他们会倾向于去做的。针对日本主要官员的个人行为,我们予以汇编并保留一个很完整的考科表,这样这些人就落入奉天特务机关的管辖之下。土肥原大将一直坚持认为这样的人应该行为适当。尽管南满铁路的官员确切说不是满洲政府的雇员,然而,很有必要牵制他们的行为,把它们严格限制于与铁路有关的官方活动范围内,不得对"满洲国"的内部政治局势进行任何干涉。

我被问及,正如前面所述,我作为雇员的这所特务机关,是否与鸦片有关的事情有什么牵连。我已经讲述了这所机关的活动内容,我能确定地说在我与这所机关有关系的任何时候,或者土肥原大将与之有关系的任何时候,奉天特务机关从来没有在任何时候与鸦片有牵连。就这点,我敢肯定。

我没有被问及这个问题,但是我想说一下这所特务机关并不是一个大的组织，就我所知许多人认为是这样。它仅包括这个组织的首领、他的助理和4个职员，我是其中之一。因此我自己亲身了解这个机关运行的一切。因为它规模小，所以这是可能的。

检方可以交叉询问了。

韦伯庭长：倪检察官。

交叉询问（由倪检察官询问爱泽诚证人）

问：证人先生，在你的宣誓书前面第2页，你说你作为一个文职雇员无法说出你从1933年到1936年与之工作的特务机关的职责，但是你的确描述了这个机关的某些职能。

我应该理解为您对这个机关职能的了解，得限于在那期间指派给你的工作的性质？

答：在我的宣誓书中我描述的不只是指派给我自己个人的工作，还有奉天特务分部——机关的一般职能。

问：在你的宣誓书中，你区分了来自陆军司令官的命令和这些命令的内容。通过指派给你的工作，你知道这些命令的内容。

如果这项工作没有指派给你，你如何能够知道这些命令本身？

答：我没说我知道这些命令的内容。正如我所说，这个特务机关的一般职责规定在陆军司令官给特务机关长的指示中。我们机关长和他的助理见到了这些指示，但是我们文职雇员没有。然而，我能够说出这个机关的一般职责是什么，是因为由于我们这些雇员继续在这个机关工作，我们就会逐渐清楚这个机关的一般职能是什么了。

韦伯庭长：休庭至明天9:30。

（法庭16:00休庭直到1947年9月17日9:30）

1947年9月17日,星期三
日本东京都旧陆军省大楼内远东国际军事法庭
法庭9:30重新开庭。

出庭情况:

法庭全体成员出席,除了来自印度的尊敬的拉达·宾诺德·帕尔法官和来自苏联的尊敬的伊万·米歇耶维奇·柴扬诺夫法官,从9:30至16:00没有出席。

检方人员照旧。

辩方人员照旧。

法庭执行官:远东国际军事法庭现在开庭。

韦伯庭长:摩尔少校。

语言仲裁官(摩尔少校):尊敬的庭上,请允许我们提出下列语言更正:证据第3085号,庭审记录第27542页,第16行,在"也是"后插入"总体上公平的"。在第26行,在"被拘留者"后插入"且我认为待遇总体上是公平的。"

韦伯庭长:倪检察官。

爱泽诚,证人,代表辩方出庭,重新站在证人席,通过日语译员作证如下:

交叉询问(由倪检察官询问爱泽诚证人)

问:证人先生,就在昨天休庭前,你正在告诉我们有关这个特务机关的职能——

韦伯庭长:这位证人的主询问必须要有一个冗长的交叉询问吗?

倪检察官:我认为检方不会就这位证人展开一个冗长的质证,我们只是有几个问题。

问（继续）：如果这些命令和指示如你所说是秘密和机密，你不会有机会知道其他人正在做什么除非他们告诉你，对吗？

答：不是这样的。即使我们下级人员对总司令在长官接任特务机关长时，给他指示的确切内容不了解，我们仍然能够知道这个机关的职责是什么，是因为它开展搜集情报与信息和发布新闻的工作，由于这所特务机关搜集信息与情报和发布新闻的工作，所以我能够知道这所特务机关的职责是什么。

韦伯庭长：你能向证人提示一下他的数字是错的，受雇的不是4个，而是40个或者其他数目吗？你能像这样做吗？假如你对这个特务组织有不同的看法，你可以向他提出那个看法，看他如何反应，假如你真的有嗣后能被证据支持的看法，假如必要的话。

倪检察官：谢谢，庭长大人。

问：现在我们就要到我们有不同看法的地方了。证人先生，你在第4页第2段说这个特务机关与鸦片没有任何牵连。你知道当时在奉天的其他什么组织控制鸦片吗？

沃伦辩护律师：反对，庭长大人。这在宣誓证词范围外，我十分肯定。

韦伯庭长：我认为是。支持反对意见。

倪检察官：关于这一点，检方想提请法庭注意庭审记录第15856页和第19976页就此的记录。

问：在你的宣誓书第3页，靠近顶端，你说过在那些日子里你主要关注在奉天、热河省以及内蒙古的政治运动和公共治安状况。你在土肥原手下工作期间，你知道在1935年土肥原本人正在为在华北创建一个独立的国家发起一场政治攻势，威胁派出在长城以内的5个师团把"满洲国"的皇帝移到北平？

答：对此我一无所知。

问：你知道他 1935 年 11 月在平津地区是与上述运动有关吗？

答：是的。

韦伯庭长：沃伦上校。

沃伦辩护律师：请庭长大人明鉴，我们不反对证人回答这些问题，但是它们看起来显然是在本方询问范围外。他仅仅谈及奉天特务机关，那全部是我们所能证实的。对其他情况我们则一无所知。

倪检察官：庭长大人，这关系到在奉天的特务机关的活动，依我看，显然在宣誓书的范围之内。

沃伦辩护律师：假如他能用这种方式完满解答，我撤回反对。

韦伯庭长：好了，继续提问。

回答这个问题。我想他确实答过了。

倪检察官：我认为他确实回答了。

问：你知道全世界的报纸都在报道土肥原在平津地区与策划五省自治运动有关的活动吗？

答：当时的报纸可能有过这样的报道，但是我现在想不起来。然而，在检方刚刚提到的这个时期，我的确知道土肥原将军到天津和北平旅行过，但是，我什么也不知道，我不认为土肥原将军在旅行过程中会与华北五省的分离运动有关。

问：既然你从事信息搜集工作，你到底有没有读过那些报纸的报道？

答：我想我读过。

问：在搜集各种信息的过程中，你们机关向谁汇报？

答：向司令官。

问：这是你在那儿工作时你们机关汇编的报告吗？

（随之，向证人出示了一份文书）

答：这是这个特务机关汇编的信息谍报。

倪检察官：尊敬的庭长大人，请允许我们在这个关键时刻提交该文件以供识别。

韦伯庭长：标注，以供识别。

法庭书记官：以日文印刷的国际检察局文书第1763号被接受为证据第3177号，仅供识别。

（上述提交的文书被标以检方证据第3177号，仅供识别）

问：证人先生，让我向你出示选自这本汇编集的一份报告。认出它了吗？

答：底下用日文书写的是这所特务机关编写的，但是顶上的英文部分，我一无所知。

问：足够了。看这份报告第6页的末尾部分，你见到土肥原的名字也出现了吗？

沃伦辩护律师：尊敬的庭长大人，如果可以的话，我想有一份该报告的副本，以便于需要的时候我能够提出明智的反对意见。

（随之，一份文件递给了沃伦律师）

译员：证人回答，"是的。"

倪检察官：在那一页上，你看到这一段"一提土肥原和板垣的名字，就足以让华南人士大惊失色了吗？"

韦伯庭长：我不确定倪检察官是在说写在那儿的，还是在对写在那儿的予以评论。

倪检察官：是写在那儿的。

尊敬的庭长大人，请允许我们提交该报告作为法庭证据并予以宣读。

韦伯庭长：沃伦上校。

沃伦辩护律师：庭长大人，他此时提交的文书已经被他们提交过了，我不知道他正在提交什么，或者是否他在提交一些不连贯的句子，或者他们正企图干什么，但一看就很明显它没有表达实情，在了解整件事情原委之前，我们将持反对意见。

倪检察官：庭长大人，接下来我们有一个完全在宣誓证词范围内的问题。

沃伦辩护律师：庭长大人，当然，我读不懂日文，但是我的随行顾问告诉我，翻译中提到了"老虎"，而没说少将土肥原和板垣。我不知道它的意思是什么，但是我认为语言部此时应该拿到原文，审查措辞查明翻译是否忠实于原文。

倪检察官：庭长大人——

韦伯庭长：到目前为止还没有采取适当的手段。我认为该证人的确说报告出自土肥原和板垣，但我们不知道报告是关于什么的。你本应把他的注意力引到报告是什么上，争取让他描述一下，之后就提交。

倪检察官：庭长大人，就这份报告，我们要问——

韦伯庭长：你要做什么都没有关系。为提交找一个适当的根据。你看，对其已经有反对了。我一度认为不会有任何反对意见，但是我们不得不适当处理这些反对意见。

倪检察官：庭长大人——

韦伯庭长：问证人报告的内容是什么，把他的注意力引到其中任何一个特定段落，然后假如他承认就提交。

倪检察官：证人先生，你已经见过该报告的这部分，你看，既然你说在奉天的特务机关仅是收集这些报告，华南人士怎么会对土肥原和板垣的名字如此恐惧？你能给我们举出一些事实对此解释一下吗？

答：首先，我能谈一下这份报告吗？

这确是奉天特务机关编写的一份报告。然而就奉天特务机关汇编的这些报告而言，这些报告被分发给军队、陆军参谋次长以及陆军次官，而且这些报告被收集起来，按政治、经济和其他主题分类。

问：但你还没回答我的问题。

答：我还没有回答完毕。

正如此时表明的，各种问题被归类为政治、经济和社会问题。你刚指出的话题被归到社会问题里。关于公众的观点，有一份报告，里面的一篇报道大意是只要一提土肥原和板垣的名字就足以让华南人士大惊失色，但是我认为这篇报道是从评论这两个人的报纸上选取的，就这样来自报刊的这篇报道被汇报在这份特别报告中。土肥原的名字不断出现在报纸上。而且报纸评论也频繁报道，大体意思是土肥原搞阴谋和各种暗中策划活动，但是事实上，在我在土肥原手下供职这些年，没有他参与这种活动的一点证据。

韦伯庭长： 我们不想证人离题到那个程度上。我注意到这份文件附有来源和真实性的证明书，本应直接提交，会根据它已具有的证明价值予以采纳。

倪检察官： 庭长大人——

韦伯庭长： 我们将把它看成是和那份证明书一起提交的。仅有的问题是，它有什么证明价值，假设有的话，是否正确翻译出来了。一旦决定采纳，我们也只能提交它。

沃伦辩护律师： 庭长大人，鉴于证人就这些报道是什么的解释，我们感觉它已丧失了证明价值，但是假如法庭想要采纳它，我们不反对。

韦伯庭长： 沃伦上校，本法庭在这件事上别无他想。问题是，它有证明价值吗？你想争论这个吗？

沃伦辩护律师： 庭长大人，我们觉得它没有，但是庭长大人你看出来了，这一段很短。我不想占用法庭的时间争论它。我会要求把异议记录在案。

韦伯庭长： 假如提出反对，我们不得不在听取理由后予以处理，假如必要的话，明白吗？

我们认为你现在主张它没有证明价值，因此应该予以拒绝。

倪检察官： 庭长大人，依我们来看，我们认为它有证明价值，因为把我们提交的所有证据放在一起来看，对于土肥原和他的特务机关的活动，它确有一定意义。

韦伯庭长：法庭多数意见，反对无效，按照惯例，采纳该文书。

法庭书记官：检方文件第 1763B 号接受为法庭证据第 3177A 号。

（上述提交的文件被标以检方证据第 3177A 号，接受为法庭证据）

问：证人先生，在你的宣誓书第 2 页末尾，你说从土肥原到任时起，你们的职责有某些调整。之后，在第 3 页在下一段中，你继续说这个特务机关负责督导在满洲政府的日本职员，而且对他们的行为你们保留了一个完整的考科表。你记得那个时期有多少日本官员在这所特务机关的管辖下吗？

答：奉天特务机关与对日裔官员的督导毫无关系。

语言监督官：稍微更正：它没有控制日本官员或者日裔官员。

问：难道你没在第 3 页的中间说："我们督导任职于'满洲国'政府的日裔人员的理由是要确保他们行事不专横或者行为不走极端"吗？

答：督导与控制迥然不同。

问：外加上督导满洲政府内日本官员的职责后，你现在承认在土肥原掌管下的特务机关的工作并不局限于收集新闻、发布新闻，是吗？

答：我没听清这个问题。

（日文法庭记录员向他宣读了上面的问题）

答（继续）：奉天特务机关的职能是搜集信息和发布新闻。我记不起来这个特务机关的职能是否也包括对日裔官员的督导。然而，这个特务机关搜集与这些官员有关的信息，作为阻止这类官员蛮横干预"满洲国"政府的一项措施却是一个事实。

问：当你用"我们对日裔官员的督导"这一表述时，语言是清晰的，对吗？

答：你说的清晰的语言即"语言是清晰的"是什么意思？

问：你说过，在第 3 页中间几分钟前我刚向你读过，"我们对日裔官员的督导"，但你没有说你们搜集与督导有关的信息。

沃伦辩护律师：尊敬的庭长大人，请允许我提醒法庭注意，此刻检察官说证人没有这样说过与宣誓证词本身相反，在宣誓证词中证人说"对个人行为，我们予以汇编并保留一个很完整的考科表"等。

对不起，我忘记说，我因此反对了。

倪检察官：沃伦辩护律师刚刚说的是下一句话。

韦伯庭长：支持反对意见。

倪检察官：证人先生，在奉天的特务机关内部有多少个局或者多少课？

答：没有这种情况。仅有机关长、机关次长以及他的助手，机关长办公室，助理机关长办公室和职员办公室。这就是全部。

问：你知道在山海关、锦州、安东都有关东军的特务机关吗，除了你在宣誓证词中提到的在大连的那个？

沃伦辩护律师：庭长大人，我不怀疑检察官所说是真的。但是这位证人一直待在与土肥原将军有关的奉天特务组织内。我们并不调查其他的特务机关。问题在直询范围外。

倪检察官：庭长大人，这份宣誓证词涉及了土肥原不仅仅在奉天的活动。在第3页，宣誓证词上说他们搜集奉天、热河省以及内蒙古时局的信息。

韦伯庭长：我觉得他可以告诉我们有些什么分支。

沃伦辩护律师：庭长大人，我可以发表一点评论吗？

韦伯庭长：我注意到，他的确提到了其中一个。讨论主要办事处的运作时，说到它有什么分部，这在宣誓证词范围之内。

沃伦辩护律师：庭长大人，我可否这样评论：按照这份宣誓证词，奉天特务组织在奉天城内，在大连有一个分部。我们并不调查其他的，因为这与我们军队的情报部门类似：可能有几百个。

韦伯庭长：沃伦上校，你说这些的企图，除了我至少还为我的两位同僚所怨恨。问题在宣誓证词范围内，证人必须回答。

沃伦辩护律师：庭长大人，我不知道我冒犯了谁，但我请求这些人原谅。我无意冒犯。我只是意在说明假如宣誓证词不清楚，证人须澄清那一点，即那些是奉天特务组织仅有的两处办事处。至于其他的，假如法庭认为这在宣誓证词范围内，我当然不反对对此予以调查。对不起，假如我被误会了。

韦伯庭长：宣誓证词说奉天办事处有一个分部在大连，那是它说的全部内容。它可能意味着或者可能没意味着那是仅有的分部。这就是问题所在。

请证人回答这个问题。

答：奉天特务机关仅有的分部在大连。在山海关以及检方刚提到的其他地方的特务机关是完全分立的特务机关，不在奉天特务机关管辖之下。

倪检察官：我刚提到的所有这些特务机关都在土肥原将军的领导下吗？

答：在我的记忆中，在安东或者锦州没有特务机关。在山海关的特务机关不受土肥原将军的领导。

问：在哈尔滨的特务机关也在土肥原将军的领导下吗？

答：不。

倪检察官：庭长大人，交叉询问完毕。

韦伯庭长：沃伦上校。

沃伦辩护律师：我们不需这位证人再做什么了。他可以退下了吗？

（证人退庭）

韦伯庭长：你希望把第3177A号证据提交到语言部吗？

沃伦辩护律师：庭长大人，我的同僚日本律师建议我提出这个请求。非常感谢您。

现在我们想传我们的下一位证人柴山兼四郎。

柴山兼四郎，证人，代表辩方出庭作证，先前已经宣誓，通过日文译员作证如下：

韦伯庭长： 证人，先前誓言仍然有效。

直接询问（由沃伦辩护律师询问柴山兼四郎证人）

问：请向法庭说一下你的名字和现住址好吗？

答：我是柴山兼四郎。我的住址是东京都目黑区驹场町八六一番。

沃伦辩护律师： 请把第2087号辩方文书交给证人。

问：请看一下你拿着的那份文件，告诉法庭那是否是你的宣誓书且其中的内容是真实的好吗？

答：这是我的宣誓书。内容真实无误。

沃伦辩护律师： 尊敬的庭长大人，请允许我们此时提交第2087号辩方文书，除了下面我认为有价值而检方反对的摘录部分，请法庭采纳为证据。

在第2页，从第一句这些词语"在我们的交往中，"开始，继续两句，以"军事教育"这些词语结束。这一部分我们不提交。

韦伯庭长： 按照惯例，按照那个范围采纳。

法庭书记官： 辩方文书第2087号接受为证据第3178号。

（上述提交的文书被标以辩方证据第3178号，接受为法庭证据）

沃伦辩护律师（宣读）：

我被问及是否与被告土肥原贤二认识，是否熟悉他在奉天事变前后的活动。我也被问及是否认识一位秦德纯将军、一位中方的将军、检方的证人，我是否曾经与他在北京中山公园关于被告土肥原有过会谈。我确实了解这些事实，想要就它们做出如下陈述。

从1928年12月28日直到1931年10月，我作为军事顾问在满洲张学良手下供职。在起初的8个月时间里，即从1928年12月起，我是土肥原将军的助理，他那时是张学良将军的军事顾问。那期间，我个人与他很熟悉，知道他的政策，经常就此和他一起讨论。他多次强调维护日本和中国间友好关系的诀窍，在于日本要更深入地研究在中国的事态，在怀有诚意的两国人民中发展友好关系，摒弃日本的优越情结，绝对克制通过单方面诉诸武力强行实施我们的意愿。

……

土肥原大将不仅宣传他的政策，而且在他指挥下的地区，他要求严格遵守那些政策。我知道这是一个千真万确的事实，因为在1938年1月，我陪同梅津美治郎中将，那时的陆军次官，巡视过华北战线。这次出行我们参观了磁县——土肥原大将的总部。我很震惊地了解到这座城市到处弥漫着宁静的气息，正处于繁荣的鼎盛时期。我很难意识到这儿实际上是最靠近战争前线的军事作战基地。

在1937年，在我刚提到的这次巡视之前，在支那事变发生时，土肥原将军是日本宇都宫地区第十四师团长，奉命去华北地区。事实是华北地区的广大民众深为他的政策所打动，蜂拥到他控制下的地区，因为他们知道那里没有日本军方的不当干预，他们能够在太平和满足中追寻他们的愿景。我们这次巡视确认了我们听说的一切有关土肥原大将管辖的地区的情况。

在1931年9月9日，就在满洲事变爆发前，在张学良将军的命令下，因中村震太郎大尉被害一案我被派到东京，并于同月9月24日返回北京。当我在东京的时候，土肥原大将也在那儿作为奉天特别军事机关长就中村大尉案的进展做报告。我于9月14日在东京拜见了他并与他面谈过。

在检方立证期间，秦德纯将军，对其我个人很熟识，作为检方证人出现在本法庭上，并证实在满洲事变爆发5天前，秦将军在北京中山公园会见了他的一位名为柴山的朋友，他也是被告人土肥原共同的朋友。在这次会晤中，秦将军说与他交谈的这个柴山大体上是说："土肥原要去满洲着手某个大的计划。"秦将军对我一直很友好，我也对他很友好，把他看成是我的朋友，且当他在东京的时候，作证之后，他联系过我，他说他在法庭上用了我的名字，也告诉了我与什么有关。我对将军在这样的关联中粗心使用我的名字很吃惊，因为我知道我就是这个仅有的柴山，秦将军和土肥原将军的共同朋友。

正如我先前有关我在秦将军提到的那个日期的行踪的言论所示，对我来说在那时那个地方讨论土肥原将军本就完全不可能，而事实上我从来没有在任何时候告诉过秦将军有关前述事件的任何事情，更别说提到土肥原将军的名字与之联系起来。在他与我的交谈中，秦将军告诉我他用了我的姓柴山，没有用我的名字。

由于我忙于中村大尉一案的工作，所以我知道土肥原将军把他大部分的时间都花在这个案子上，因而知道他在1931年9月刚好奉天事变爆发前他的行踪，当知道到有人严肃地认为他与之有关系时，我大为震惊。

检方可以交叉询问了。

韦伯庭长：布鲁克斯上尉。

布鲁克斯辩护律师：请尊敬的庭上允许，我想代表南次郎将军以直询的方式问5个问题。它们都与同一点有关，也免去了就同一事项重复传唤这位证人的麻烦。这与沃伦辩护律师的案子紧密相连，我不知道要传唤他，我正想以我自己的名义写一份类似的宣誓证词。既然问题与沃伦律师的案子的密切相关，仅问一下他没有在宣誓证词中涉及的这一点会节省时间，我会用宣誓证词的其余部分为南次郎辩护。

直接询问（由布鲁克斯辩护律师询问柴山兼四郎证人）

问：嗯，证人先生，在你的宣誓书第2页第3段，你说你在1931年9月18日或者大约那个时间你在东京。那么，当时你面见了陆军大臣南次郎将军了吗？

答：是的，我见了他。

问：当时你与南次郎谈话的主题是什么？

答：因为我正要从东京返回奉天，我问陆军大臣他是否有什么指示给我。这时陆军大臣要求我当途经朝鲜的时候与在朝鲜的司令官林铣十郎大将口头传达下列口信：陆军大臣要求在任何情况下朝鲜陆军都不得跨过鸭绿江到满洲。

问：他说了为什么了吗？

答：他没有说原因。

韦伯庭长：你当时是日本陆军的将官吗？

证人：我当时是一名少佐。

布鲁克斯辩护律师：你把这个口信传达给了朝鲜陆军的总司令官林铣十郎大将了吗？

答：首先，我给朝鲜陆军的总司令官发了一份电报，商定在火车站面见儿玉参谋长。

问：那么你见到儿玉参谋长了吗？

答：儿玉参谋长远至龙山站来接车，我们一起到了京城或者汉城。

韦伯庭长：你是南次郎的参谋或者他的工作人员吗？

证人：我当时不是陆军大臣南次郎的参谋。

韦伯庭长：他为什么会利用你向这样一位人物传达那种信息？

证人：依我来看，这种事情要求尽可能最早且亟待处理，因为我恰巧要离开东京去奉天，我想这个特殊的口信才委托给我。

韦伯庭长：还是不太令人信服。

我们将休庭15分钟。

（法庭在10：45休庭，11：00重新开庭审理如下）

法庭执行官：远东国际军事法庭现在重新开庭。

韦伯庭长：布鲁克斯上尉。

布鲁克斯辩护律师（继续）：嗯，证人先生，何时、何地、为什么你拜访南次郎将军？

答：当时，我是奉天张学良元帅的军事顾问，但是我那时一直经常收到这位陆军大臣的指示。因此，我去拜访他，心想或许我可以从他那收到一些指示。在我的记忆中，假设我没有搞错的话，时间是6月19日晚。地点是陆军大臣官邸的日式房间，时间大约在18：30。

韦伯庭长：显然不是在6月。

证人：我搞错了，是9月19日。

韦伯庭长：但是他说的是6月。翻译没错，是吗？

语言监督官：不是翻译错误。

韦伯庭长：他怎么会犯这样一个严重的错误？这种错误不是那么容易犯的。

证人：我原本认为是9月，我也要说9月。

韦伯庭长：但是，你说的是6月，且你并没有更正。

证人：我刚才脑子有点乱，因为我把数字"6"与昭和六年混在了一起，这次会面发生在这一年。

布鲁克斯辩护律师（继续）：证人先生，检方证据第57号第64页最后一段说柴山少佐在9月12日到达东京。所说正确吗？

答：正确。

问：那么，你的使命是什么？

答：向日本军部转达张学良元帅有关中村大尉被杀一事的意向和愿望。

问：此时你是日本陆军军官，对吗？

答：是。

问：那么，就这个口信，你是何时、何地把这个口信传达给儿玉参谋长的？

答：我认为是 20 日。尽管我不记得确切的时间，我想大约在 11:00 在龙山到汉城的火车上。

问：那是在朝鲜？

答：是的，在朝鲜。

问：那么，为什么南陆军大臣让你给林司令官传达口信？

答：我认为那是因为陆军大臣南次郎将军想要促成和解——以最可能小的规模获得满洲事变地区的和解。

布鲁克斯辩护律师：没有问题了，庭长大人。

韦伯庭长：倪检察官。

倪检察官：但愿尊敬的庭上允许，检方有几个问题要向证人提出。

交叉询问（由倪检察官询问柴山兼四郎证人）

问：证人先生，在你的宣誓书第 1 页最后一段，你说从 1928 年 12 月起到 1931 年 10 月你担任在满洲的张学良将军的军事顾问。在那之前你与张将军有任何方式的联系吗？

答：有。

问：具体情况是？

答：那是在前一年——当我在河南省郑州时，张学良来了——

译员：更正：那是在前一年，当我在河南省郑州时，张学良和他的军队来到了这座城市。那时我正在河南省旅行——当时恰巧在郑州。

倪检察官：最初几年你是土肥原将军的助理，对吗？

答：对，仅有几个月。

问：当土肥原离开张学良时，他向张将军举荐你作为他的继任者，属实吗？

答：不是这样。

问：当你做他的顾问的时候，张将军有多少个日本军事顾问？

答：两个。

韦伯庭长：他有非军事顾问吗？

证人：没有。

问：另一个军事顾问是谁？

答：作为军事顾问的土肥原将军的继任者是妹尾大佐。

问：1931年张学良将军为什么恰好挑选你去东京解决中村一案？

答：那是因为张元帅感到必须向日本军事当局转达他和平解决中村大尉事件的希望。

问：也是因为你与日本军界关系密切吗？

答：对此我不知道。

问：那时你与在东京的日本军界熟悉——关系密切，不是吗？

答：当时，我与日本军界没有亲密的关系，因为我只不过仅是张元帅的军事顾问，因而不需要我去响应日本陆军的命令。因此，我的联系——我与日本军方的联系很少。

问：就中村的案子，张将军的明确指示是什么？

答：张学良——张学良元帅的希望是务必确保中村大尉事件得到彻底调查——由双方进行仔细的调查，假如，调查后，恰好他应负责的话——被发觉对此事件负有责任的话，他说，依日方提出的交涉而定，他会听取它们并尽力促成这一问题的和平解决。

问：这么说，在努力促成中村一案和解方面他是真诚的，是吗？

答：是的。

问：你知道在那时中村一案已经被下令进行第二次调查了吗？

答：不，我不知道。

问：你也知道另一位高级中方官员，名字是汤尔和，已经受命于张将军前往东京与币原喜重郎男爵协商吗？

语言监督官：你能拼读一下吗？

倪检察官：T-a-n-g E-r-h-ho。

沃伦辩护律师：请庭长大人允许，我们想反对涉及中村一案的一系列问题。我们认为这不在直询范围内。尽管他的确提到这件事，但是他只是把它作为一个回忆点才提到它的，根本不是要分析这件事。

韦伯庭长：很难说这在宣誓证词范围外，证词的确提到了这件事。不过，我没有看出质证的用意何在。

倪检察官：请庭长大人明鉴，眼下这位证人提到了——在他的宣誓证词中两次提到了中村一案。

韦伯庭长：在宣誓证词的范围这点上，我们支持你。但是，质证的目的是什么？

倪检察官：请庭长大人明鉴，依我们来看，这与被告土肥原的活动有很密切的联系，他们那时都在东京。

韦伯庭长：那是你的理由吗？那好像不够充分。还可能有另外的理由。中村的案子只是部分原因。

在我的印象中，这被认为是已引起中日之间纷争的 300 个事件之一，但是检方对此很少关注。我想起来了，在《李顿报告书》中也涉及此事。

这位证人能额外讲点什么吗？除了浪费时间他能做什么。

倪检察官：请庭长大人明鉴，这位证人说他在东京与土肥原有过交谈，我们可能从这位证人那得知土肥原对这个案子的看法，而这不在《李顿报告书》中。

韦伯庭长：假如我们要这般冗长地调查这些细节，我们永远也完不成。

倪检察官：尊敬的庭长大人，如您所愿，我们放弃这个细节问题。

倪检察官（继续）：证人先生，你提到过在1937年敌对行为爆发后你到中国的一次旅行。

答：是的。我的确旅行过一次。

韦伯庭长：在这个案子上，检方与辩方同样具有避免浪费时间的重要责任，如果不是更重大的责任。

倪检察官：证人先生，你说过你在1938年1月在华北见过土肥原。同年在中国在那个地方你再次和他见面了吗？

答：我没有同一年在华北见过他两次。

问：你同一年在其他地方见过他吗？

答：是的。

问：你和土肥原都在1938年8月因同样的使命被派到中国，属实吗？

答：不是到华北，但是我到华北和华南巡视过。

译员：稍微补充一点：在这次巡视中我陪同土肥原。

倪检察官：也是为了成立由吴佩孚将军和唐绍仪阁下为首的新的中央政府吗？

答：不是这样的。

问：你在第1页的底部说土肥原急于促成中日间的友好关系。他曾经告诉过你成立一个新政府，会接近实现他维护友好关系的想法吗？

答：我从来没有听说过这个。

问：你在宣誓证词中也提到了与梅津上将的巡视。

韦伯庭长：怎么了？你在告诉他一些事情，你不是在提出问题。

倪检察官：我的问题就是：你们是应寺内大将的要求去那儿的吗？

答：不是这样的。

倪检察官：庭长大人，我们交叉询问完毕。

韦伯庭长：与南次郎谈话后，你怎样从东京到朝鲜的？

证人：乘火车。

韦伯庭长：我猜是坐船和乘火车，或许乘飞机。

证人：庭长大人，我乘坐火车。

韦伯庭长：沃伦上校。

沃伦辩护律师：我们没有其他问题了。

庭长大人，证人可以退下了吗？

韦伯庭长：按照惯例，证人退庭。

（于是，证人退庭）

沃伦辩护律师：我们想传唤我们下一位证人桑岛主计。

桑岛主计，证人，代表辩方出庭作证，首先正式宣誓，然后经由日文译员作证如下：

直接询问（由沃伦辩护律师询问桑岛主计证人）

问：请向法庭说出你的名字和现住址好吗？

答：我的名字是桑岛主计。

问：你现在的住址是在东京，我猜对了吗？

答：东京，是的。

沃伦辩护律师：请把辩方文书第2116号递交给证人好吗？

（文书被递交给证人）

问：请看一下你手中拿的那份文件，说出那是否是你的宣誓书以及其中包含的内容是否真实好吗？

沃伦辩护律师：告诉证人要回答问题，不是摇头。

韦伯庭长：说是、还是不是。摇头不会被记录在案，别人也不会总能明白。

答：是。

沃伦辩护律师：尊敬的庭上，请允许我此时提交辩方文书第2116号，请法庭采纳为证据，除去宣誓书第2页最后两句，从词语"我是"开始至词语"军人"结束。根据与检方的协议，我不会提交那部分，也不会要求宣读。

韦伯庭长： 删去最后两句，按照惯例，予以采纳。

法庭书记官： 辩方文书第 2116 号接受为证据第 3179 号。

（上述提交的文书被标注为辩方证据第 3179 号，接受为法庭证据）

沃伦辩护律师：（宣读）

  我是桑岛主计，1906 年毕业于早稻田大学。1911 年通过外务省考试，同年进入外务省，到 1931 年还在这个部门，此时我是天津总领事。满洲事变前和满洲事变时我一直担任这个职位。

  作为总领事，我收集到有关被告土肥原的某些信息，我认为它们与他的涉及满洲事变的活动有关联，并把这样的信息通过电报发给当时的外务大臣币原喜重郎，或者外务省亚洲局长。这些电报中的一些被检方提交作为法庭证据，如第 287 号、第 289 号、第 290 号、第 291 号、第 292 号、第 293 号、第 295 号、第 296 号、第 300 号以及第 304 号证据等。与发送这些电报或者类似的电报有关，我被问及在获取包含于其内的信息方面我所采用的方法。

  为了充分理解这种情况，我有必要解释一下在外务省和关东军之间就亨利·溥仪复出一事存在分歧和摩擦。关东军独立于外务省行动，就它任何一名成员的活动，外务省不会从关东军那收到任何官方信息，我没有办法借此做到这一点。外务省或许有可能在接收这样的信息，但是对于这一点我说不上来。

  我作为总领事，实在太忙，不可能对土肥原的行动亲自调查，不得不依赖于我的属下去搜集他们能够搜集到的信息。他们从一切可用的渠道获取信息，如报刊文章、各种人物之间包括中国人和日本人举办的会议、活动，简而言之，任何在本例中对土肥原的活动可能会提供任何线索的信息。所有这类信息都报告给我，之后我就审查这些信息,然后得出我自己的结论。我得出的这些结论构成了检方作为证据提交的,我发给外务大臣或者外务省亚洲局的这些电报的内容。

这是我仅有的信息来源,面对庞杂的信息,完全不可能去核实来源的可靠性。在这种情况下,因为我没有更多的个人信息,所以我不得不尽我所能做到最好。

至于我与被告土肥原的个人联系,我记得我见过他两次,每一次我们仅互致问候。

好,尊敬的庭长大人,请允许我再问证人一个问题。

问: 桑岛阁下,你相信领事馆警察的这些报告吗?

答: 收到这些领事馆警察的报告后,我从来没把它们用作发送给外务省的电报的资料。领事馆警察的这些报告不会直接用作报告的素材。

沃伦辩护律师: 你能为我再重复一遍吗?对不起,我没有听见。

(官方法庭记录员重复了证人上面的回答)

韦伯庭长: 我代表法庭的一名成员,问下列问题:就亨利·溥仪复出一事,关东军和外务省的两种看法是什么?

桑岛主计证人: 按照外务大臣持有的观点立场,根据给我的指示,外务省的意见是那时还不是亨利·溥仪阁下出现的时候,即那时还不是亨利·溥仪阁下出现在满洲的时候。

倪检察官: 请庭上允许,检方有极少几个问题要问这位证人。

交叉询问(由倪检察官询问桑岛证人)

问: 证人先生,在你的宣誓书第1页,你提到你在1931年11月从天津发给币原男爵的电报,这些电报已经被采纳并称为证据第287号等。证人先生,在你发送这些电报之前,币原男爵已给你发送了电报指示，要求停止对宣统皇帝的劫持计划，并对此予以防范，这属实吗？

答：我接到外务大臣的指示去见宣统皇帝，即亨利·溥仪阁下，并建议反对他去满洲。

问：因此你发送这些电报不是例行公事，而是由于币原男爵的电报指示的缘故，对吗？

答：自然是根据外务大臣的指示我去面见溥仪阁下并转达这个建议。

问：哦，你在宣誓书中提到的10份电报中，对每一个事例你都给出了消息来源，属实吗？

韦伯庭长：沃伦上校。

沃伦辩护律师：我们反对。这些电报是法庭证据，是所包含内容的最好证明。

倪检察官：庭长大人，我们问这些问题的根据是眼前这位证人正在试图说出一些与已经接受为法庭证据的文书内容相反的东西。

韦伯庭长：他正在试图减少它们的价值，这就是它要达到的效果。

我觉得我们就此已听得够多了。

现在我代表法庭一位成员问一个问题：

外务省到底是反对还是不反对溥仪复出？

桑岛证人：反对。可以再向我重复一下这个问题吗？

（译员用日语说了一遍）

我的理解和根据我收到的指示，那不是溥仪阁下出现在满洲的时候。

译员：即那时还不是溥仪阁下出现在满洲的时候。

韦伯庭长：这是你对他们的看法所了解的全部吗？

桑岛主计证人：是的。

倪检察官：证人先生，在你宣誓书的最后一段，你说"至于我与被告土肥原的个人联系，我记得我见过他两次，每一次我们仅互致问候。"

二、土肥原特务机关与土肥原军纪

在你给币原男爵的电报中,你提到你与土肥原本人有过几次谈话,属实吗?

答:我没有一份电报中曾经提到我与土肥原将军的谈话。

译员:我绝没有在我的电报中汇报过我与土肥原的任何一次会话的结果。

倪检察官:让我帮你恢复一下记忆。在第 287 号证据中,你说你与土肥原交谈过并向他表达了你的个人看法。在第 300 号证据中你特别说道"我刻意与他说过几次不要犯下这种暴行。"

语言监督官:倪检察官,这涉及证据的哪一部分?

倪检察官:第 300 号证据。

语言监督官:哪一页和哪一段?

倪检察官:在第 41397 页中间。

语言监督官:您能告诉我们电报的日期吗?

倪检察官:1931 年 11 月 17 日。

沃伦辩护律师:尊敬的庭长大人,请允许我们反对这种企图质疑证人的方法。我认为合适的方法,至少在我的国家,是向证人呈上文书让他恢复记忆,然后就有关相反的证词向他提问。

韦伯庭长:交叉质证的方法是他关心的事情,他正在做的是否适当是你考虑的问题,上校。

沃伦辩护律师:庭长大人,我在反对企图质疑证人的这种方法。或许刚才我没有表述清楚。

韦伯庭长:他对证人绝对公平,但是我希望他能向证人读一下这份电报。或许做其他检察官已经做过的就足够了,并在必要的时候恰好指引我们查阅这份电报,但此时不必要,因为宣誓书本身提到了电报。

这些领事馆的警察是值得信任的人吗?

桑岛证人:领事馆警察天天往我办公室带来大量信息,但是这些信息还没有被信任到直接用于汇报这一目的。

倪检察官： 庭长大人，按照您的指示，我将仅读我刚刚已经开始的这一句话。

韦伯庭长： 午饭后再读吧。

休庭，13:30 再开庭。

（法庭在 12:00 休庭至 13:30）

（下午开庭）

法庭在 13:30 重新开庭审理。

法庭执行官： 远东国际军事法庭重新开庭。

韦伯庭长： 摩尔少校。

语言仲裁官（摩尔少校）： 请庭上明鉴，证据第 3177A 号，第 2 页，标记为 1 的段落，已经提交。我们建议删除这一句，代之以下面这一句："在华南听到少将土肥原和板垣的名字就像'提到一只老虎，人们大惊失色。'"

韦伯庭长： 谢谢，少校。

　　　　倪检察官。

桑岛主计，证人，代表辩方出庭作证，重新站在证人席，经由日文翻译作证如下：

交叉询问（由倪检察官询问桑岛主计证人）

问：请庭上明鉴，休庭前我正要读第 300 号证据中的一个句子。我想语言部已准备好这份文件了，尊敬的庭上，请允许我继续宣读。

　　我刻意与他说过——指土肥原——几次说不要犯下这种暴行，但是似乎他一直在继续他的推翻张学良的计划，有一种担心，他可能不久在平津地区发起另一次事变。

沃伦辩护律师：请庭上明鉴，我们的翻译部以及一些法庭记录员告知我，在检察官刚引述的这一部分里似乎有一处误译，我们此时想请求法庭允许我们把此提交给法庭仲裁员。

韦伯庭长：我们会立刻提交。你认为什么地方出错了？

沃伦辩护律师：按照我的理解，词语"几次"可能会是"两次"，或者至少不是许多次；单词"暴行"等等诸如此类，不准确；"刻意说过"似乎不对，就我所能记得的。我已在英文和日文副本上标注出来了，我可以立刻交给法庭仲裁员。

韦伯庭长：我不知道这盏灯会亮多长时间，我想制止你把这些副本交给仲裁员。让他们首先自己判断，不需要参考任何提示。

沃伦辩护律师：庭长大人，对不起——

韦伯庭长：当我不得不发言反对的时候，红灯就会亮，阻止我的发言。

沃伦辩护律师：对不起，庭长大人。那些仅是我们同意的一些副本。我们只是标记出位置以便于他们在查阅时能够找到，仅此而已。

韦伯庭长：我想知道这些改变是否严重。

倪检察官：庭长大人，为节省时间我想我们可以把日文副本给证人，看他对此有何看法。

韦伯庭长：摩尔少校会向法庭建议的。

沃伦辩护律师：谢谢。

韦伯庭长：与此同时可继续问点别的。

倪检察官：会的，谢谢。

倪检察官（继续）：证人先生，你知道你的电报不仅包含来自你自己渠道的报告，它们也被在上海、南京和北平的日本领事馆的有关土肥原活动的电报证实？

答：关于这一点，我没有任何与之有关的信息，因此我对它们不了解。

问：事后知道吗？

答：我不知道，因为这类电报不会发到我的总领馆。

问：在你的宣誓书第2页第1段，你说过你的信息来源有可能是传言。截至那时在你20年的外交官经历中，当你有更可靠的来源可用时，你通常向你的政府汇报传言吗？

沃伦辩护律师：我反对，有两个理由，庭长大人：第一个理由是没有证词说有其他可靠的来源；第二个是检方本身提交了直接支持这位证人证词的证据，即任何可用的消息来源都被用上了，并且得出结论是领事馆的职责。这就是他们的证词。

韦伯庭长：问题的确是假定有更可靠的消息来源可用。问一下他，是不是。

倪检察官：证人先生，你说过土肥原两次来向你的领馆——你领馆的职员讲话？是谣言吗？

答：土肥原仅有一次到过总领事馆和我自己的房间，而在那种情况下我们所做的就是互致问候，别的什么也没有。

问：在你提交的两份证据中，说到你与土肥原就有关把宣统皇帝转移到满洲的问题当面交谈过？

答：我记得通过总领事馆的一位成员与土肥原举行过两次或许三次会谈。

问：在证据第289号，难道你没有说"作为我的个人意见我告诉他，即使皇帝复出可被宣传为在满洲的中国一方的愿望，而确保国联理事会，结果会更可取。而且假若中国人真的渴望皇帝复出，大量的措施就可以采取，他在营口还是大连登陆不会产生任何差别"？

沃伦辩护律师：请庭长大人明鉴，我面前就有这份文件，很明显引文与皇帝溥仪间举行的一次会话有关，不是与土肥原。这是我的解读。因此我反对该问题。

倪检察官：庭长大人，言语表达很清楚，这是与土肥原的对话，假如您从一开始读的话。

韦伯庭长：电报是这样开始的："我们试了各种方法劝说土肥原，但是他坚持下列看法。"看起来好像你有权提出这个问题。

反对无效。

在这种情况下，这是一次非常困难的交叉询问，不应该再未经适当考虑提出不成熟的反对意见增添困难。

沃伦辩护律师：尊敬的庭长大人，请允许我指引庭长大人查看第 5 段，我认为细读一下会证明我的反对既不是不成熟也非不重要。我真心相信他谈的是皇帝溥仪而非土肥原。

韦伯庭长：继续提问。

倪检察官：谢谢。

问：我想向证人提出的下一个问题与这份电报第 300 号证据有关。

韦伯庭长：你还没有得到对任何问题的回答。你正在提出一个问题，但是在你完成之前你被打断了。如果你愿意，你可以放弃。

倪检察官：这两份证词密切相连，我更想在我问完与第 300 号证据有关的问题后再问他。

韦伯庭长：你要以不同的方式进行，假如你期望法庭成员对你的交叉质证有个睿智的理解的话。你不被允许在未经任何解释的情况下，就从一份文件跳到另一份文件。如果你那样做，我们难以跟上你。

倪检察官：谢谢。

问：证人先生，你今天上午说过、下午也说过，就溥仪皇帝的复出问题你没有与土肥原亲自讨论过。在我读到以"作为我的个人意见我告诉过他"开头的这句话后，确能帮你恢复与土肥原谈话的记忆了吗？

答：我手头没有这份电报的原件，因此除非向我出示那份文书，我难以回答。可以向我出示吗？

（向证人出示文书）

在这份文书中提到的个人意见不是我的意见，它是总领馆一位职员的意见，因此在该文件的末尾，你会找到诸如"是这样说的"之类的词语。

韦伯庭长： 就在这一份电报中你区分了职员的看法和你自己的看法。

桑岛证人： 就在这份电报中，开头说道："根据总领事馆一位职员的报告，"在这份电报式报告的末尾是这些词语，"他是这样说的，"这是我发送电报的方式。

韦伯庭长： 只管听一下："就这一点，我们领事馆的这位职员就国际局势和与中国本身的关系向他提供意见。而且，作为我的个人意见，我告诉他即使皇帝复出可以被宣传"等。

你有任何理由质疑你在那种情况下告诉东京的任何事情的真实性吗？

桑岛证人： 没有，我没有理由质疑。

韦伯庭长： 关于这一点，需要交叉质证吗？

倪检察官： 那好，我们恰好有一个问题，与第300号证据相关，我想语言部已对分歧，所谓的翻译分歧，准备好报告了。

韦伯庭长： 摩尔少校。

语言仲裁官（摩尔少校）： 请庭上允许，证据第300号，第2页，第9行，用"彻底地"代替"刻意地"，"两次"代替"几次"，"鲁莽行为"代替"暴行"。

韦伯庭长： 现在按照修改的读一下。

语言仲裁官（摩尔少校）：

我与他彻底谈过两次不要犯这种鲁莽行为，但是似乎他一直在继续他的推翻张学良的计划，有一种担心，他不久可能在平津地区发起另一次事变。

倪检察官（继续）：听到对我的解读的更正之后，你有什么要回答的吗，证人先生？

答：没有。

倪检察官：交叉询问完毕。

韦伯庭长：沃伦上校。

沃伦辩护律师：庭长大人，证人可以退下了吗？

韦伯庭长：按照惯例，证人退庭。

（证人退庭）

沃伦辩护律师：我想简要提一下第 245 号检方证据。这是总领事代理森岛守人的一份宣誓书，由检方提出，仅有两个简短的句子，一句在第 4 段的中间。我想唤起法庭有关前一份证词的回忆，在前一份证词他说道"为了有效履行职责和职能，总领事办公室利用所有可接触的信息渠道。"他也说到来源之一是领事馆警察。

在下一段他说道："从这样获得的信息得出结论是我们办公室的职责和责任"——

尊敬的庭上，请允许我就此提出辩护文书第 2437 号作为法庭证据。这是一份 1932 年 5 月 3 日与土肥原将军的面谈记录。面谈是应国联的要求，主要是与国联调查委员会主席李顿伯爵的会谈，通常被称为"李顿报告书"。这是一份官方的美国政府文件，经过美国陆军参谋团上校兼陆军省参谋本部调查情报部代理部长 J. R. 罗弗尔的正式认证。这份文件记录了土肥原将军与李顿委员会间的官方访问，并说明了他对有关紧随满洲事变之后的各个事件以及他对天津和哈尔滨活动的看法。也讨论了与溥仪有关的问题。文书中也额外提到了那时存在的情况，我们相信它们对本法庭大有裨益。提交这份文书是为了向法庭证明李顿委员会对真相和土肥原大将的诚实非常有信心，因为读一下《李顿报告书》将证明在他们对有关与土肥原大将交谈的话题的事实陈述中，几乎在每一个事例中，他们接受了土肥原大将对时局的说法。提交这份文书的深一层次的目的是表明这与我们将要提交的、已经提交的以及将要有所联系的我们的总结陈词相符合。与检方证据留下的印象相反，被告土肥原大将的确获得了广大民众连同他被派驻地方官员的信任。事实上，这份文书将说明李顿伯爵本人不仅在1932年5月3日与土肥原大将的谈话中，而且在后来编写《李顿报告书》的时候，都对土肥原大将的成就大加赞赏。

韦伯庭长： 在这番冗长的陈述后，假如文书被采纳，你认为你应该宣读这份文书吗？

沃伦辩护律师： 我以为法庭有这份文书，就读了，而且假如法庭想要接受的话，除非我的随行顾问认为适合读，否则我不会读。我会与他们交谈，看他们如何建议。

我们不想读。

韦伯庭长： 按照惯例，予以采纳。

法庭书记官： 名为"远东调查委员会"的书卷接受为证据第3180号，仅供识别。从中的摘录辩护文书第2437号接受为证据第3180－A号。

（于是，上述提交的文件被标注为辩方证据第3180号仅供识别；从中的摘录辩方文书第2437号被标注为证据第3180A号，接受为法庭证据）

沃伦辩护律师： 请庭上允许，我在这儿有一个连续的评注，这个评注我要忽略并要求他们不要注意，理由是：我原打算读《李顿报告书》的摘录，但是自从到了庭上我在做了标记的副本中发现检方已读过了，因此现在我将仅提一下这个事实，即土肥原将军在奉天1个月，就平稳地使这座城市恢复到正常。而且，李顿委员会当时因此赞赏了他。那是在第88页。还有另一篇摘录能够证实，这次我就不读了。

现在请传证人矢崎勘十。

矢崎勘十，证人，代表辩方出庭作证，首先正式宣誓，通过日文译员作证如下：

沃伦辩护律师： 请把第 2053 号辩方文书递交给证人。

（文书被递交给证人）

直接询问（由沃伦辩护律师询问矢崎勘十证人）

问： 请向法庭说出你的名字和现住址好吗？

答： 我的名字是矢崎勘十。住址是千叶市登户町三丁目一六七番。

问： 请看一下你手中的这份文件并告诉法庭那是否是你的宣誓书以及内容是否真实好吗？

答： 这是我的宣誓书，并且内容正确无误。

沃伦辩护律师： 尊敬的庭上，请允许我此时提交第 2053 号辩方文书作为法庭证据，文件中某些地方要删掉，检方已经同意。

在第 2 页第 2 段，"在支那事变爆发时，"在那儿有一个逗号，和之后这些词语"土肥原将军对业已发生的深感遗憾并且"将被划掉不会提交——这部分不会提交。

我也赞同在第 8 页第一段中间部分，以这些字眼开头，"不论纷争何时产生，"持续那一段剩余部分，到"大东亚战争"这些词结束——我同意检方意见，他们的反对有法律依据，我们不会提交那部分。

然而，我明白还有一些其他部分，我们意见不会一致，检方可能希望对此提出反对，就可采性请法庭核准。

韦伯庭长： 倪检察官。

倪检察官： 请庭上允许，除了我的学识渊博的朋友沃伦律师已经删除的部分，对宣誓书的部分内容我们还有进一步的反对意见。

我们反对的部分出现在第 5 页第 1 段、第 2 段、第 3 段，一直到第 6

页第 1 行。宣誓书的这一部分包含土肥原在各种不同场合的谈话。依我们来看，它们既是自利的也是重复的。

那只不过是在敌对行为爆发后土肥原的讲话。一种能够漂白任何他认为不适当的事情的方法。因此，这没有任何证明价值。

此外，它是重复的。几乎完全一样的语言用在柴山兼四郎的宣誓书中，柴山兼四郎宣誓书第 1 页最后 7 行。

基本上，谈话都涉及中日对克制使用武力的理解。尽管在这儿详述了一点，但是我们还是看不出详述的必要性。

我们想参考本法庭在 9 月 11 日对英国记者休·拜亚斯的新闻采访作出的裁决。那时庭长大人准确陈述了这一法律规则，即国际法庭不会采纳自利性文件。而且有——

韦伯庭长： 我认为你把理由已经陈述充分了——

倪检察官： 谢谢。

韦伯庭长： ——我觉得难以理解，为什么你要求我们仅仅删掉在第 5 页至第 6 页上编了号的第 1 段、第 2 段、第 3 段，而抛开我看来同样可予以反对，并且与编了号的那三个段落有关联的其他部分。

倪检察官： 我们会的，庭长大人，假若庭长大人建议，我们会反对同样可予以反对的其他部分。

韦伯庭长： 我不是在这儿建议你，只不过是在试着理解你。

倪检察官： 谢谢。

依我们来看，删除这 3 段就可能足以达到目的了。

韦伯庭长： 沃伦上校。

沃伦辩护律师： 庭长大人，我们认为这些部分和其他被提及的部分都不是自利性陈述。我们将不得不假定土肥原将军当时知道会做出这些声明，即我们将会有一场太平洋战争，而且知道他将会在被告席并将被审判，或者至少肯定有些暗示。

它们不是演说。它们是对他的政策的解释，是讲给他的下级官员的,而且他把这些政策的构想告诉他们。那不是演说,作证的这个人是他的下级官员,就他听到的作证。

它们不是报业人士所刊印的新闻文章。

它们没有重复,因为现在提到的这个时期不涵盖先前的宣誓书中提到的上述时期。

庭长大人,在我的法律从业经验允许我说的范围内,我认为这份文件和证词会在美国任何一个法庭任何一次刑事诉讼中被采纳,而且任何的不予采纳都会把法庭置于可逆转的错误危险中。

韦伯庭长:我们不想知道在美国或者在英国或者任何地方会做什么,但是,我十分肯定你在夸大其词。

沃伦辩护律师:庭长大人,我十分确定不是。

韦伯庭长:我关心的是被驳回的宣誓口供书。然而我们不能对反对予以补充。

反对有效,按照惯例,对文件没有被反对和没有被删除部分,予以采纳。

法庭书记官:辩方文书第2053号接受为证据第3181号。

(上述提交的文书被标以辩方证据第3181号,接受为法庭证据)

沃伦辩护律师:他说:

我是矢崎勘十,是一名职业军官,在结束同盟国与日本的敌对行为时是中将。在我作为军官的一生中,我很熟悉一个人并有过私交,这个人是土肥原贤二,他现在是在远东国际军事法庭上接受审判的被告之一。我与昔日的土肥原将军的交往持续多年,自从我成为大尉以来,我与他就交往密切。

在支那事变以前,在1937年3月期间,被告土肥原被任命为日本陆军第14师团长,驻守在日本本州岛宇都宫市区,那是日本的永久驻地。在1937年7月支那事变爆发时,被告土肥原仍然是第十四师团长,我那时是中佐、他的参谋,8月我奉命到华北地区,我们在那忙于北京至汉口铁路沿线地区的军事行动,在那儿我继续担任他的参谋。

当支那事件爆发时,在我们正根据动员令启程前往华北地区的时候,他给了我们一些指示和命令,后来在战场上被反复运用。他在其中强调支那事件不是一场侵略战争,最终旨在日本与中国之间能够合作。他特别命令我们要严格执行有关保护中国人民的规章和命令。在作战期间和在战场上,师团长土肥原把他的主要精力放在了纯粹战略性的事情上,不可避免的,把细节性的问题留给了他的属下。然而,当涉及中国人的保护问题时,他从来没有忘记他作为一名官员对他的属下的职责,他从来没有犹豫过在他们履行职责时亲自协助他们,无论他们重要还是微不足道。他过去一向时刻注意涉及中国人民的职责,避免伤害或者欺压非战人员。

为了解释我的观点,我想引述一些我亲眼看到的例子。

有一次在永定河上作战期间,他的士兵已经决定用一位中国农民的房子为土肥原将军建立一个指挥部。然而当这引起土肥原将军注意的时候,他发现有中国妇女和孩子在这所房子里避难,就禁止他的属下进入。他把办公室安在了这座房子的前面,就在那儿他和他的参谋官们及属下宿营在户外,专心于他们的事务。

再一次在保定附近他看到他的一些士兵在烧柴,这些木柴属于中国农民,士兵们为了给自己取暖,就挪用了。土肥原将军立刻骑马到了现场,大声训斥他们,使他们立刻停下。

再一次,在保定附近,土肥原将军发现一名日本士兵在行军途中让一名中国人替他拿背包,就立即斥责这名士兵。这名士兵说他雇了这名中国人并承诺付给他工钱。为公平起见,土肥原将军命令这名日本士兵与这名中国人在他面前重新洽谈,很明显这名士兵不会说中国话,将军就命令这名士兵立刻从这名中国人那儿拿走他的背包,并对他今后在这类问题中的行为予以严厉警告。

能够举出许多这样的例子。然而,我提到这3个例子仅仅是为了表明即使在可能被认为微不足道的事情上土肥原将军也不允许虐待平民和非战人员。我听到他的属下不止一次基本上是说我们的师团长爱中国人胜于日本士兵。

土肥原将军非常尊重中国人和类似非战人员的人。我听闻土肥原将军指挥下的所有辖区内的军队与中国民众和平相处,相安无事。他们的经营活动在继续并没有被打断,他们的店铺和经营场所继续繁荣。中国人自愿帮助日本士兵汲水、准备饭菜、打扫房子、拿东西以及其他这类日常事务,这很寻常。事实上,他们如此敬重土肥原将军以至于对他们预料到的任何土匪的来袭都会通知土肥原将军。

很明显读下一段没用,我就不读了。
接着继续读第6页。

土肥原将军不仅以我刚讲述的方式说教,而且他竭力贯彻他的观点,把它们付诸实践。对他来说,那不仅仅是几句话的问题,对他而言那是一个真诚的态度,整个师团都知道他对自己的理想和教义的真诚。

我所说的一切不过是意在说明土肥原将军的态度和他在营地以及战场上的行为。他不仅不断教导和建议他的参谋官们,而且包括所有他的下级官员和士兵,我发现他的教导和告诫在和平应对中国人方面大有价值。

因为我很了解他,土肥原将军经常向我倾诉。通过他的行为和言语，我知道他从一开始就反对支那事件。然而，作为一名军官，他别无选择除了遵守他的上级的命令，但是即便在营地，他总是向他的知己谴责支那事件。

在1938年2月，昭和13年，由于疾病原因，我返回日本，与在宇都宫市的第十四师团的留守部队一起服役。我返回日本后继续与土肥原将军保持通信联系，我收到的其中一封信日期是1938年4月22日。这封信是通过可靠途径（由通信兵随身携带）从华北前线递过来的，我至今还保存着。在这封信中他说：

我们国家没有为这些事件确立基本的战略性原则，看上去正在被诱使着被动应战，可以说是勉强度日。而且，没有巩固它站立其上的支架，就同时支持华北和华中的新政权，而它们就像是沙上阁楼，而且没有意识到巩固基础的迫切需要，却在努力筹备这些政府的纯粹形式上的问题。我对我们国家的态度非常失望，也非常忧心。我无意欣喜于发表没有用处的大话。我请求无论何时，你一有机会就向当局解释有关上述看法，并呼吁他们反思……

解释一下，扶持的北方政权是王克敏的临时政府，华中政府是梁鸿志的维新政府。由于我还是像过去一样了解土肥原将军，我知道这封信不过是他对整个支那事件的又一次抗议而已，我意识到他知道我对他的见解有同感，他期望我在任何可能的情况下支持他。土肥原将军，自年轻时起在他的整个职业生涯中，就怀有增强中日两国友好关系的理想，而且当他在陆军大学时，他专门学习了汉语和中国历史。毕业后，被任命为参谋本部部员并被派到中国，他在那待了很多年。很多人知道他的名字，即使是中国平民。他在中国和满洲的日子里，他两次任职奉天特务组织的长官。这个组织主要目的是汇集军事信息和情报。

我想再重申一次我在宣誓书中所说的一切事情是我亲身了解的。

韦伯庭长：倪检察官。

倪检察官：请庭上允许，检方有几个问题询问证人。

交叉询问（由倪检察官询问矢崎勘十证人）

问：证人先生，从你的宣誓书第 4 页中间部分开始，你提到了中国普通大众在作战区域的举动。在支那事件中除了土肥原分队，你还被派到其他分队了吗？

答：是的，我到其他分队了。

问：按照你了解的，在作战结束后，当地的中国居民通常返回家园并重操旧业吗？

答：是的，就是。

问：你知道百分之多少的当地人口被迫离开他们的家园去到内陆定居吗？

答：我不知道。

问：在你的宣誓书第 6 页第 3 段，你说过土肥原从一开始就反对支那事件。就"支那事件"，您指的是在 1937 年开始于马可·波罗桥的敌对行为吗？

答：那是我在提到它时的意向。

问：土肥原将军曾经告诉过你他强烈反对 1931 年的奉天事变吗？

答：没有，在 1931 年满洲事变时我没有听说过这种事。

问：我没有问你在 1931 年奉天事变发生时你是否听说过任何事，但我在问你是否听到过任何他在那之后强烈反对奉天事变的事情？

答：我经常听到这种评论。

问：从土肥原将军那吗？

答：是的。

韦伯庭长：休庭 15 分钟。

（法庭在 14:45 休庭，15:00 法庭重新开庭继续审理如下）

法庭执行官：远东国际军事法庭现在重新开庭。

韦伯庭长：倪检察官。

倪检察官（继续）：证人先生，就在休庭前，你告诉我们土肥原大将也强烈反对奉天事变。

答：是的，是这样。

问：但是你认为在你的宣誓书中写入这个不合适，对吗？

答：并非如此。我仅在宣誓书中写了与土肥原将军有关的部分事情，不是全部。

问：你知道在他写给你宣誓书中提到的那封信不久后，土肥原将军就被召回日本并被派给一项重要任务——掌管一个"KIKAN"或者一个称为土肥原机关的部门，该机关为一些中方的将军从现行敌对行为中撤出做一些工作。

答：我听说过那个谣言，但是我没有直接从土肥原大将那听说。

问：你怎么知道那是一个谣言？

答：我不知道。

倪检察官：我们再没问题了。

沃伦辩护律师：现在证人可以退下了吗？

韦伯庭长：按照惯例，证人退庭。

（于是，证人退庭）

沃伦辩护律师：我们将传唤我们的下一位证人渡濑亮辅。

渡濑亮辅，证人，代表辩方出庭作证，首先经过正式宣誓，然后经由日文译员作证如下：

直接询问（由沃伦律师询问渡濑亮辅证人）

问：请向法庭说出你的名字和现住址好吗？

答：我的名字是渡濑亮辅。现住址是东京都杉并区下高井户四町八百五十七番。

问：可以把辩方文书第 2107 号递交给证人吗？

（随之，文书递交给证人）

问：请看一下你现在的那份文件并告诉法庭那是否是你的宣誓书以及其中的内容是否真实好吗？

答：这是我的宣誓书，内容真实。

沃伦辩护律师：尊敬的庭长大人，请允许我们此时提交第 2107 号辩方文书作为证据。

韦伯庭长：按照惯例，予以采纳。

法庭书记官：辩方文书第 2107 号接受为证据第 3182 号。

（上述提交的文书被标以辩方证据第 3182 号，接受为法庭证据）

沃伦辩护律师：证人说：

目前我受雇于东京《每日新闻》通讯社，是通讯社的职员之一、编辑局调查室长。我被问及是否认识被告土肥原贤二，是否熟悉他在 1937 年 7 月 7 日（昭和 12 年）紧随卢沟桥事变后的活动。

当时我担任大阪《每日新闻》通讯社政治部的副部长，在 1937 年 7 月 7 日稍后，确切说是在 1937 年 7 月 14 日，我到达天津。支那事变在当地还没有平息下来，而且据我回忆，那时心中的目标之一就是支持关东军向保定前进。这次军事行动由香月清司中将直接指挥，而且是他发起的这次作战，并有效指挥了这次进攻行动。据我回忆，有 3 个师团：一个由谷寿夫将军率领，沿着京汉线采取中央攻势，这是第六师团；川岸文三郎中将在河北和山西省之间的边界右翼；而土肥原中将沿固安和满城方向在左侧前进，差不多都是南下朝向保定。

我被分配到谷寿夫分队做通讯工作，因此向保定行进过程中，不能观察到土肥原将军。然而我们的行进很成功，没有遭遇任何重大抵抗，我们，即谷寿夫分队，在1937年9月24日进入保定要塞。在土肥原将军指挥下的小分队在第二天进入。我一听说土肥原将军已经到达，我就去他的指挥部拜访他，在那儿我们举行了一次持续大约两个小时的会谈。我们被多次打断，但是应该说在那段时间我与他谈了至少一个小时。我发现他很配合、直率以及完全乐意回答我的问题。就——

此处在我的印刷副本中遗漏了一行，应该是：就我所能回忆的来说，土肥原将军在回答我的问题的对话中告诉我，因为日本的军事行动，显然我们没有选择不再继续进攻；在采取了第一步后，希望对保定的攻击会结束日本对中国的军事行动是愚蠢的；最初的事件，尽管令人遗憾，但已把日本人激怒，毫无疑问到了将不得不采取进一步军事行动的地步。

我确信"日本人"那个词应该是"中国人"。

他告诉我国民政府肯定会继续抵抗，因此日本陆军仅有的选择是自愿撤退，似乎那些指挥官不会采取任何这种行动。当被问及他认为日军将不得不前进多远时，他的回答基本上是既然这样的情况，正如我作为一位记者已经观察到的，已然发生，日军别无他法只能继续进攻，而因为中国领土广阔无垠，他不可能说出他认为日本军队会被要求深入多远。他说在日本人面前有许多巨大的困难，不能做出任何仓促的判断。然而，他的确说中国大众与中央政府有别，不能把他们视为日本的敌人，视他们为敌人会是一个巨大的错误。因为相信这些，他在有关中国平民的对待方式方面对部队规定了严格的纪律，并且警告他的部队不要骚扰中国大众或者非战人员,特别是作战时他的属下不能伤害中国大众的普遍情感。他说他的政策就是用军事纪律严格惩戒,在任何不是完全必要的情况下为了保护自己的生命财产,以任何方式骚扰爱好和平的普通大众的那些人,他说这项政策会在他的管辖范围内被付诸实施,因为日本从来不应该让中国大众成为她的敌人。简而言之,土肥原将军对中日战争的未来深感忧虑,愿意就此谈论一下,通过他的措施表露他在这件事上的情感。他对不可避免的对中国大众产生的巨大损害由衷关切。

我对土肥原将军由于胜利攻占保定却没有流露出一丝喜悦的印象特别深刻。相反,我观察到他对这件事导致的前景深感焦虑。同时,在我采访土肥原将军后,我感到我比以前任何时候都更接近于中日战争的本质。我开始严肃地认为日本现在已到了一个必须反省当时时局的时刻了。土肥原将军的访谈让我对中日关系的理解产生了深刻的影响。

后来,我没有被派到土肥原将军的分队,但是我有许多朋友派到了他的分队,而且尽管我没有质疑过他的真诚,但是我对看到他是否能够继续他概述的对中国人民的政策很感兴趣。我有一些朋友时不时地和土肥原分队在一起,在与他们的谈话中,他们证实了他不仅仅执行了这项政策,而且事实上,在执行他概述的这项政策时他对属下如此严格以至于他的部队中经常有不满,而且他们有时公开向记者说比起对自己的士兵,土肥原将军似乎好像更爱中国人民,而且他可能对他们更加开明一点,特别是在战时。土肥原将军的部队有一些不满属实,这主要归因于他对待有关非作战人员方式的严格管控。

土肥原将军的严格在中国大众中广为人知也是事实,当土肥原将军提前进入他们的领地时他们会待在家里也是事实。由于那种对待方式,中国大众提供食物、劳力,不然就协助土肥原分队,也属实。

三、桥本欣五郎与"瓢虫号"事件

首先,我传唤证人小幡实,他的证词包含在第 1361 号辩方文件里面。

……

小幡实证人代表辩方出庭作证,首先正式宣誓,然后经由日语翻译作证如下:

直接询问(由哈里斯辩护律师询问小幡实证人)

哈里斯辩护律师: 请说一下你的名字和住址。

答: 我的名字是小幡实。我的地址是大分县宇佐郡柳浦町二六〇番。

哈里斯辩护律师: 可以向证人出示第 1361 号辩方文书吗?

(随之,文书交到证人手里)

问: 请仔细检查这份文件并说出这是否是你本人宣誓签名的证词。

答: 毫无疑问是我的证词。

问: 真实无误吗?

答: 除了我的职业外,其他真实无误。我现在的职业是农民。

哈里斯辩护律师: 我提交修正后的第 1361 号辩方文书作为证据。

韦伯庭长: 按照惯例,予以采纳。

法庭书记官: 辩方文书第 1361 号被接受为证据第 3192 号。

(上述文书被标以辩方证据第 3192 号,接受为法庭证据)

哈里斯辩护律师: 现在我宣读第 3192 号证据:

战争结束时，我是陆军一名大佐。现在我负责管理进行遣送作业的船只。

我非常了解桥本欣五郎大佐。

1937年8月，当桥本大佐受陆军征召并成为野战重炮兵第13联队联队长的时候，我当时被任命为大队长，受其领导。从那时起直到1939年4月他从新竹（中国）返回日本，我一直在他身边。

1937年12月11日，当他到达芜湖以西约8英里（3日本里）的位置时，桥本大佐接到柳川平助将军下面的命令，于是立即返回芜湖。

桥本队长率领他的联队会同一个炮兵大队和一个步兵大队，攻击芜湖附进正在沿长江上行运送中国士兵的船只。

这个命令到达时间大约是2:00。

之后桥本大佐给我的命令是：小幡少佐率领自己的分队会同一个炮兵大队，占据芜湖码头的位置，攻击逃离的中国舰队。这个命令到达时间大约是5:00。

根据桥本大佐的命令，中村中尉要向前下行到大约2 000米的位置，无论何时他通过望远镜发现溃退的敌方舰船就要挥舞手帕。当我看到中村中尉挥舞手帕时，我就要对这些船只开火。

此时还是拂晓前，天还没有亮，中村中尉挥舞手帕了。我通过望远镜看到一支5或6艘船只的舰队全部聚在一起在抛锚，船只间距大约50米。我立即开始向这支舰队开火，距离大约是4 000米。

即便天亮后，看清船只也很难，因为那天雾很大，这在长江上非常典型。我只能分辨出舰上载有中国士兵。

当我们发射了20或者30枚炮弹时，其中1艘舰船冒出黑色烟幕。烟雾笼起后1艘舰船向我们驶来。

看见这艘舰船向我们驶来，我们觉得他们是要投降，所以我们完全停止了向它们炮击。随着这艘舰船驶近，舰体变得清晰起来。

当它到3 000米以内时,我们那时第一次发现它不是中国的军舰。当初并不是距离而是浓雾使我们很难辨别出这些并不是中国军舰。

停火后在等待这艘舰船靠近码头时,我们通过它的舰旗才发现那是一艘英国舰船,并且被直接击中两次。

一位佩戴参谋徽章的海军少将——这艘军舰的舰长、他的副舰长和另外一名官员上岸并要求我们会面谈判。

我们这方,桥本大佐、中村中尉和我连同一个翻译,参加了这次谈判。他们问我们的第一个问题是我们为什么向他们开火。对于这个问题桥本大佐立即回答:"我们向这些船只开火是因为舰上载有中国士兵。"他们的下一个问题是我们为什么向英国舰船开火。桥本大佐再一次立即回答:"由于大雾,我们看不清,无法辨认出它们是英国舰船。"

由于炮击造成1人死亡,英国舰长要求我们参加葬礼。我们派1名代表参加了这次葬礼。葬礼在公共大厅举行。

这艘英国军舰是"瓢虫号",后来我了解到"瓢虫号"事件的问题是通过外交谈判处理的,但对细节,我一无所知。

桥本大佐和桥本部队无论如何都与美国军舰"帕奈号"的沉没毫无关系。我们,桥本部队从未见过"帕奈号"。

桥本部队停留在芜湖,距南京14或15日本里(约37英里)。南京陷落后不久,桥本部队奉命向杭州前进,因此从未参与进攻南京或进入南京或其附近地区。

桥本部队没有进攻汉口或进入汉口或其附近地区。

桥本部队没有进攻广州(广东)或者进入广州或其附近地区。

你们可以交叉询问了。

韦伯庭长:塔夫纳检察官。

交叉询问（由塔夫纳检察官询问小幡实证人）

问：小幡阁下，我可以理解为炮击"瓢虫号"发生在南京以北 37 英里处吗？

答：可以，你可以这样理解。

问：早上几点？

答：我认为 9:00 左右。

问：你说过中村中尉在从你炮击的位置沿河而下 2 000 码处设岗。除了你在宣誓证词中所说的，你给他下了什么命令或者是他接收了什么命令？我本应说"米"而不是"码"。

答：没有给他其他命令。

问：哦，当他在沿河而下 2 000 米处设好岗后，他距离"瓢虫"号有多远？

答：大约 2 400 或 2 500 米。

问：哦，小幡阁下，如果你能看见离你 2 000 码之外中村中尉挥舞手帕，据你所知，有什么东西会让中村中尉分不清离他 2 500 米处战舰上的舰旗或战舰舰体呢？

答：雾，有一场雾。

问：中村中尉在挥舞手帕的时候有没有给你任何报告或信号，暗示你这是一艘外国——第三国的舰船？

答：没有，他没有。

问：他没有给你任何这种警示的原因，不是一直以来存在的共识——一旦发现外国军舰就开火这一事实吗？

答：不是那样的。

问：你说过，除了在你的证词里提到的那些之外，你没有给他任何指示。现在我问你，有关向第三国船只开火，你接到过什么样的指示？

答：我没有接到有关第三国船只的命令。

问：我不明白这个回答。

（官方法庭记录员宣读最后一个回答）

问（继续）：哦，你在宣誓证词中提到桥本大佐接到的一个命令。你见过这个命令吗？

答：是的。

问：命令是以何种形式或是如何接到的，通过通讯员或者谁？

答：口头传达。

问：口头传达？

答：是的，口头传达。

问：来自谁？

答：来自桥本大佐。

问：但是我理解的是你说你见过这个命令。如果你见过，那一定是书面的。

答：我收回我所说的见过这个命令的话。

问：你现在说的是你没有见过这个命令？

答：是的。

问：那么，如果桥本大佐接到不论军舰国籍都可以开火的命令，对此他什么也不告诉你们吗？

答：是这样。

问：你知道有一项调查……

译员：更正：删去"是这样"。改为"如你所说"。

塔夫纳检察官（继续）：你知道有个名叫中山宁人的人就此事展开过调查，他有没有和你谈起此事？

答：我不知道中山宁人这个名字。

问：好吧，调查此事的人咨询过你吗？

答：没人问过我。

韦伯庭长：休庭至 1:30。

（法庭 12:00 休庭）

(下午开庭)

法庭于 13：30 分重新开庭。

法庭执法官：远东国际军事法庭现在重新开庭。

韦伯庭长：经法庭允许，被告星野直树在与他的律师协商后，将缺席今天下午的庭审。

小幡实，证人，代表辩方出庭作证，重新站在证人席上，经由日语译员作证如下：

交叉询问（由塔夫纳检察官询问小幡实证人）

塔夫纳检察官（继续）：小幡先生，在休庭前，有关你在宣誓证词第一页说是桥本大佐从柳川将军那收到的一个命令，我问过你一个问题。我想确认一下你是否见过那个命令，或者那个命令是否是一个口头命令？

答：命令是口头传达的。后来我见过秘书记录下的命令。

问：你的意思是说桥本大佐接到命令时，他是口头接到这个命令的？

答：我不知道他是如何接到这个命令的——他是在什么情况下接到的这个命令的。

问：当你后来看到收到的命令的手抄本时，上面说过关于不论军舰的国籍都可以开火的话吗？

答：我没有见到来自柳川司令官——来自柳川军队的命令。

问：因此，事实上你对命令包含的内容一无所知？

答：是这样，我不知道。

塔夫纳检察官：请法庭允许，现在我想提交两份文书：第 2188 号证据，抄本第 15678 页；第 954C 号证据，抄本第 9452 页。

没有其他问题了，庭长大人。

哈里斯辩护律师：我想问证人几个问题。

再次直接询问（由哈里斯辩护律师询问小幡实证人）

问："瓢虫"号是什么类型、什么规模的舰船？

韦伯庭长：哈里斯长官，在你继续提问之前，这似乎才是应该向证人提出的问题：当时还是拂晓前，天还没有亮，从相距2 000米的地方，他是如何看到中村中尉挥舞手帕的？

证人：我通过望远镜看到的——双筒望远镜。

韦伯庭长：但是在夜间你用这种方式可以看到吗？更确切地说，是在拂晓前，天还没有亮？日本有任何这种性能的仪器吗？

证人：我是在天亮后看到他。

韦伯庭长：这显然和你的证词相矛盾。你可以对此做出解释。

哈里斯辩护律师：能向法庭解释一下吗——

韦伯庭长：你在第7段说——因为是用英语写的，我读一下：

此时还是拂晓前，天还没有亮，中村中尉挥舞手帕了。我通过望远镜看到某些东西。

证人：如果相距大约2 000米，陆地上的雾相对要轻些。

韦伯庭长：但是这是拂晓前，天还没有亮。你想让我们查看日语原文吗？

证人：不用了，庭长大人。

韦伯庭长：你是这样说的，你对此不怀疑吗？

哈里斯辩护律师：庭长大人，可以把这个问题提交给语言部吗？我认为日文版本说的是天还没有完全亮。我或许错了，但是我被告之日文版本是这样说的。

韦伯庭长：我们将把它提交给摩尔少校。

现在，我代表庭上的一位法官提出另一个问题：柳川将军还健在吗？

证人：我不知道。

韦伯庭长：另一位法官问：既然舰上的旗比手帕大，为什么看到了手帕却看不到旗？

证人：手帕是在距离我2 000米的地方挥舞，而这艘舰船离我至少4 000米。此外，陆地上的雾相比水上的雾要轻些。

韦伯庭长：好的，哈里斯长官，可以继续你的再询问了。

哈里斯辩护律师（继续）：证人能回答我已问过的有关这艘舰船类型和规模的问题吗？

答：尽管我记得不太清楚，但是据我回忆它是一艘炮舰。

哈里斯辩护律师：没有其他问题了。

证人可以按惯例可以退庭了吗？

韦伯庭长：按惯例，证人退庭。

（证人退庭）

四、畑俊六与华和解之道

（上述文书被标以辩方证据第 3205 号，接受为法庭证据）
拉扎勒斯辩护律师：（宣读）

从 1939 年 10 月至 1940 年 11 月，我是参谋本部次长。这一时期的参谋总长是闲院宫载仁亲王。

1940 年，由于德国在欧洲取得显著胜利，德国的名声响遍整个日本。很快日本应该利用德国的力量和影响，使支那事变得以有利解决的看法在军界占了主导地位。军队渴望与中国和解，陆军大臣畑俊六大将也如此。他一直坚持当务之急是结束支那事变。问题是，事变如何解决。畑俊六主张争取与中国和解的最好方式，是减少在中国的日本军队的人数。沿着这个方向，他采取的第一步是，在草拟 1940 年军队预算时，他谋求把驻中国的日军人数从 90 万人减少到 50 万人。参谋本部完全反对减少这么大的数量并说这是不可能的。然后这件事被提出并在陆军大臣和参谋本部间展开讨论，最终驻华日军的数量缩减到 60 万至 650 万人之间。

快到 1940 年 6 月末，当时我在中国视察作战情况，我收到紧急电报被召回东京。我返回后发现内阁的想法和军队中的普遍愿望相反，内阁不愿意和德国有任何紧密联系，且内阁政策与军队主流意见背道而驰。通过利用德国获得支那事变的解决是参谋总长闲院宫载仁亲王的强烈愿望。大约就在 1940 年 7 月初，他告诉我他想通过德国的调解加速与中国的和解进程，而且想利用陆军大臣打破军队和内阁之间的僵局。所以,他命令我为了这些目的去协商陆军省的官员们。于是,我拜访了陆军次官阿南惟几中将,我们两人单独讨论了此事。陆军次官最后说,只要参谋总长不更改他的利用德国加速与中国和解的观点,那就别无选择只有更换现在的内阁;鉴于目前内阁的特点,即便内阁成员中有一些改变,也不可能顺应参谋总长的目标。当我问陆军次官这是否也是陆军大臣的意见时,他告诉我那不是畑俊六大将的意见,而是陆军次官和在他手下的陆军省人员的意见。我指明这件事极为重要,因为陆军总体上的意见和内阁意见彼此相悖,并说最好在我与参谋总长再次商谈后我们再会面一次,然后我就和他分开了。

听了我的汇报后,参谋总长说既然他的意见代表陆军大多数人的意见,既然按照陆军次官所说除了更换内阁没有其他办法,我们必须尽我们的最大努力遵循此方法,并说他真的为陆军大臣感到遗憾,不得不采取这种极端手段,但是任何人在这种至关重要的国家大事上为了国家利益都必须承受。我再一次拜访了陆军次官,向他陈述了参谋总长的决定,而且获悉阿南自从上次和我见面后也没有改变想法。几天之后,根据闲院宫载仁亲王的命令,我写了一封信,基本内容陈述如下。

韦伯庭长:好了,这封信的作用是什么?

拉扎勒斯辩护律师:泽田中将,能告诉法庭你说的你交给畑俊六大将的那封信怎么样了吗?

答:我在陆军省官邸把这封信交给了畑陆军大臣。我不知道那之后这封信怎么样了。

韦伯庭长:是吗,畑俊六大将如果站在证人席上也许会知道。他是主要应对此予以解释的人,但是该证人可能已从他那发现这封信怎样了。哎呀!我们在采纳传闻。

拉扎勒斯辩护律师：泽田中将，你在后来任何时候查明这封信怎样了吗或听说它的任何踪迹了吗？

答：我什么也没听到。

韦伯庭长：很明显，他没有设法拿到。所以他不适合对它的缺失作出解释。

拉扎勒斯辩护律师：庭长大人，关于书证的规则，已经存在很长时间了，并且我们都承认它。然而，庭长大人，现在的情况是假设一项技术性规则被严格适用，被告的整个案件将没有证据因为除了见过这封信的这个活生生的证人外，我们没有其他方式展示它。

韦伯庭长："畑俊六"这个名字出现在你的证据顺序表里。

拉扎勒斯辩护律师：庭长大人，在我继续下一步之前，我要告诉您我不确定畑俊六大将是否会根据律师的意见出庭作证。我们还没有准备宣誓证词。如果他确实出庭作证，那只能由检方或法庭询问。将不会有宣誓证词。

韦伯庭长：那条规则是经过法庭成员开会再三考虑后制定或采用的，不可能背离。

拉扎勒斯辩护律师：考虑到这个案子的特殊情况和这封信极其重要的特点，我恭敬地向法庭提出，应该重新考虑那项规则，只为这一件事，庭长大人。我感觉到它是如此重要以至于我可能不会被认为是无礼的，如果我要求法庭仅考虑这一案件本身。

韦伯庭长：在被告中我们没有最爱……

……

拉扎勒斯辩护律师：……事实上，军界的意见一致反映在参谋总长的决定中，该项决定——

韦伯庭长：就此停下。

拉扎勒斯辩护律师：好的，庭长大人。

哦，庭长大人，鉴于我们没有引用任何东西乃至这封信的内容，而且鉴于法庭已经允许我们说这封信是密封的、署名并亲手递交的，我恭敬地提出如果这个句子的最后一行半被读出的话，不会违反书证规则，庭长大人。

韦伯庭长：采纳那将意味着采纳这封信的部分内容，至少是部分，而全部的内容被排除，不仅仅是部分。

拉扎勒斯辩护律师：好吧，那么，我是否可以从"并且"读到"畑俊六"，不涉及剩余部分，阁下？

韦伯庭长：不可以，因为你已经承认该项决定是通过书信表达的，而你必须出示这封信。

拉扎勒斯辩护律师：科尔律师将会问几个问题。

韦伯庭长：嗯，已经快 16:00 了。

我们将休庭至明天 9:30。

（法庭 16:00 开始休庭至星期四 1947 年 9 月 23 日 9:30）

1947 年 9 月 23 日，星期四

日本东京都旧陆军省大楼内远东国际军事法庭

法庭在 9:30 分重新开庭审理。

出庭情况：

法庭所有成员出席，除了来自印度的尊敬的拉达·宾诺德·帕尔法官，从 9:30 至 16:00 没有出席。

检方人员照旧。

辩方人员照旧。

（英译日和日译英翻译由远东国际军事法庭语言部完成）

……

直接询问（由罗杰·F·科尔律师继续询问泽田茂证人）

问：证人先生，就你所知，请说出为什么参谋本部想选择德国作为中日调解员的原因。

答：为了促成中日之间的和解，有两种方法是我们正在考虑的：一是设法直接解决问题；二是设法让第三方作为调解员。

当时，日本和中国的军方代表在香港直接秘密谈判，但是这些谈判进展不太成功。因此，我们迫切希望获得帮助——第三方的斡旋。

阿部内阁是草拟了一个方案，凭此日本将寻求帮助——英国的斡旋。

这个方案获得参谋本部和大本营的认可。但是，由于当时大势所趋，该方案最终化为泡影。

在米内内阁时期，讨论了另外一个方案，借此日本会寻求美国的斡旋。最终这个方案也不了了之。同一时期，德国取得全面胜利，整个世界的局势正经历巨大变化。

萨顿检察官：尊敬的庭上，请允许我恭敬地指出这已经完全超出本方询问的范围。

韦伯庭长：可能是这样的。

萨顿检察官：证人在对他明显没有亲身了解的事情作证。

韦伯庭长：我们一直允许证人根据传闻作证。双方都已采纳大量传闻；至于证词的范围，这实际是进一步询问，意味着会有额外的资料。我想起来了，还有另外一个根据没有采用，即这是指在集体答辩阶段。

科尔律师：请庭长大人明鉴，本宣誓证词宣称有和德国结盟的强烈愿望而且没有异议。我在该问题中的目的是要阐明寻求的不是结盟，甚至连德国的帮助也谈不上。

韦伯庭长：这对被告武藤章没有更特别的影响。那也是一般性问题，而我不确定它不是重复的。这一点已经屡次提到，昨天也提过。

多数意见,问题被驳回。

科尔律师(继续):证人先生,你记得"满洲国"皇帝在1940年夏天访问过日本吗?

答:记得。

问:你是否知道,在米内内阁垮台时,就在那之前,皇帝的访问团在哪?

韦伯庭长:科尔律师,那有什么关联吗?我们看不出皇帝的访问团和被告武藤之间有什么关系。或许有。

科尔律师:如果可能,我想通过这位证人说明武藤中将不在东京,并且和米内内阁垮台之前的事件毫无关系。

韦伯庭长:你想提出所谓的被告当时不在现场的证明。继续在此基础上提问。

科尔律师:请证人回答,好吗?

答:我记得"满洲国"皇帝大约在6月底到达东京,并在东京一直待到7月初,然后在那之后的一段时间就参观了日本各地。

译员:更正:"满洲国"皇帝到达日本,到达东京,大约是在6月底或7月初,然后在那待了一段时间后,就到日本各地旅游。

科尔律师:你能说一下皇帝和他的随行人员在米内内阁垮台时是否在日本吗?我应该说,更确切地说,是在东京。

答:我是在7月初从中国返回东京。当时,皇帝已经离开东京,因此在米内内阁垮台时他不在东京。

问:你知道武藤中将是不是皇帝访问团的成员?

答:我不知道那次他是否陪同皇帝。但是,在这样一次访问中,陆军省重要官员陪同皇帝是理所当然的。

问:在畑俊六大将辞职前不久,在你和阿南中将谈话时,你和陆军省其他官员谈论过此事吗?

答:我只和阿南陆军次官谈过这个问题,没和任何其他人谈过此事。

问：你能更确切地确定一下向畑俊六大将递交书信的日期吗？

答：我记不住确切的日期了。

问：你能记住畑陆军大臣递交辞呈的准确日期吗？

答：我想畑俊六大将是在7月16日或17日递交了辞呈。然而，对于这一点我真的不能确定。

萨顿检察官：请尊敬的庭上允许，检方不想对该证人进行交叉询问。

韦伯庭长：按惯例，证人退庭。

（于是，证人退庭）

季南检察官：庭长大人，检方恭敬请求法庭允许召回米内海军大臣，目的是，如果允许，问他几个问题，我会非常简要地陈述理由。

韦伯庭长：他的宣誓证词的英文版本提交到了语言部进行修正。或许我们应该同时听一下修正的结果，在听你陈述之前，首席检察官先生。翻译中的修订，如果有的话，可能需要召回证人，但是，因为他不会说英语，所以那也是不可能的。

季南检察官：如果他不是这么必要，很恭敬地，检方满怀敬意恳切地向法庭阐明问题会非常简洁，提出这些问题的理由相当明显，而且它们会对审判的争议问题有决定性影响。

韦伯庭长：除非有新的事项显露，之前检方没有掌握的东西，否则不能再有问题。

拉扎勒斯辩护律师：庭长大人，我不想打断首席检察官约瑟夫·季南先生，但是，我希望向法庭说明我们希望泽田证人仅仅是暂时退庭。我想我们有来自第一复员局有关这封信的证明书，可以晚些时候今天下午召回他到证人席，阁下。如果我们召回他，阁下，如果这封信在我们提交证明书后被接受，将只可允许检方进行交叉询问。我们不想再有更多的提问。

四、畑俊六与华和解之道   157

下一个证人是田中隆吉少将。

……

答：……带回东京后，畑俊六大将训斥了他，然后把他调到一个偏远哨所以示惩戒。

8. **问**：当时畑俊六是陆军大臣，你作为他手下的课长，你知道是否畑俊六大将对中国事变采取了任何行动？

答：知道。1939年秋天，当时畑俊六是阿部内阁的陆军大臣，根据畑俊六大将的指示，我开始与蒋介石就和平解决支那事变进行谈判。畑俊六告诉我他想通过先减少日军然后从中国撤退全部日军的方式促成与中国的和解。畑俊六告诉我由于周围人反对他的计划，我们不得不秘密地和非官方地运作此事。畑俊六大将告诉我要运作的两个要点：一是安排畑俊六和蒋介石的信使见面的日期和地点；二是和平条约的基础是从中国撤离所有日军。他告诉我当谈判进行时，他会向中方显示诚意，在他作为陆军大臣做下一次预算时，会把驻中国军队的数量从90万人减少到50万人至60万人之间，而且我知道在1940年的预算中，他确实把驻中国日军的数量减少到大约60万人。然而，陆军省和参谋本部内部强烈反对从中国撤军。他们坚持日军应当永久驻扎在上海和华北地区。畑俊六对此表示反对。他说我们必须从中国撤退所有日军。他说如果我们不从中国撤军，我们绝对没有希望和蒋介石缔结和平条约。与蒋介石必要的谈判进行得非常秘密，以至于最初预备阶段不得不通过通信密码完成。说服蒋介石方面相信日方真心试图促成和解是很困难的。然而，他们渐渐信服并开始相信和平条约是可能达成的，并开始决定未来会谈的日期和地点。

11. **问**：当畑俊六大将成为驻华日军司令官之后，而当时你仍是陆军省的一个局长，对于太平洋战争你是否知道畑俊六大将发表过什么样的声明或采取过什么样的行动吗？

答：知道。1941年9月，当时畑俊六大将是驻华日军司令官，美日关系在持续恶化，畑俊六大将派他的总参谋长后宫淳中将到东京和我见面，并告诉我畑俊六想从中国全面撤军以避免和美国发生战争。畑俊六要求我帮助他在陆军省推行他的这个计划。

12. 问：然后发生了什么？

答：后宫大将告诉我畑俊六指示他到陆军大臣、海军大臣、参谋总长和内阁总理大臣处，向他们每个人转达同样的口信。

13. 问：然后发生了什么？

答：后宫大将和他们见面后，在他再次离开前往中国向畑俊六大将汇报前，他来告诉我他从每个人那里得到的答复。

14. 问：当畑俊六大将担任陆军大臣而你在他手下任陆军省的课长的任何时候，提到过在日本煤矿使用中国战俘这个问题了吗？

答：提到过。在1940年春天，有人提议在日本的煤矿使用中国战俘。畑俊六大将予以反对，结果由于他的反对，这个计划没有实施。

15. 问：在以后你作为课长仍是陆军省成员的任何时期内，提到过在日本煤矿使用中国战俘这个问题了吗？

答：提到过。在1942年，在日本煤矿使用那些战俘的问题再次被提出，当时是驻华日军司令官的畑俊六大将再一次强烈反对该计划，由于他的反对该计划没有实施。

16. 问：你知道日本煤矿是否曾经使用过中国战俘吗？

答：知道。我知道在1944年，中国劳工被带到日本，这是通过大东亚省完成的。畑俊六大将和此事毫无关系，而且对此无法掌控，因为对劳工的监管早已脱离了军队的掌控，归属大东亚省。

交叉询问（由萨顿检察官询问田中隆吉证人）

问：田中将军，东条陆军大臣对后宫将军送来的畑大将的口信的回复是什么？

答：后宫将军说，他和东条将军见面后，东条陆军大臣说到如果美国接受日本的要求，那么和平将会被建立——是可以在两国之间争取到的。

问：1939年后畑俊六将军成为全部驻华日军的总司令官了吗？

答：是的。

问：你说过畑俊六在1939年主张从中国撤军。

答：是的，我说过。

问：在1941年3月1日至1944年11月22日期间，他把军事作战区扩大到包含中国大部分地区了吗？

答：是的。

问：还有，他指挥下的军队没有在1941年占领福州，福建省的省会吗？

答：不，是这样的。

问：还有，他们没有占领宜昌吗？

语言监督官：什么省份？

萨顿检察官：宜昌。

答：没有占领。

问：还有，他指挥的军队没有在1942年、1943年和1944年占领中国的龙陵、腾冲、常德、锦州、洛阳、长沙、河南省会、衡阳、桂林和柳州吗？

答：不，正如你提问中所说，占领了这些地方。

萨顿检察官：尊敬的庭上，有关本宣誓证词论及在中国的战俘的待遇问题的那部分，问答环节第14、15和16，检方恭请法庭注意涉及畑俊六大将统帅下的中国地区战俘待遇的那部分证据：

有关香港及周边地区，证据第1590号（含）至第1608号（含），庭审记录第13162页至第13185页，和巴内特证词，庭审记录第13112页至第13147页。

有关上海和中国其他地区，下列证据：证据第 1888 号（含）至第 1896 号（含），庭审记录第 14158 页至第 14172 页；证据第 1900 号（含）至第 1902 号（含），庭审记录第 14178 页至第 14184 页；证据第 1904 号，庭审记录第 14186 页；证据第 1907 号（含）至第 1909 号（含），庭审记录第 14188 页至第 14190 页；证据第 1911 号，庭审记录第 14191 页；证据第 1914 号（含）至第 1915 号（含），庭审记录第 14194 页至第 14195 页；鲍威尔证词，庭审记录第 3270 页至第 3280 页；

有关中国人被日军带到日本并且被迫当劳工的证据，我们恭敬地提及刘耀华的证词，庭审记录第 4614—4618 页，和翟树荣的证词，庭审记录第 4618—4629 页。

对证人田中隆吉少将的交叉询问完毕。

拉扎勒斯辩护律师：没有再直询了，庭长大人。

我请求证人按惯例退庭。

韦伯庭长：证人退庭。

（随之，证人退庭）

拉扎勒斯辩护律师：请尊敬的庭上允许，代表畑俊六的证据交叉询问完毕。

五、星野直树战时经济政策

韦伯庭长：法庭会考虑此事，威廉姆斯律师。

威廉姆斯辩护律师：我们先放下此事，继续下一个证据。传我们下一个证人石渡庄太郎。

石渡庄太郎证人，代表辩方重新出庭作证，先前宣誓过，通过日语译员作证如下：

直接询问（由乔治·威廉姆斯辩护律师询问石渡庄太郎证人）

问：证人，请告诉法庭你的名字和地址，好吗？

答：我是石渡庄太郎。地址是东京都世田谷区成城町四百五十五番。

乔治·威廉姆斯辩护律师：可以把辩方文书第2521号递交给证人吗？

（文书递交给证人）

问：仔细检查一下这份文书并告诉法庭这是否是你的宣誓书，好吗？

答：这是我的宣誓书。

问：其中内容真实无误吗？

答：真实无误。

乔治·威廉姆斯辩护律师：我们提交第2521号辩方文书证人石渡庄太郎的宣誓书作为证据。

韦伯庭长：按惯例，予以采纳。

法庭书记官： 辩方文书第 2521 号接受为第 3209 号证据。

（上述提交的文书被标以辩方证据第 3209 号，接受为法庭证据）

乔治·威廉姆斯辩护律师： 我将宣读证词，省略掉第 1 页和第 2 页顶端形式部分：

星野阁下是东京帝国大学晚我一年的后辈。他进入大藏省后，我们成为大藏省主税局和大阪税收监督局多年的同事。我和他的关系特别密切，以至于他的许多私人事情也毫无保留地征求我的意见。

1932 年 6 月，满洲政府要求大藏省向其派一名合适的人来帮助它的财政部执行相关事务。高桥大藏大臣认为当务之急是尽一切可能派一名能力优秀的人。所以，在咨询了黑田大藏次官和大野秘书课长之后，他挑选了星野阁下。因此可以说，星野阁下的提名源自大藏省当局的意图。然而当大野阁下就此事与星野阁下接洽时，他强烈反对这个提议，因为他的父亲（星野光多，日本著名的基督教牧师）生病和家庭其他因素。根据大野秘书课长的请求力劝星野阁下接受他的新职位，我到他家拜访，和他的家人以及本人面谈，我劝他接受政府的提议。最终，星野阁下决定接受政府的提议。7 月，他辞去大藏省的职位，去到"满洲国"进入政府行政部门任职。

通过在大藏省我与星野阁下官方上的交涉以及根据我到"满洲国"旅行的经历，我知道星野阁下到"满洲国"履职后全身心地努力促进"满洲国"人民的福利。据我回忆，无论何时只要他认为日本对"满洲国"的政策不利于"满洲国"人民的利益，他会尽他所能阻止该政策的实施。他一度固执地坚持为了"满洲国"人民的利益，日本应放弃它迄今为止所享有的特权和利益。为了实现他的预期方案，他经常拜访大藏省并向其提出许多要求。例如在 1935

年,他尖锐地批评了一些有争议的问题,诸如调高"满洲国"农产品的关税、禁止进口"满洲国"产的苹果等,他催促大藏省根据情况处理这些问题。此外,他强调有必要废除授予铁路附属地当局的治外法权和行政权。他曾经拜访大藏省并坚持一旦废除这些权力,日本的设施应当尽可能便宜地转给"满洲国",特别是公共设施应当无偿转让。他的这种态度招致了一些人对他的批评,说他过于强调"满洲国"的利益而牺牲日本的利益。

我不太了解星野阁下加入第二届近卫内阁的情形。但是,在米内内阁集体辞职后不久,近卫公爵给我打电话,并就提议任命星野为内阁企划院总裁是否适当征求我的意见。回答时我说鉴于他在商业领域的实际经验,我认为他适合这个职位。

可以进行交叉询问了。
韦伯庭长:奎廉准将。
奎廉检察官:请庭上允许,没有交叉询问。
乔治·威廉姆斯辩护律师:我们要求证人按惯例退庭。
韦伯庭长:证人退庭。
(于是,证人退庭)
乔治·威廉姆斯辩护律师:我们传唤下一位证人松木侠。

松木侠,证人,代表辩方重新出庭,先前已经宣誓,通过日语翻译作证如下:
韦伯庭长:你之前的誓言仍然有效。

直接询问(由乔治·威廉姆斯询问松木侠证人)

问:证人,请告诉法庭你的名字和地址,好吗?
答:我是松木侠。我的地址是东京都世田谷区深泽町四町目

1731 号。

乔治·威廉姆斯辩护律师： 可以将第 2526 号辩方文书递交给证人吗？

（文书递交给证人）

问：仔细检查这份文书并说出这是否是你的宣誓书，好吗？

答：这是我的宣誓书。

问：其中的内容真实无误吗？

答：真实无误。

乔治·威廉姆斯辩护律师： 我们提交第 2526 号辩方文书证人松木侠的宣誓书作为证据。

韦伯庭长： 按照惯例，予以采纳。

法庭书记官： 辩方文书第 2526 号接受为证据第 3210 号。

（上述提交的文书被标以辩方证据第 3210 号，接受为法庭证据）

乔治·威廉姆斯辩护律师： 省略形式部分，我从第 2 页顶端开始宣读证词：

正如上述我的公职表明的那样，我参加了总务厅的事务，先后担任总务厅秘书处长、总务厅法制处长和总务厅次长，直接受总务厅长官星野直树领导。

（1）"满洲国"总务厅长官的作用是辅佐国务总理大臣，并且在国务总理大臣的直接管辖下统辖总务厅事务。因此，他没有资格决定"满洲国"的国家事务。即使总务厅例行事务的决定也由国务总理大臣自己做出，而不由总务厅长官自行决断，除了仅由法律授权于他的琐碎事务如对总务厅文员以下人员的任命和解雇、奖励和惩罚等。

（2）1936 年年底，大达总务厅长官辞职，星野阁下被任命为他的继任者。他担任此职位的原因如下：

第一，因为"满洲国"成立已有5年，从"满洲国"现役人员中任命一人担任总务厅长官一职被认为是合适的，而不是像过时的惯例那样从日本的日本官员中挑选。

第二，"满洲国"已经从"治安为首"的时期过渡到经济建设时期，需要一位有能力的财政家和经济专家来领导总务厅并且能够辅佐国务总理大臣。因此，鉴于上述需求，在所有"满洲国"的政府官员中，星野阁下一直与国家的财政和经济联系在一起，在他的前任和国务总理大臣的推荐下，星野阁下成为新任的总务厅长。

（3）所有之前的总务厅长都充分遵守自身的职位权限，星野总务长官特别专注于自己的事务，遵照张国务总理大臣的指示和决定，严格限定在自己的职权范围内。理所当然，据我所知，他从未代表国务总理大臣做过任何决定。

（4）星野总务长官之下有两位总务厅次长，一位是日本人，另一位是满洲人，共同分担事务。但是，对于"满洲国"重要事务，星野阁下会把两名次长召集起来，也就是我和满洲人总务厅次长谷次亨阁下，对问题慎重考虑后作出决定。没有重要决定不是与满洲的总务厅次长协商后决定的。

（5）星野长官充分尊重满洲人的意见，特别是充满活力的满洲官员的意见，并且他一向留意提拔优秀的满洲官员。因此，总务厅内许多重要职位以前都是日本人担任，很快接连不断被满洲人替代，这些职位诸如总务长官秘书官、总务厅次长、统计局局长、总务厅秘书处处长等。他如此尊重满洲人导致一些日方人士的指责，说星野总务长官对满洲人的意向过于尊重。

（6）关于荐任官和委任官级别（分别与日本的奏任官和判任官级别相似）官员的薪水，在日本人和满洲人间迄今存在一种差别待遇。这是由于一项相当于薪水40%～80%金额的津贴额外支付给了日本官员。这是因为相比满洲人，日本人的生活成本很高，因为他们在生活方式上有差别。在1938年，星野长官废除了这种差别，给予日本人和满洲人同等待遇。

（7）理所当然，从来就没有过关东军向总务厅发号施令的例子，尽管有时关东军会对总务厅提出一些要求。在这种情况下，星野长官通过协商政府相关部门和国务总理大臣后，在各当局的指导下，采取必要措施。即使关东军向总务厅提出各种希望，如果被认为不合适，也不会遵从。例如，1937年6月行政机关改革实施时，军政部和民政部中的警务司合并成立治安部，关东军提议任命一名军职人员担任新部门的次长。星野对此表示反对，首先咨询我们的意见，并且推荐文职官员薄田美朝阁下作为候选人，不理会关东军的要求。最终，薄田被任命为次长。

尽管星野总务长官不仅一直关注"满洲国"人民国民生活的安稳，而且也注意提升他们的经济生活，他一直关心他们的疾苦，因此形成了一种审慎的风格，因为由于他上任半年后中日事变的爆发以及随后的欧洲战争，导致物资逐渐变得更加稀缺，经济统制逐渐更加严格。在这种情况下，他通常努力与日本政府以及其他政府沟通，以便于一方面"满洲国"可以尽可能贵地卖出食物连同出口的其他物品；另一方面尽可能合算地大量地购买进口到这个国家的生活必需品和其他一些物资。此外，还有些实例，例如盐，人民最需要的食品配料，而政府甚至降价分发给人民，尽管其他物品价格在逐渐上扬。

（签名）松木侠

可以交叉询问了。

韦伯庭长：奎廉准将。

奎廉准将：请尊敬的庭上允许，我们不打算交叉询问。

乔治·威廉姆斯辩护律师：我们请求证人按惯例退庭。

韦伯庭长：证人退庭。

（于是，证人退庭）

韦伯庭长：我们现在休庭15分钟。

（法庭于14:45开始休庭至15:10，休庭结束后继续审理如下）

……

高仓正，证人，代表辩方出庭作证，首先经过正式宣誓，然后经由日语译员作证如下：

直接询问（由乔治·威廉姆斯辩护律师询问高仓正证人）

问：证人，向法庭说出你的名字和住处，好吗？

答：我的名字，高仓正。我的地址是东京都文京区大塚仲町五十七番。年龄，45岁。

乔治·威廉姆斯辩护律师：请向证人出示第2527号辩方文书。

问：我要求您仔细检查那份文书并说出这是否是你的宣誓书。

答：这是我的宣誓书。

问：其中的内容真实无误吗？

答：真实无误。

乔治·威廉姆斯辩护律师：我们向法庭提交第2527号辩方文书高仓证人的证词作为证据。

韦伯庭长：按照惯例，予以采纳。

法庭书记官：辩方文书第2527号接受为证据第3211号。

（上述提交的文书被标以辩方文件第3211号，接受为法庭证据）

乔治·威廉姆斯辩护律师：我将宣读证词，省略第1长段：

康德4年，也就是1937年10月12日，"满洲国"政府对所谓的鸦片10年断禁计划做出决定。我当时担任企划院的参事官和我的同事雍善耆负责起草上述计划。

"满洲国"政府从成立之初就一直认真计划根除吸食鸦片陋习,首先采取的方法是建立鸦片专卖制度,政府管理鸦片的生产、运送和消费,从而采用了果断缩减鸦片消费的政策。

康德3年,也就是1936年12月,星野阁下从财政部次长的位置上调任总务厅长。当时,鸦片专卖已经走上轨道而且有效实施。但是,星野阁下一就任总务厅长就召集许多具有代表性的、严肃的隶属各个部门的满洲本土的年轻官员聚在一起,让他们自由讨论有关鸦片政策的问题。这次讨论认认真真持续了好几个月,得出的结论是"满洲国"实施积极的断禁政策的时机已经成熟。上述年轻官员大多数同意尽可能快地大胆采取各种必要措施断然根除鸦片瘾者。这些本土出生的年轻官员的自由讨论当时在满洲产生了相当巨大的轰动而且引起了公众的关注。事实上,在日本本土官员中有一种声音,强烈批评星野阁下的态度有迎合本土官员的意味。但是,当星野阁下一接到有关这些满洲本土官员达成的结论的报告,就立刻命令我们和各相关部门合作依据上述报告制定出一个计划由政府实施。

但是,在非常不利的条件下很难完全消除被鸦片毒害的人员的数量,据估计"满洲国"建国初期有超过100万人吸食鸦片。负责实际鸦片工作的人员研究后得出的结论是,即使采取非常强有力的措施,在这些不利情况下也得20年才能消除鸦片。同时,大多数知名人士和显要人物表面上表示支持断禁政策,但是背地里却表示反对这种严厉措施,声称这是不可能的。当时我把这些情况告知了星野阁下并且告诉达成完全断禁鸦片需要20年。星野阁下固执地坚持这个10年计划,并且说有志者事竟成,而且除非我们竭力去实现高的目标,否则不可能产生效果。他告诫我,当满洲的年轻人充满热情地向目标前进时,日方应当对满洲方面真挚的热情感到欣喜,并尽我们最大能力帮助他们,而不是自己预先焦虑目标可否实现。

此外,星野阁下告诉主计处的人员:如果鸦片专卖的利润被挪作一般岁出财源的话,从财政的角度来说断禁鸦片就会变得困难。如果用作断禁鸦片政策的开销,即使执行断禁鸦片政策,财政也不会受到影响。因此,现在,使他们实施必要的断禁举措而无需节省开销。不要担忧由于断禁鸦片收入会下降。鸦片收入没有必要用作一般开支。

因此,基于满系年轻官员的主张,由我和雍善者起草的草案通过和各相关部门的会商与洽谈,最后终于由内阁会议做出决定。该规划自1938年1月生效。这一时期推动该方案的核心力量事实上没有别人,只有星野阁下和一群年轻的满洲官员。尽管断禁鸦片政策的决定,其中包括一项严厉条款,即那些政府官员和公职人员连同特殊公司的成员,如果不在固定的时间内克制吸食鸦片的话将被解职,这对他们是一个巨大的威胁,其中大部分高级别人员包含在内,但还是实现了。他们中间那些明智的人愿意请假接受治疗,一个接一个。因此,开始阶段领导层的改进在很大程度上得以实现。

同时,政府专门考虑在城镇地区进行区域性禁烟。在城镇,他们特别注重吸食鸦片人员的登记、控制病情、宣传等,这个领域的情况也迅速改善。

因此,登记的吸食鸦片成瘾的人数在战争结束前不久被降到20万多人。

举个例子,1944年在新京,你几乎看不到一个吸食鸦片成瘾的人,登记的鸦片成瘾的人数减少了如此之多,以至于那里所有的救疗所改成了劳工的住处。

"满洲国"成立之初,星野阁下在1936年至1937年这段时间不仅对币制的统一贡献颇多,而且全身心投入到财政和经济的合理化和确立以及废除治外法权上。

尽管"满洲国"建立前后它的财政体制和财政组织处于极度混乱中,以财政部总务司司长身份来自日本的星野阁下,通过对他的同事及部下的及时的引导和鼓励,在很短的时间内成功对它们完成改革。

尽管币制的统一被认为特别困难,但是经他的奋发努力和热情在1935年8月带来了成功并稳定了货币,这时"满洲国"建国不到3年。

满洲总体经济发展的基础由此形成,对满洲人民总体生活的稳定和提升以及个人经济状况的富足都产生了显著的影响。

在此之前,满洲财政状况极度混乱,完全缺乏公正,财政体制非常原始。人们总体上痛苦地生活在极端沉重的税负之下。对此有效的补救方法,首先是改革税收制度,目的是减少人民的税款,实现最公平的课税。会计制度和财政组织也调整得不仅公平、公正而且跟上时代的发展,结果"满洲国"迈出了展现现代化国家面貌的第一步,并且有实质内容。这总体上也归功于星野阁下的巨大热情和不懈努力。

对于取消"满洲国"内的治外法权,星野阁下怀有非常积极的想法。在取消我们在"满洲国"的治外法权这件事上,日本在执行的时间和方法上没有必要与"满洲国"一方意见一致。特别是大多数居住在"满洲国"的日本侨民对此非常关心,他们表达意见认为时机还不成熟,这种意见反映在国内日本人身上,在一些政府当局圈子里产生一种看法,即他们应当谨慎处理此事。但是星野阁下,当时任财政部总务司司长(后来成为财政次长),强烈倡议迅速取消治外法权,目的是为了"满洲国"健康发展以及日满两国人民责任公平分担,并努力劝说、协商相关当局。结果,《有关日本人在

"满洲国"居住和税收条约》首先在1936年7月签署(康德3年)。该条约本质上大大提高了对日本侨民的课税。此外,正如我之前所说,在当地的日本人中存有很大的反对意见和争论,认为这一步骤为时尚早。但是,尽管情况如此,治外法权还是基于他对不满的日本侨民的劝说带来的理解得以废除,这主要归因于星野阁下的诚意和热情。

然后,星野阁下担任了总务厅长。他比以往更加发奋努力实现治外法权的完全废除,实现授予南满铁路附属地当局的行政权的完全转移。即便就他关注的这些问题,他仍然遭遇了许多困难。特别是有关司法权的废除,在日本许多人认为为时尚早因为"满洲国"的各种制度、行刑设施那时还不完备。然而,为了克服这些困难,在星野阁下到日本与政府高官沟通、协商时,他抓住每个机会劝说在场的日本当局同意他规划的方案。有些时候,负责总体事务的各当局者由于意见分歧而僵持不下。每当遇到这样的情况,为了使协商达成令人满意的结论,星野阁下对任何事都是从大局出发做出他自己的判断。

因此,《有关取消在"满洲国"的治外法权和移交赋予南满洲铁路附属地当局的行政权条约》自同年12月1日生效。当时,有人提出疑问,该条约是否应当自12月1日生效。"满洲国"政府一些官员建议条约应该自来年的1月1日实施,因为必须为条约的实施做一些准备等诸如此类的事情。据我回忆,星野阁下的观点是最好尽快实施,并仍决定自12月1日起实施。

取消治外法权废除了长期存在于日本人和满洲人之间的差别待遇,对"满洲国"的经济发展贡献巨大,更不用说对"满洲国"人民的良好心理影响。

签名:高仓正

可以交叉询问了。

韦伯庭长： 奎廉准将。

奎廉准将： 请庭上允许，我们不打算交叉询问。

乔治·威廉姆斯辩护律师： 证人可以按惯例退庭了吗？

韦伯庭长： 证人退庭。

（于是，证人退庭）

乔治·威廉姆斯辩护律师： 我们现在提交第606A1号辩方文书检方对星野讯问的一组摘录作为证据。

韦伯庭长： 按照惯例，予以采纳。

法庭书记官： 星野讯问卷——接受为证据第3212号，仅供识别。从中的摘录辩方文书第606A1号接受为证据第3212A号。

（于是，上述提交的文书被标注为辩方证据第3212号，以供识别；从中的摘录被标注为辩方证据第3212A号，接受为法庭证据）

乔治·威廉姆斯辩护律师： 我将宣读第1页和该文书的四分之三处往下至"1946年2月7日"。

星野讯问——摘录

1946年1月28日，第12页

问：之前你提到的有关治外法权的问题是什么？

答：一度所有国家都享有治外法权，包括日本。随着日本移民涌入"满洲国"，大家意识到他们享有的税收自由将会产生不平等，对中国人会产生不公平的状况。注定必须要废除治外法权平衡局势。在铁路附属地，中国人和日本人都不纳税，这也是一个不得不纠正的情形。

问：你自己和陆军首领植田大将进行的谈判，是吗？

答：我是和植田大将商谈的人员之一。

问：那么其他人是谁？

答：大桥外务省次官是另一个与植田大将商谈的人。

问：而且你和大桥外务省次官提出一个解决这个问题的方案，是吗？如果是的话，方案是什么？

答：确切地说这不是一个方案，而是向日本政府提出的一个建议，即应该采取措施废除在铁路附属地的治外法权。

问：对这个建议他们采取了什么措施？指日本政府。

答：1936年末或1937年初，由于签订《日满条约》，取得了希望的结果。

第13页。

问：有必要和关东军首领讨论"满洲国"发行的全部债券问题吗？我把此限定在1932年至1936年期间。

答：没有必要与关东军商谈此事，但通常会要求关东军给予支持。

问：有你记得的在1932年至1936年期间陆军或者关东军首领拒绝给予支持的任何例子吗？

答：没有。为了从苏联政府购买北满铁路，在1935年发行了价值14 000万日元的债券，当时我几次回到日本都与发行这些债券有关。

问：那么在这件事上，你也得到关东军的同意了吗？

答：对我来说没必要获得关东军的同意。不是同意，正如我之前所说的，这只是道义上的支持。

问：在1932年至1936年期间，当局对有兴趣在"满洲国"投资的人采取任何措施了吗？我的意思是他们对有兴趣在"满洲国"发展产业的人采取任何措施了吗？

答：他们花费了大量力气在"满洲国"人民中销售新成立公司

的股份。

问：就"满洲国"政府而言，是你的部门在1932年至1936年期间负责这件事吗？

答：这个部门主要与促销有关，让尽可能多的人持有股票。

1946年1月31日，第17页——

该问答取自检方证据第453A号，第12页。

问：关东军反对日本财团在"满洲国"投资的原因是什么？

答：军队总体上并不反对财团，但是在关东军官员们中存在这样一种基调，他们认为因为财团在日本垄断了产业，这样的情况不应发生在"满洲国"的产业上。因此，军方反对。

问：星野阁下，你对此有什么看法？

答：因为我不相信财团在日本垄断了产业，所以我认为任何人可以进入"满洲国"进行产业投资。

第19页。

问：支那事变的发生让你感到意外吗？

答：的确让我感到意外。

1946年2月4日，第3页。

问：当你去的时候，本庄大将在满洲吗？

答：是的。

问：能说一下你和他有关1931年9月满洲事变的谈话内容吗？

答：我和本庄大将从未谈论过有关满洲事变的事。

问：你曾和板垣大将谈过吗？

答：我和板垣大将从未谈论过有关满洲事变的事。

这是目前我要从该文书中宣读的全部内容。

我们传下一位证人村上恭一。

……

小畑忠良，证人，代表辩方出庭作证，首先经过正式宣誓，然后经由日语翻译作证如下：

直接询问（由乔治·威廉姆斯辩护律师询问小畑忠良证人）

问：请告诉法庭你的名字和地址，好吗？

答：小畑忠良。我的地址是大阪市天王寺区北山町四十二番。

乔治·威廉姆斯辩护律师：我要求将第 2592 号辩方文书递交给证人。

（随之，文书被递交给证人）

问：请仔细检查那份文书并且说出这是否是你的宣誓书好吗？

答：这确实是我的宣誓书。

问：其中的内容真实无误吗？

答：真实无误。

乔治·威廉姆斯辩护律师：我们向法庭提交第 2592 号辩方文书证人小畑的宣誓书作为证据。

韦伯庭长：奎廉准将。

奎廉准将：请尊敬的庭上允许，检方反对证词第 2 页第 3 段，建议删除该段。这一段的开头是"关于星野阁下和关东军的关系"。我们认为，该段除了包含有关星野和关东军官员们的品格证明以及有关对这些人的印象和看法外，没有什么内容。

我们认为那段陈述没有证明价值而且对法庭没有助益。

韦伯庭长： 威廉姆斯律师。

乔治·威廉姆斯辩护律师： 请庭上明鉴，在本案中，被告星野和关东军的关系被检方重复提出。这围绕着共谋议题和剥削指控，而且关于这一点是在检方的讯问中，星野被专门问到一个问题。

我们认为客观通读此段会显示那不是品格证明，而是对检方提出问题的合理解释。

韦伯庭长： 法庭支持反对意见，按惯例接受文书，去除第2页第3段。

法庭书记官： 辩方文书第2592号接受为证据第3214号。

（上述提交的文书被标以辩方证据第3214号，接受为法庭证据）

乔治·威廉姆斯辩护律师： 我现在宣读证词：

> 我，小畑忠良，首先已经按照附加页上的誓词正式宣誓，按照我们国家遵循的程序，特此作证如下：
>
> 我住在大阪市天王寺区北山町四十二番。

韦伯庭长： 不要像那样违背省略掉形式部分的惯例。

乔治·威廉姆斯辩护律师： 好的，我继续。

韦伯庭长： 当然，知道谁在说总是很重要。

乔治·威廉姆斯辩护律师： 庭长大人，这就是我打算读这个的原因。

韦伯庭长： 好吧，从这开始读：他是企划院次长但是在1941年4月辞职。

乔治·威廉姆斯辩护律师：（继续宣读）

> 1945年4月，我被任命为爱知县知事。1945年6月，我被任命

为东海·北陆地区总监。

在1932年至1940年期间,我有机会到满洲旅行过多次,并在那里把相当多的时间花在商业方面。那时候,我经常见到星野直树阁下,他当时在"满洲国"政府,先是在财政部然后是总务厅长官。

在"满洲国"最初几年里,日本人或者其他商人很难在那里做生意,但是自从星野阁下任职总务长官后,做生意变得容易多了。首先,"满洲国"的一些年轻官员和年轻办事员并不欢迎外来的商人,特别是在这个新国家建国初期。星野阁下试图减少这种感觉,尽管这件事做起来很难。在满洲,日本人和其他外国商人之间没有差别。同样的规定对双方都适用。

对那些真正有兴趣建设满洲而不仅仅旨在投机的外国资金,星野阁下都表示欢迎。我计划和日本一家公司还有美国的通用汽车公司在满洲开办汽车制造会社。我提出这个建议,星野阁下同意这个想法。我告诉他美国资金对满洲很有必要,他表示赞同。后来,鲇川先生来到"满洲国"并建立了满洲重工业开发株式会社。鲇川先生提供的一个诱人之处是他有能力带来外国资金,特别是美国的资金和技术。但是,满洲当局的要求非常严格,要求任何进入"满洲国"的法人,不管是来自何方,都不得不根据"满洲国"的法律组建。我对此了解,因为我试图在"满洲国"开设住友商事分支机构,但是没有做到,不得不建立一个新公司——一家"满洲国"的法人。

为给这个国家的经济和人民的福祉奠定坚实的基础,星野阁下的想法是在"满洲国"全部行业都要发展,特别是农业。他对发展重工业和轻工业都感兴趣,特别是汽车业,因为"满洲国"地域广阔,铁路运力不足。卡车是他所要确保的农业发展特别需要的。

星野阁下急切希望"满洲国"成长为普遍意义上的独立国家。中国事变让他很失望,他想要这次事变尽快结束。他作为总务长官时,他告诉我"满洲国"有许多日本官员,而本土满洲人应当在政府和经济活动中发挥巨大作用。他试图减少日本官员的数量。他说如果"满洲国"需要技术帮助,日本人应当提供帮助,假如他们成为满洲公民并且按照满洲公民而不是日本人那样行事。

韦伯庭长: 你可以明天早上继续宣读。
我们现在休庭至明天 9:30。
(法庭于 16:00 休庭直至 1947 年 9 月 24 日星期三 9:30)

1947 年 9 月 24 日,星期三
日本东京都旧陆军省大楼内远东国际军事法庭

法庭于 9:30 重新开庭。

出庭情况:
法庭全体成员出席,除了来自印度的尊敬的法官拉达·宾诺德·帕尔,他从 9:30 至 16:00 没有出席,还有来自法国的尊敬的法官亨利·贝尔纳,他从 13:35 至 14:45 没有出席。

检方人员照旧。
辩方人员照旧。

(英日和日英口译由远东国际军事法庭语言部承担)
法庭执行官: 远东国际军事法庭现在开庭。
韦伯庭长: 经法庭允许,在与律师协商后,被告贺屋兴宣将缺席整个上午的庭审。

威廉姆斯律师。

小畑忠良,证人,代表辩方出庭作证,重新站在证人席上,经由日语翻译作证如下:

乔治·威廉姆斯辩护律师: 尊敬的庭上,请允许我将继续宣读第3214号证据证人小畑的证词,从第2页中间继续:

> 1940年7月22日,星野阁下被任命为第二届近卫内阁的企划院总裁和无任所大臣,同年8月,我被任命为企划院副总裁。我被引进企划院的原因,是要从一个商人的角度来分析那时在使用的不切实际计划中的各种生产数字。星野阁下和我很快就发现这些计划中的大多数是多么不切实际。因为中国战争在持续扩大,结束无望,而且美国很快开始对日本禁止某些出口,所以当时处境困难。这极大加剧了我们经济的困难,所以我们不得不改变计划为使日本能够自给自足。企划院仅能做计划和提建议,最终决定总是由内阁做出,并且由各省执行。
>
> 企划院原有部分业务是为日本出口所得外汇的分配制定计划——应该是提建议——但是我们的外汇迅速减少。由于日本无法获取新的原料,企划院不得不想出新的方法用现有的勉强维持,最终变成了1939年确立的扩大生产能力计划。辩护律师向我出示了第842号证据。——请向证人出示该证据的第3段。

(文书被递给证人)

(继续宣读)——该文书包含那项计划。检方认同这就是那份文书。它是准确的。

> 这是另外一个不切实际的计划,面对不断变化的环境,我们不

得不经常修改。这些改变是必须的,主要是由于随着来自美国的钢材、石油、机械、铝和其他商品供应的减少,生产在下降。因此,必须找到这些原材料和产品的新的来源,扩大生产能力计划是唯一的出路。日本经济弱,企划院不得不想办法满足陆军、海军和平民方面压在我们身上的需求。

日本仍然从美国和荷属东印度公司进口一些原料,但是这些原料不能满足日本当前需要。计划从这些国家或任何其他渠道得到的是和平时期进口的正常数量,而整个计划仅仅是建立在这样的进口能够持续下去的基础之上的。制定计划时所考虑的唯一战事是正在中国进行的战争,星野阁下和我都不知道陆军和海军需要多少物资。他们对所需求的原材料的使用是完全保密的。如果我们在制定计划时考虑到还会有其他战争的话,比如太平洋战争,那些计划本质上将会与我们遵循的这些计划完全不同。扩大生产能力计划的目标,是制造出由于外国的出口禁止而从日本中断的那些急需商品的生产原料,并且试图均衡这些产业。日本的重工业远次于轻工业,需要大力发展从而把经济带入任何一种良好的均衡关系中。通过扩大生产能力计划,直接的目的不是增加钢铁和其他商品的数量,而是提高生产它们的能力。计划设定的截止日期书面上是1942年3月,但是我们知道到那时不会取得什么明确的成果。当时,企划院内没有特定部门专门负责该计划,所以暂时由第五部门负责,此部门先前曾对外汇和其他资金作分配,这项业务已经大为缩水。

正如我之前所说,这一时期陆军和海军的需求非常大。但是,星野阁下和我设法减少军队的配额支持平民物资和扩大生产能力计划。陆军和海军拥有绝对优先权,而我们总能大比例地成功减少他们要求的配额,实际上由于原料缺乏,他们从来没有获得充足配给。有关这些配给存在大量的困难和争论,尽管它们应该在每年的4月份就确定下来。我记得,当我加入企划院时,物资分配已经由4月份推迟到7月初,当我第二年4月份辞职的时候,相关部门还没能就1941年财政年度的分配达成共识。

下面我要说的是新经济结构。辩护律师向我出示了包含这个计划的第865号证据。详细计划由企划院内一些年轻官员准备。星野阁下在1940年秋天拿到这个计划并呈给内阁经济大臣们。他们相当反对该计划,特别是小林商工大臣。星野阁下同意改变计划。内阁经济大臣们想要改变计划以便于该计划会更支持自由放任经济。例如,最初的计划规定大型经济组织要接管所有工业并有效经营这些工业,淘汰小型、效率低下的企业。而小林阁下却想让政府帮助小商人,星野阁下同意他的观点。我没有最初计划的副本,我也不知道在哪可以找到一份,因为这个计划没有被采用。我要讲述星野阁下和其他经济大臣们经过多次协商后我所能记住的对计划所做的一些改变。

(1)在最初计划制定的目标里加上了稳定人民的福利和健康或这个意思的词汇。这将在过于强调综合性计划经济时充当一种缓和剂,也是任何激进变革的缓和剂,更有利于维持现状。

请法庭查看第865号证据第41页。

(2)在第Ⅱ(3)中,最初计划写道"企业必须分立或联合"而不是"可以分离或联合"。我用下划线标出了在最初计划中改动的地方。

(3)在第Ⅱ(4)中,计划起初写道"中小企业应当予以调整和联合"。

(4)标题是"经济组织"的第Ⅲ(a)(2)中,最初写道:"经济组织应当在一个领导的原则指引下运作"。简而言之,小林先生和星野先生一致同意的最终计划是对最初计划许多方面修改后的版本。

星野先生和其他一些内阁经济大臣们做出这些修改后，该计划基本上变成现在见到的这样，并最终获得内阁通过。企划院和该计划的实施毫无关系，而由商工省实施。新的经济计划寄望于政府对工业的统制能够部分转移到统制协会的商人手里，以便于根据计划，较之以前减少政府的统制。

在当时越来越困难的情况下，企划院的目标是为日本确立一种自给自足的经济，指向与中满的块状经济关系。日本会成为高度发达的产业中心，因为日本在那些行业中更先进。"满洲国"和中国会强调原材料和基础工业。华北和"满洲国"的工业包括在该计划中，因为在过去几年里，它们一直包含在经济计划里面，已经和日本经济融合在一起。从自然资源和生产技术上来说，日本、中国和"满洲国"在当时的主流形势下，从自然资源和生产技术的角度看，相互依存，并且如果不相互合作的话似乎不会繁荣。

下面我要提到的人口政策，同样包含在第865号证据中。这一时期，日本人口增长的百分比是下降的，这是由于日本社会环境的变化和在中国的战争造成的。在计划实施过程中，该计划预先设定的是一种和平状态，目标定在1960年。真正的效果不到那个时间是看不到的。此外，直接影响因素之一是劳动力供给的下降，由于该计划的目的在于鼓励结婚和限制雇佣20岁以上的妇女，这意味着工厂里女工的数量在下降。这是一项书面计划，非常有远见。

该计划是在厚生省准备的，也将由该省实施。当时的惯例是这样的计划应当由企划院解释，无论计划是谁提出的。星野阁下对人口计划不太感兴趣，尽管我相信他对该计划作了一些解释，他也没有就此向我发表过任何观点。

1941年4月初，星野阁下向近卫内阁提出辞呈。5天后，按照惯例，我向企划院新任总裁提出辞呈并被接受。

签名：小畑忠良

可以进行交叉询问了。

韦伯庭长：奎廉准将。

交叉询问（由奎廉准将询问小畑忠良证人）

问：证人，我想提及在你宣誓证词第 2 页第 2 段那部分，你在其中提到星野对中国事变很失望，并想要它尽快结束。星野总是坚持这个看法吗？

答：是的，他是这样。

问：你知道他在某个场合做过一个演讲，在演讲中他表示赞同中国事变？

答：我不记得了。

问：你了解日本—"满洲国"—中国经济委员会吗？

答：是的，我了解。

问：你是该委员会成员之一吗？

答：该委员会经常开会，但是我不记得了。我间或是该委员会的成员。

问：你的意思是你是成员并且出席了一些会议？

答：像你提到的这种会议经常举办，各种各样，我想我参加过一些这种性质的会议，但是我记不清楚我参加的会议是否就是你所指的会议。

问：我提的是个一般性的问题。我想知道你是否参加过任何这样的会议？

答：鉴于我的职务，我想我参加过一两次这种类型的会议。

问：是的，正如我所想，它是一个非常重要的经济组织，不是吗？

答：我想它是一次重要的会议。

问：该会议的会议记录出版在一本书里，不是吗？

答：我忘记了。

奎廉准将：尊敬的庭上，请允许我提交第2551号国际检察局文书以供识别，它是一本书名为《日满中经济圆桌会议报告》。

法庭书记官：检方文书第2551号接受为证据第3215号，以供识别。

（上述提交的文书被标以检方证据第3215号，以供识别）

奎廉准将：请将证据交给证人，好吗？

（随之，文书被交给证人）

问：证人，现在你见到了这本书。按照我刚才把它描述成的样子你认不出它吗？

答：我不记得之前曾经见过这本书。

问：我明白了。好了，现在，请翻到该书的第347页好吗？你仔细看下那里有一篇星野1938年12月3日在新京举行的会议上所做演讲的报告，是这样吗？

答：我不知道什么时间做的演讲，但是有一篇星野先生的演讲出现在这本出版物里。

问：好的，证人，我被告知书里显示是1938年12月3日做的演讲，但是现在这不重要。现在我想向你读一下该演讲的部分内容。

或许语言部能为证人找到。我已经提示过这部分。

答：是的，我找到该段了。

问：我将宣读。

（对法庭）庭长大人，我知道有同声传译。

回首我们过去的东亚，尽管它占据了等同于世界土地总面积十分之一少点的地域，而人口达到世界总人口的四分之一多点，但是好像一直无望地徘徊在黑暗中。

　　但是,东方恢复在世界文明中应有位置的趋势,现在正处在高潮,驱散多年的阴霾。

　　东亚觉醒的钟声,我认为,早已在日本帝国明治维新时期响起。在这片大陆上实现的第一步就是满洲事变,随后的中国事变是它的发展和扩大。

　　因为这个缘故,首先建立了"满洲国",现在是在华北、华中和蒙古边境建立起一个个全新的强大的政府。

　　在这里我们看到了上帝的启示,听到了天堂的声音。

　　建立一个新的东亚——这的确是东亚人民赋予我们的真正的伟大责任。我们必须为实现它前进,坚定决心,以我们的永生和荣耀担保,勇敢地承担起这一责任。

证人,读了从演讲中选取的这部分,你仍然坚称星野反对中国事变吗?

　　答:是的,我的确坚称。

　　奎廉准将:尊敬的庭上,请允许我提交该演讲的完整报告作为法庭证据,该报告出现在第 3215 号证件中,它是第 2515A 号国际检察局文书。

　　韦伯庭长:乔治·威廉姆斯律师。

　　乔治·威廉姆斯辩护律师:尊敬的庭上,请允许我们对该文书提出反对意见,直到我们有时间对它仔细阅读并且就有关我们是否认为该文书已充分确认做出决定为止。证人尚未确认它,所以我们提出反对,直到确认和与该文书相关的事项让我们完全满意为止。

　　韦伯庭长:严格来说,他可能是对的,奎廉准将。就像交给证人一封他之前从未看过的信,他对写信的人和信的内容都不知道。不管怎样,这非常专业。

奎廉准将：请庭长大人明鉴，我并不愿意强烈反对我的朋友的请求，但是的确在我看来，一本印刷书，明显是该重要组织的产物，而证人作为这个组织的成员，可以告诉法庭有关该组织的事情，因而根本不需要更多的鉴别。不管证人是否知道该演说，事实是它对发表在这种书中的高层命令有证明价值。

六、广田弘毅战时外交政策

1947年9月26日,星期五
日本东京都旧陆军省大楼内远东国际军事法庭

山冈辩护律师：我将宣读证据3235A：

第一次正式会议(1933年6月26日)
苏联代表的答复
阁下,我谨代表苏联代表团,向日本帝国表达感激之情。帝国在彻底解决中东铁路问题一事上扮演了中间人,进行了有效斡旋,并安排在帝国首都东京召开关于出售中东铁路的会议。苏联政府毫不动摇地向世界各国推行其和平友好的外交政策。由于日本是远东和世界和平的重要因素,所以苏联政府特别重视进一步发展与日方的友好关系。

这些政策,从九一八事变爆发之初,苏联政府出于对日方利益、遵守互惠条约义务以及维护友好睦邻关系的考虑,保持了严格的中立不干预政策。苏联政府曾在多个场合讨论过与日方解决中东铁路纠纷的问题。日方承诺不会侵犯其在"满洲国"北部的利益,并表达了对维护"满洲国"和平秩序的关心。我方注意到,近来中东铁路已然成了苏、日、满三方的争议所在,并已经对苏日、苏满关系造成了不良影响,因此苏联政府知会日本政府,为了彻底解决中东铁路问题,苏方准备(向日方)出售中东铁路。苏方的提议出于其一贯的与日方保持友好关系、争取和平的愿望。这是苏联政府争取和平的又一事例。正如日本外务大臣内田先生在讲话中所说,中东铁路是沙俄所建,沙俄通过修建铁路来达到在他国开展侵略活动、实现帝国主义的目标。但苏联政府没有、也不会有这样的目标。十月革命粉碎了中东铁路作为帝国主义侵略工具的象征意义。苏联政府将这条铁路变成了纯商业化的企业,并基于《中俄公约》和《奉天协定》保障了中方与俄方共同管辖铁路、利益均分的权利。

然而,苏联政府在过去和现在都考虑到苏方有义务保障其物质利益,因为为了修建中东铁路,苏联人民付出了劳动和资本。

如日本外务大臣内田所讲,中东铁路有着重要的国际意义。也就是说,如今中东铁路在欧亚的国际交流中有重要地位,它也是北满与南满及太平洋地区间的重要干线。

从最近发生的事件及满洲现在的情况来看,中东铁路日渐恶化的经济形势,会随着"满洲国"未来的经济进展而有所好转。鉴于以上考虑,苏联代表团已开展关于出售中东铁路的谈判,以确保与日本的双边友好关系,并寻求在未来通过审慎、真诚地解决这样有重大意义的问题来加强日俄友好关系。

我们希望"满洲国"当局如他们在3月12日递交给苏联政府的记录中所保证的那样,停止履行《中俄公约》和《奉天协定》中的相关义务,这将体现他们对会议圆满结束付出了同等诚意。

我方希望今日的谈判结果将在日本政府的协助下产生预期效果。

附件中有一份证明,本人将不予宣读。

山冈辩护律师: 我现在将宣读证据3237,标题略过:

我于去年9月被临时任命为外务大臣。今天我很荣幸能够发表关于日本外交关系的讲话。

去年 3 月 27 日,日本被迫退出国际联盟。因为从满洲事件和"满洲国"的相关问题来看,日本和国联在保持东亚和平的考虑上无法达成共识。这时天皇发布了具有决定性意义的诏书,清晰地指出了我国的发展路径。诏书中写道:如今"满洲国"已经建立起来,在帝国看来,保障这个新国家的独立和顺利发展是非常重要的。这样一来,远东的罪恶之源得以消除,长期的和平秩序就建立起来了。诏书中进一步讲到:"然而,我们更寄望于推进世界和平,我们对和平事业的态度没有改变。退出国联、订立我方方针,不意味着大日本帝国将独自屹立于东方之巅,也不意味着我们将割裂与他国的友好关系。我们意在推进帝国与各方的互信关系的建立,在世界范围内推行正义。"我确信,如果按照我朝意愿戮力同行,那么世界终将意识到帝国的公平正义,光明也将照亮帝国的未来。于我个人而言,为了践行使命,我决心竭尽所能"为了世界和平,使用外交手段推行本国政策"。幸运的是,在我方退出国联之后,在经济上、外交上,日本与其他友好势力间的关系越来越紧密、亲切。我愿借此机会思考一下近来我们与近邻的关系。

多亏了摄政皇帝及政府官员不知疲倦的努力,以及帝国基于《日满协定》对"满洲国"的全心全意的无私帮助,"满洲国"已在建设工作的各条战线上稳步推进,在各种政府机构的建立,尤其是法律秩序的维护、工业通讯的发展、国家财政的巩固、教育文化的进步方面都取得了成功。此外,"满洲国"即将建立民众期待已久的君主统治,这将对巩固"满洲国"这一年轻国家的发展。这不仅是"满洲国"的幸事,更是东方与世界和平的幸事。我认为我们有必要永远铭记帝国的命令,坚持不懈地为这个新国家的发展而付出努力。

日本政府有维护东亚和平的重大责任和坚定决心。但更重要的是中方本身的稳定。日本政府诚挚希望中方能够完成政治和经济的复苏。希望中方能够与日本一道，推进互惠互助，并为推进世界和平做出自己的贡献。不幸的是，从如今中国的实际情况来看，这种愿望不可能实现。据报道，意识到坚持反日的错误所在的中国政府，已经决定采取措施来修补中日关系，不过目前还没有这份报道真实性的确切证据。中方应当理解我方的真实动机，并给予真诚回应。日方将很乐意给予积极反馈。我们高兴地注意到，北平政务委员会控制下的华北地区保持了平静。鉴于日方在此地区的重要利益，与"满洲国"毗连的领土，以及出于《塘沽停战协定》日方立场，维护中国北部的和平对日本来说是非常重要的。日方希望在该地区不会有任何导致混乱的事情发生。同时，我们也非常担心共产党的活动以及日益壮大的红军队伍。

至于日俄关系，也许我们还记得，1925年两国订立《北平基础协定》后维持了当时的结论，即便是在九一八事变之后，两国间也维持了充分的互信关系，没有出现影响关系的棘手问题。然而，最近苏俄政府的对日态度似乎有所改变。苏联为了政治和外交的目的，对国内外通过广播、媒体及其他渠道无端指责日本并散步夸大了的言论，是令人惊讶和遗憾的。日本这些年来，在满洲事件前后都一直保持了对苏联的公正平等的态度。抛开两国在理论和宪法上的差异，我们一直致力于维护与苏俄的友好睦邻关系，并寻求以和平手段解决一切问题。尤其是"满洲国"建立之后，日本政府一直在为适当调整日本、"满洲国"和苏联的三方关系做出努力，这对维护东亚平静有着至关重要的意义。日方并没有在满苏边境建立新的军事机构，尽管莫斯科的宣传如此。

我将跳过该段，继续往下念。

也许可以肯定的是，日本与美国之间没有难以解决的问题。

日方没有任何与美国产生分歧的想法，我们热切期待着与美国交好。同时，我坚信美国能够正确认知日本在东亚的地位。

下面我们将提供 2152 号辩护证据文书。这份文书取自 1934 年 2 月 7 日第 65 次国会会议的官方记录，该文书表明了外务大臣广田对中国的态度问题。

韦伯庭长：布朗检察官先生。

布朗检察官：庭长大人，控方表示反对，这份文书仅仅是对刚才被宣读的 3237 号文书的变相重复。

韦伯庭长：山冈辩护律师先生。

山冈辩护律师：如果法庭同意的话，帝国议会演讲中日本外务大臣广田的回答，表明了异于大众关于推行惩罚性措施呼声的他本人的观点。

韦伯庭长：反对无效，正常进行。

法庭书记官：第 2152 号辩方文书将被接收为第 3238 号证据。

山冈辩护律师：我将宣读 3238 号文书，标题略过：

广田外务大臣答复道："满洲事件爆发之后，日本面临了很多关于中国的棘手问题。我相信中日关系问题并非儿戏，无论好坏，注定日本人民需要用几代人的时间为改善这一关系付出努力。这一时间的长短将取决于中国政治家的态度及民众的想法。过去中国出现了反日活动，日本内部则出现了对中国采取惩罚性措施的呼声，不过这些都过去了，从长远角度来看，中日两国将注定迎来和平。我抱定这样的信念，试图解决中国问题，对我来说我很难想象中日之间发生的麻烦。"

下面我们将提供辩护文书 206B10。这份文书表明了广田本人的倾向是和平甚于好战的。

山冈辩护律师： 我将阅读3241号辩方文书，指出略过的部分，并略过正式部分：

我从1908年10月开始处理外交事务。在担任中国、美国和东京外务部门的工作之后，我于1933年8月被任命为亚洲事务局局长，并一直任期至1937年1月。我从1939年1月到1940年11月担任日本驻巴西全权公使，并于1941年1月卸任。

（2）1933年8月，我从天津总领事的位置上被调去担任亚洲事务局局长。当时的外务大臣是内田。差不多一个月后，内田因健康状况不佳而于9月14日辞职，广田接任了他的职务。因为满洲事件，当时中日关系以及日本与西方列强的关系很紧张。首先，尽管仍有人员调动，日本与中国的外交关系已基本断裂。出于缓解紧张的中日关系的决心，广田先生承担了这一职务。广田先生本人多次向我表达了他的决心。此外，他也向报刊讲了同样的话题。在国会时他也清楚地表达了他想推行缓解中日紧张关系的方针政策。人们将内田（康哉）的政策称为"焦土外交"，或是调和外交。

（3）广田先生在日本对外关系的各个领域稳步推进着上述政策。当广田先生担任外务大臣时，当时驻华大使是有吉明，一位期待修补中日关系的资深外交官。他已经竭尽全力缓解两国之间的紧张关系，但却无法轻易达到这一目标。在九一八事变之后，的确中国官民都抵制再与日本发生联系，这样的情况就对有吉大使的行动产生了严重阻碍。

……

（4）因为有吉明的努力，国民政府的对日态度从1934年初开始产生了极大改变。例如它恢复了满洲事件爆发后被取消的私人贷款业务，尽管是小规模的。同时，有吉明开始了与当时国民政府的外交部部长汪精卫先生从根本上改善中日关系展开的对话。汪精卫与有吉明的对话迅速产生效果。最初汪精卫坚持认为满洲事件的解决是改善中日关系的首要条件。然而有吉明先生解释称日本的舆论不会允许政府收回成命,因为日本或是任何国家,如果这么做,也会很难坚持一天。汪似乎明白了日本政府的尴尬境地。而国民政府不得不在吉——汪会谈之后发布协调中日政府两难境地的舆论。据说相关文书都在战时毁于炮火,但 1934 年 4 月 20 日从南京领事馆发向有吉明先生的第 368 号电报却奇迹般地保存了下来,成了吉——汪对话的宝贵见证。

就这样,广田先生为改善中日关系做出的努力在 1934 年渐露成效。

(5)1934 年 4 月 14 日,日本驻华大使有吉明和中方外长汪精卫艰难展开改善中日关系的对话时出现了一份非官方的名为"AMO"发言人的声明。

我想在这里讲一下,这个名字的拼写是 A-M-O,但我相信正确的拼写是 A-M-A-U。我将对此予以改正。

那时,国联秘书处的资深金融家莫奈先生从 1934 年末后就待在中国。外务办公室经常从驻南京办公室,收到莫奈先生计划与汪精卫的反对者一同为中国提供国际援助的消息。日本在这一计划中被排除在外。于是外务省责成日本公使和其他官员与莫奈先生保持联系并锉其锐气,以期其计划搁浅。东亚事务部也经常向日本其他驻华代表通过电报发送这样的指示。这些指示中用了非常夸张的说法,以对莫奈先生产生强烈影响。

所谓的非官方的发言人天羽,对报刊的声明是由上述的那些电报指示拼凑而成的。(造成的效果)似乎这是日本政府一直推行的政策,当媒体对此报道后,引发了公众热议。据广田当时告诉我的话,在天羽声明发表之前,他与它全无关系。广田也因此谴责自己。

……

（7）广田强调了他改善中日关系的方针政策和他对国民政府的信心，并在 1935 年 1 月 22 日的国会演讲及其后的委员会声明中继续强调了这些。他在委员会上表示，在他对改善中日关系的努力中，他对蒋介石先生的诚意没有丝毫的怀疑。另一方面，汪精卫和蒋介石表达了他们回应广田先生上述提议的意愿。从那之后，南京政府恢复了对反日运动的切实控制。满洲事变后两国间停滞了的贸易也重新恢复了。

5 月初，外务大臣亲自向国会提请将中日公使馆升级为大使馆。内阁会议通过了这一申请，南京政府也同意了这项提议，双方政府于 5 月 17 日确定升级公使馆。亲中大使已经很久没有被外派了，不过 4 月底有吉明早前回到日本与政府做安排的时候，国外就有传闻称（亲中大使被外派）将实现这样的政策。

……

（8）总体上来看，从 1932 年 5 月签订《塘沽休战协定》后，华北局势基本保持稳定。但 1935 年伊始，这一情况发生了一些改变。尤其是在 5 月之后，当公使馆被升级为大使馆之后，突然发生了很多状况。对于那些过去的事，我的记忆不是完全无误的，不过 5、6 月时关东军和中国军队在热河及华北、察哈尔边境上发生了频繁冲突。在这样偏远的地方，是没有外务办公室驻扎的。关东军和华北驻军有时会向中国政府递交抗议，因为这是挑衅行为。他们会提出异常苛刻的要求，例如从上述省份撤兵，或是撤销华北、察哈尔地区的国民党分支机构。国民政府将这些视为他们设计出来的桥段。我们不能轻信中国政府，但我们也不能太小题大做。我们诚挚地希望他们能更谨慎些，我们也警告了他们的不作为态度。

我现在将跳至(12)的第 2 段：

　　大使们刚回到东京，新政策导致的问题就出现了。我忘了那些事件的具体内容，不过我举几个比较重要的例子。冀唐政权建立后，向国民政府要求自治。11 月底，在华北和满洲边境上，非武装区根据塘沽协定而建立起来了。外务省怀疑这个政权和关东军关系甚密。11 月，外务省收到消息称关东军为了侵略华北，正在山海关致力于部队的机械化。外务省对此向军方提出警告。

　　在 12 月中旬，冀察委员会成立了。外务省怀疑日本在中国的军务要员和委员会有猫腻。不过，这个委员会却与南京国民政府往来，之后还被国民政府承认并在一定程度上拥有独立自助性。国民政府对它的限制是，它不能威胁到中央政府的统治。

　　外务省反对建立冀唐政权。该政权极低的关税税率导致华北出现了走私情况，这对日本来说十分不利，就算全然从中方贸易角度来看也十分不利。我遵循有田外相的指示前往"满洲国"和中国，在 6 月初到 7 月初这段时间内，我就此事与关东军直接展开了谈判，并调查了走私的真实情况。

　　不过，外务省对于冀察委员会的态度却大有不同。尽管外务省和冀察委员会的成立没什么关系，过去也是该区域内的顾问来参与解决事件，在他们知道了它与南京政府有往来之后同意了它的成立。

……

　　(13) 与此同时，在 1935 年 5 月，两国之间关于改善日中关系和实现大使交换的谈判也在进行。不过，弥漫在全中国的悲痛情绪抓住了这个机会对日不善。在 11 月和 12 月，形势愈发严峻。对中日关系重修旧好展现了热情的汪精卫先生未能在 11 月避开刺杀。他最忠实的朋友和同僚，中央政治秘书长唐有壬在 12 月被刺杀。我认为，中国悲痛情绪的改变是因为日军对华北的行动而造成的。

……

（14）1936年1月21日，三大原则首次通过广田外相在国会的演讲昭告天下。但如我之前所讲过的，政府在前一年，也就是1935年的10月4日敲定了这些原则。之后不久，广田外相就向中国大使蒋作宾出示了这三大原则。上面提到过的蒋介石先生对此的想法为有吉明大使所揭露。

在三大原则的官方发布后不就，所谓的二二六事件在日本爆发。冈田内阁倒台，广田先生受皇室委托，组建新内阁。

我跳到第23项。

（23）外务省把希望寄托在未来谈判的进展上，可这时因为在蒙古的一些关东军军官的行为爆发了所谓的绥远事件。中国政府对中日谈判的态度也经历了陡然改变。中国政府以绥远事件为借口，否定了过去的谈判成果。谈判陷入僵局，尽管日本政府作出了推动谈判的诸般努力，谈判还是毫无进展。

第二年的1月中旬，国会召开。从当时政府的政治立场来看，就这么任谈判陷入僵局是很棘手的。日本政府被迫停止谈判，除了关于成都和北海事件协议的谈判，因为中日双方已就它们达成了良好共识。

广田内阁在1937年1月全体辞职。我也辞去了东亚事务局局长的职务，转而担任驻荷兰秘书长。

你可以展开询问。

韦伯庭长：柯明斯-卡尔先生。

山冈辩护律师：我知道会有进一步的询问。

韦伯庭长：布雷克尼少校。

询　　问

由布雷克尼先生展开询问：

问：证人先生，你知道在 1935 年春天，谁指挥日本驻华北守卫军吗？

答：我想，应该是陆军中将梅津。

问：你在你书面证词的第 8 段中说过，关东军、华北守卫军和中方在边界事件上发生了摩擦，他们直接向中方提出了抗议。我想问你，你是否知道华北守卫军在 1935 年春参与过的任何边境事件或边境上的小规模战斗？

答：律师先生，您所问到的事件只是关东军和中国军队在热河、察哈尔、河北边境上的小冲突。与这些冲突相关的谈判主要是由关东军组织的。不过，我被告知过，有时日军驻北平代表和天津军队（天津守卫军）也参与谈判；因此我多次在我的书面证词中用笼统措辞说这件事情是被天津军队或是华北守卫军解决的。

问：在这些你讲过的直接谈判的例子中，包括所谓的《何梅协定》吗？

答：我将《何梅协定》归入了普通谈判之中。我没有将其特别归入边境冲突的谈判中。

问：事实上，它并不是边境冲突的产物，是吗？

答：不是。

柯明斯-卡尔检察官：我能问这是否是进一步的诘问或是询问吗？

韦伯庭长：第 8 段涉及梅津，我认定这是询问。

布雷克尼先生：这也是我的观点。

问：《何梅协定》是因何产生的？

答：是因为一位居住在天津日占区的亲日报人被刺杀。

问：现在我想问你，《何梅协定》是否是你引述过的最后通牒的例子之一？

答：根据我的回忆，要求很迫切，可我不认为有什么时间期限。

问：根据你当时的了解，所谓的《何梅协定》所处的形势是怎样的？

答：当时，梅津差不多准备去长春或是其他地方了，他的长官或是手下告诉他，应该给出一个比较温和的警告。

问：你记得那位长官的名字吗？

答：据我回忆，是酒井大佐。

布雷克尼先生：谢谢。

韦伯庭长：审判延期至周一9:30。

（现在是16:00，审判延至1947年9月29日周一9:30）

韦伯庭长：你好像今天或明天不可能完成除了有田之外的证言递交了。

山冈辩护律师：我知道，如果庭长大人允许，冈本先生想代表南将军展开盘问。

韦伯庭长：冈本先生。

1949年9月29日星期一
日本东京都旧陆军省大楼内远东国际军事法庭

作为辩方证人的桑岛主计被召回，通过日本译员作证，证言如下：

询问（继续）

由冈本先生展开询问：

问：证人1935年到过满洲或中国吗？

答：根据我的回忆，我是1936年去的。

问：不是1935年吗？

答：据我回忆，是在1936年。

问：1935年的时候，谁担任日本驻满大使？

答：根据我的回忆，是南将军。

问：作为大使的南将军是在外相的监督之下吗？

答：是，可以这么说。

问：当时你是东亚事务局局长，是吗？

答：是。

问：南大使与外相的指示相左的行为吗？

答：我不记得他做过这样的事。

问：南大使有过违背日本政府意愿，向中国当局发送过最后通牒的行为吗？

答：不，我不记得有过这样的事。

问：证人在他的书面证词的第8条，英文版的第3页最后一段中讲到："对于那些陈年旧事的细节，我的记忆不是很可靠了，不过五、六月关东军和中国军队在热河、河北、察哈尔边境频发小规模战斗。这样的偏远地区是没有外务办公室驻扎的。"

问：现在我问你，你记得在1945年6月发生的所谓的北察哈尔事件，或者说，张北事件吗？

译员：更正日期；应为1935年。

证人：我不记得事件的细节了，不过我记得有三四个小事件发生过。

问：那时有一位日本顾问在张北吗？

答：根据我的回忆，是有这么一个人。

问：你记得他的名字吗？

答：不，抱歉，我不记得了。

问：他的名字不是桥本吗？

答：我不记得了。

问：证人在上面引用过的证言后又讲了如下的话：关东军，有时是中国的北部驻军，会在这样的情况下向中国当局直接提出抗议……

答：是的。

问：你的这些话适用于北察哈尔事件吗？

答：根据我的回忆，这些边境事件包括第一次北察哈尔事件、第二次北察哈尔事件；第一次张北事件和第二次张北事件这四次事件。关于这些事件，军方直接与另一方展开了谈判。

问：根据第199号物证，秦德纯的声明，事件是这样被描述的："在日本人离开之后，"4个日本士兵被中方拘留，"桥本，在张北的日本顾问当即提出抗议，"等。之后又讲到日本顾问要求中国当局惩办相关负责人。他也要求（中方）保证不再出现类似事件。

现在，证人没有从张北顾问处收到任何这样的信息吗？

答：我不记得了。

问：根据第199号证据，此事与日本驻天津守卫军总部有关。这是在桥本参谋正式宣布此事之后。你没有从天津得到任何这样的信息吗？

译员：更正：那是在谈判之后，不是"正式宣布"谈判。

答：我不记得了。

问：证人知道天津守卫军是独立于关东军的特殊军队吗？

答：这个关系到军队，我不太了解组织细节。不过，我在不同场合听别人那么讲过。

问：你知道北察哈尔事件是中方证人秦德纯在第199项证据中所抱怨的唯一一起发生在1935年的事件吗？

答：这是我第一次听到这样的说法。

问：证人在他的书面证言的第8项，第4页往上数第5行中说道："他们"，指的是关东军或是华北守卫军，"为这些条件的实现下了最后通牒。"你是从哪里通过什么途径获悉这样的信息的？

答：根据我的回忆，是从北平公使馆得到的。

问：难道不是从英国或美国报刊的报道获悉的吗？

答：根据我的回忆，不是从美英报刊了解的，而是通过北平公使馆的电报了解的。

问：你知道吗，尽管秦德纯将军在199号证据中就很多事指证了日本，他却没有提过关于最后通牒的只言片语？

答：我没有读过他的证言，不清楚。

山冈辩护律师：证人在本月17日在法庭作证道："他们"指的是当时任天津总参谋的下属，"通过任何途径获取信息，例如报刊报道，谈话和流言"等。

韦伯庭长：你不用提醒我们这个。你只需要提醒他就可以了。我们不想重复听他上周，或是上上周讲过了的话。

问：你所讲的内容也是基于同样的信息吗？

答：你是什么意思？能再讲一遍吗？

问：我想重复一下证人在本月17日在法庭的证言，你说你通过报刊报道，谈话和流言等途径来获取信息。由于信息很大程度上来自这些途径，你是否无法确定这些信息的可靠性？你这次的信息是否与你那天的相同？

答：我就土肥原的行动作证时，我发送的与其相关的电报是我亲自发送的。那时，如你所讲，领事馆人员的汇报是基于通过你所讲过的途径取得的信息。不过，我并不知道——

译员：更正：我不知道向北平领事馆发送的电报是基于什么信息来源。

山冈辩护律师：我想停止进一步盘问：引述第19792到19796页南大使的证言，它们与证人所言相悖。我还想说，之后会在南大使个人的案件中进一步提交证据。

韦伯庭长：一位同事想让证人回答这个问题。

证人： 有时信息的来源在电报上有所显示，但也有很多电报上没有标明信息来源。

山田： 我是山田律师。我想代表板垣先生问一个问题。

询问（继续）

由山田先生展开询问：

问： 证人，我要问关于你证言第23项的问题。对此，你说，"因为在蒙古的一些关东军军官的行为爆发了所谓的绥远事件"你证言的信息是由何而来的？

答： 关于这个事件，外务省的我们，尤其是作为东亚事务局局长的我，在事件发生时对它一无所知，因为它发生在中国的边远地区。在中国国民政府对此事件提出抗议之后，我们才首次了解了事件的发生。

问： 你知道谁是参与这次行动的人吗？你能说出他们的名字吗？

答： 当时我立即向相关的中央军务机关发去询邮。一位一直与我保持联络的工作人员告诉我这只是一次行动——关东军中一两位年轻军官参与的行动。

韦伯庭长： 山冈辩护律师先生。

山冈辩护律师： 没有其他问题。

韦伯庭长： 柯明斯-卡尔先生。

询问（继续）

由柯明斯-卡尔先生展开：

问： 桑岛先生，你是不是说你在广田担任外相和首相时与他过从甚密，并深受其信任？

答： 我应该尽量避免说广田先生对我十分信任。不过，可以说，我一直与他保持了密切的关系。

问： 你是说他一直将真实的想法和意图告诉你吗？

答： 我相信是这样。

问： 你是说你能像他本人一样告诉我们他的想法和意图吗？

韦伯庭长：山冈辩护律师先生。

山冈辩护律师：庭长大人，我们反对将他的回答作为这一问题的结论。

韦伯庭长：反对无效。

答：能再讲一遍问题吗？

（于是刚才的问题被日语译员重复了一遍）

证人：我能确切得这么讲——我可以告诉你我在东亚事务局任上时广田先生告诉我的任何事情。不过，因为这已经是10年前的旧事了，这些又都和10年前发生的事情有关，也许我的回忆有时会不准确。

问：在你书面证词的第2段中间，你说"广田先生坚定信心要在外相任上缓和中日之间的紧张关系。"

答：是这样的。

问：在第3段的首句，你提道广田先生不遗余力地在日本外交关系的方方面面践行着。

那么听到1933年10月广田上任后的这些话，告诉我这是不是代表了他的真实想法。"我一直在尝试找出外交和国际的平稳关系。因此，战争预算问题变得十分紧要。然后我就打算厘清我的位置，站在第三方（来对待问题）。我们将通过外交政策竭力扩张，当外交政策行至极限之时，责任就交给你们了，陆军和海军，任君行事。"

这反映了他在1933年就任外相时的真实想法和意图吗？

答：我不知道广田先生是在什么时候、什么情况下说这些的，不过我知道的是，在1933年9月他就任外相时，他告诉我，因为满洲事件，中日关系到了非常紧张的地步，他想使两方关系更为密切，并与第三方形成友好关系，这就是广田先生个人的愿景。

问：你说你不知道具体时间。那我就来告诉你具体日期，是在1933年10月11日。

答：我能问一下他是在何处说了这些的吗？

问：是在外务省向原田男爵说的。

答：那就是在五相会议之后了。

参加五相会议的不是首相、外相、财务大臣、陆军大臣、海军大臣吗？

译员：能重复最后的问题吗？

（于是法庭官方通讯员重复了一次问题）

答：据我回忆，参加会议的就是那些人。

问：广田在任时的政策不是通过谈判来保障日本扩张的吗？

答：我确定广田先生从未有过这样的想法。

问：他的政策不是还有利用军方采取威胁和最后通牒的手段来保障（中方的）顺从吗？

答：军方直接与中国人展开谈判，据我回忆，他们从来没有与外相或是外务省沟通过。

问：那几乎算不上是对我问题的回答。请再试试吧。

答：能重复一遍问题吗？

（于是日语译员重复了一遍问题）

答：完全不是那样。

问：如果施压不成功，他是不是准备在时机合适时允许陆军或海军发动武力袭击？

答：他从未允许陆军和海军做这样的打算。

我还想补充说明，广田的谈判都是通过正常外交途径展开的。

问：那么，在你书面供词第 4 段中间，你总结了有吉明大使和中国外交部长汪精卫关于"满洲国"问题的谈话，你说有吉明告诉汪精卫，日本舆论是不会允许撤销建立"满洲国"的行为的。

那是广田的观点，还只是有吉明的观点？

答：我能确定，那不只是广田或有吉明先生的观点，而是当时日本普遍的观点。

问：你的意思是广田对日本扩大对满洲控制不感兴趣？

答：日本在之前一年已经认可了"满洲国"的地位；我想，那应该是在1933年的9月15日。外交部部长汪精卫经常在与有吉明的对话中请日方推迟对满洲认可。你引用过的有吉明先生的答复就是为了回应他的这些请求。因此我确信有吉明先生的这些答复和日本对"满洲国"的态度没有任何联系，只是为了直接表示日本不可能推迟对"满洲国"的认可——这是必然的。

问：那么，接着谈谈谈话的主题旨在就"满洲国"问题缓和两国政府艰难而矛盾的立场。

你认为随着广田政府在"满洲国"所采取的措施，缓和的机会提高了吗？

答：如我在供词里所讲的，我们推行这样的政策是因为我们感觉如果搁置棘手问题，展开对话，促进相互理解，那么解决这些问题就将变得简单得多。

问：桑岛先生，我的意思是广田和政府通力协作，加强对"满洲国"的控制，这样一来就不可能促成任何与中国的和平谈判了，不是吗？

答：我的看法和你完全不同。当时，我听过与吉——汪有关的传闻。我不知道是有吉明还是汪先生发表了这个看法，不过似乎他们之中的一个人将南京中日谈判比作一个小岩石——一艘小船，面对一块石头，促其逆流而上。小船试着逆流而上，因而如果能够避开岩石，有时它或是另外的船就能成功抵达目的地。这是我听过的一个与这些谈判有关的故事。

问：那么，广田的内阁不就成了日本加强对"满洲国"的控制，为日本掠取资源的参与者了吗？

答：我不清楚。

问：例如，在1933年的12月22日，你所在的东亚事务局，是不是接受了内阁关于向"满洲国"施压的决定？你不记得了吗？

答：恐怕我一点也不记得了。

柯明斯-卡尔检察官： 那是第 234 号证据，第 2933 页记录。我不会因为细节过分浪费时间。

问： 现在，你记得从 1934 年 8 月到 1935 年 4 月与美国关于是否在满洲建立君主政府的争论了吗？

答： 我的确听说过此事。不过，因为当时参与谈判的是外交部工商局，我并不了解细节。

问： 你知道 1934 年 11 月 5 日，外务省，也就是（其中的）广田通知美国政府，对满洲原油产业的控制并不在日本政府的考虑范围内——

答： 既然我没听过那个说法，我无可奉告。

问（继续）： 因为"满洲国"是日本所认定的独立的君主国家吗？

答： 我当时没听过任何关于它的事情。我想，是因为当时是由工商局处理此事。

柯明斯-卡尔检察官： 庭长大人，那是第 965 号证据，第 9481 页记录；第 939 号，第 9406 页记录；第 941 号和第 9413 页记录。

问： 如果那些声明是广田发表的，你们对他和你来说，它们是不实的，不是吗？

答： 如我反复讲过的，我对这些事不了解，因此我无可奉告。

问： 我的意思是，你不但了解实情，而且你知道这些声明是不实的。

答： 我能肯定地告诉你外务省的构成。工商局处理经济问题，而我所在的东亚事务局，主要处理政治问题。

问： 你们局不是在 1934 年 3 月 20 日发表了国会决议吗？名为《日满经济管理条例》？

答： 我们也许发表过和政策有关的相关证明。

问： 声明不是为了展现日本在世界范围内展开经济扩张的目的吗？

答： 据我所知，日本对"满洲国"的经济政策是通过和平方式勘探满洲资源，以为满洲和日本获取幸福果实。

问： 内阁决议是不是包括如下内容：下述种类的企业将被"满洲

国"内具备行业主导型的公司统领。作为主要规则,这些公司将在帝国的直接或间接的保护和管辖之下?你记得吗?

答:我记不清细节了。

韦伯庭长:我们推迟15分钟。

(现在是10:45,到11:00,其后法庭审理继续如下)

法庭执行官:东京审判现在继续。

韦伯庭长:柯明斯-卡尔先生。

柯明斯-卡尔检察官:如蒙法庭允许,我必须为早上因语言而造成的分歧道歉。似乎因为一些误解,他们拿到的是错误的文书,因此错误不在他们。

语言监督官:谢谢您,柯明斯-卡尔先生。

柯明斯-卡尔检察官:我希望那是我的错误。

我是不是读到了这里,"在帝国的特殊保护和监督下?"

柯明斯-卡尔检察官(继续):

问:需要以那种方式控制的产业名单不是由内阁决定的吗,其中还包括"第四,石油产业?"

答:我记不清了。

柯明斯-卡尔检察官:这是第236号证据,第2939页记录。

问:那么关于对"满洲国"的经济控制,1935年7月是不是出现了一份日满协定?你说。

答:我记不太清了。

问:广田是不是在1935年7月3日去枢密院向他们解释了这个政策?

答:我不记得他去没去。

问:如果他去的话,你会是随行的人之一吗?

答:我当然不记得具体每次是谁去的了,不过我的确记得在经济问题上,陪同外相的是工商局的人。

问:但订立协定不是你们部门的义务吗?

答:当然,协定签订后,有关当局将优先看到相关文书。但因为这并不在我职能范围内,我不太记得了。

问:你不记得有8个成员组成的日满联合委员会了吗?

答:我不知道"满洲国"建立过这样的委员会。

问:双方各派4个委员?

答:也许是的。

问:你记得广田向枢密院解释称大可放心,因为"满洲国"方面的成员之一将一直是忠于日本的日本人?

答:我不记得他是不是这么说过了。

柯明斯-卡尔检察官:这是第850号证据,记录8417页,在文书的第4页、第6页和第7页。

问:现在,我问你关于天羽声明的事,那在你书面证词的第5段。你说广田因为这份声明谴责了他。

答:是的,我是听广田亲口说的。

问:他被惩罚了吗?

答:我认为没有。

问:声明错在哪里了?

答:我认为是这是因为信息处处长天羽在刚收到广田授意后,就在报纸上发表了这一声明——

问:但和广田公开发表的声明相比,它才代表了日本的真实政策,不是吗?

韦伯庭长:山冈辩护律师先生。

山冈辩护律师:庭长大人,我无法认同在柯明斯-卡尔先生开始下一个问题之前,证人已经完成回答。

韦伯庭长:如果没有的话,就让他讲完。

答（继续）：除了天羽没有在发表声明前获得广田先生的同意，我还认为他的声明和当时日本的外交政策不符。

问：但你已经告诉我们声明是用已发送给日本驻华代表的电报拼凑而成的了。

答：我应该解释一下当时的情况。从1932年夏天开始，国联就开始向中国输送专家，提供帮助和经济援助。

问：证人先生，请不要重复说你已经在证言中讲过这些了。如果你想讲一些新的东西，就讲；否则就不要只是重复。

答：当时外务省不断从我们的驻华代表那里收到有关莫奈先生的信息，我在我的证言里提到过此人，他正在起草为中国提供将日本排除在外的经济援助的计划。因此，为了使其放弃该计划，或至少推迟计划，我们的东亚事务局就宣称这样的计划对中国没有任何好处，实行这种将日本排除在外的计划，对日本来说是很难接受的。抱着这样的看法，东亚事务局就发送了电报指示展开与莫奈先生的谈判，电报发给了在南京的有吉明大使——

问：这一切不过都是重复你已经讲过了的东西而已。

答：还有在上海的总参谋。因此这份电报差不多表明了如何组织谈判，使莫奈先生停止或推迟他的计划，这明显不代表日本政府的政策。

韦伯庭长：一位同事想知道对天羽的指责是不是一种惩罚。

柯明斯-卡尔检察官：那些都是你在证言中所讲过的话的重复。

韦伯庭长：我并未得到针对该问题的答复。

语言监督官：他正要回答，庭长大人。

柯明斯-卡尔检察官：我请您——

证人：根据日本的法律，指责也被归入惩罚范畴；不过，我不清楚对于此事来说，是否应该算作所谓的惩罚。

韦伯庭长：有相关记录吗？

证人：至少它是我的（部门）记录之一，广田谴责了天羽。

问：是公开谴责吗？

答：据我回忆，不是。

问：天羽将日本外务部门的秘密行事公之于众，难道不是错误吗？

答：在我看来，这表明了驻华代表在组织关于莫奈先生的谈判，为了打击他关于中国的经济计划（的积极性），并不代表帝国政府的外交政策。

我还想再多讲几句。

这是仅就莫奈先生的活动而下达的指令，与总体政策无关。

韦伯庭长：广田宣称天羽的声明与政府政策相左了吗？

证人：据我回忆，广田先生宣称在4月17日早报和两三天后的媒体见面会上发表的所谓的天羽声明，并不是日本政府的政策。此外，在这份非官方声明出现之后，美国和英国驻东京大使很快接连前往外务省询问此事。致于回答这些问题，我认为是广田先生或是受广田先生指示的人会见了他们，并对他们讲了我今天在法庭上讲的差不多的话。

问：如果天羽的确被谴责了的话，是因为他贸然向公众公开了下达给驻华代表的指示吗？

答：我认为他之所以被谴责，不只是因为他的疏忽，也是因为他以这样的方式发表声明，以至于好像真是外交政策似的，给日本招了嫌。

问：如果你说这并不是真正的外交政策，你的意思是这就是下达给驻华代表的指示，以使他们向莫奈先生表述不一样的观点？

答：不是如此。

问：1934年4月17日，声明发表的那天早上，当原田与外相广田及副相重光会面时，你在外务省吗？

答：4月17日那天我是在外务省；不过我不知道原田那天是不是拜访了广田外相。

问：广田和重光都对他说天羽的声明无足轻重，是吗？

答：因为我并不知道他是不是真的去过外务省，就算那场谈话真的发生了，我也不在场。因此对于这件事，我无可奉告。

问：你告诉我们的那些指示不仅发送给了日本驻华代表，还发给驻他国首都的代表了吗？

答：据我回忆，只是发送给了我们的驻华代表们。

问：现在，我想引用第8段和第12段，后者已经由你的辩护律师宣读过了。关于《何梅协定》，有时限要求吗？

答：我不清楚。

问：你在第8段中讲过，用最后通牒保障严格执行，你是在以《何梅协定》为例吗？

答：如我所讲的，我对《何梅协定》一无所知。不过就我所了解的在最后通牒下达成的谈判的文书来看，在我的证言中，我将它界定为——时间限制。

法庭执行官：控制时间。

问：在你所讲的特定时限内的强烈需求和最后通牒之间，你划定了一个界限了吗？

答：因为我从来没组织或参与过这种谈判，我真的不好讲。不过，我的理解是，在最后通牒中，保留了在时间期限过后自行采取行动的权利。在时间限制中，那就是一个应当在特定时间内得到回应的需求。

问：你知不知道你提到的那些需求，实际上伴随着最后时限之前的武力威胁？

答：据我回忆，那些是有时间限定的要求；需要在指定月份的指定日回复的要求。

问：那你为什么在你的证言中将其说成是最后通牒？

答：是，我的确用了"最后通牒"这个词，而且就如我刚才所讲的，我认为多多少少是如此——在这件事里，它被用作时限的概念。不过，既然当时外务省文书重复使用了"最后通牒"，我也就把它用在我的证言里了。

问：你是不是这样界定"时间限制"和"最后通牒"的：当武力威胁只是虚张声势时，你就说它是"时间限制"，如果是真打算这么做，你就把它当作是"最后通牒"？

答：我相信确如你所讲的那样。

问：了解。好，那么，当日本在1935年11月挑起的华北独立造成的骚乱（如果我们能这么讲的话）发生时，你记得吗，在你证言的第12段中，你说关东军为了侵略华北，致力于军队机械化？

答：我记得。此外，我还想说，尽管你说日本策划煽动华北独立，其实并不是日本在做这些。

问：那么是谁呢？

答：我口供里讲过，当时我收到消息，大意是这是关东军年轻军官所为。

问：为什么你说是年轻军官呢？

答：当时驻天津领事馆在山海关设有办事处，并派一名副领事驻扎，我就是从他那里获取信息的。刚从驻山海关副参谋处得到这样的消息，作为东亚事务局的局长的我就立刻电告中央军务要员表达了我的强烈不满，并说这些行为很令人恐慌，这些新闻令人心悸。当时，他们说他们无意威胁中国。

问：你并未像你刚才讲的那样，在口供中说明这是年轻军官所为。你反倒说是日本在中国的军队和关东军掌权者所为。

问：那你为什么现在告诉我们说是年轻军官所为？

答：如我之前所讲过的，驻山海关副参谋的大致意思是说，那是年轻军官的想法，军务要员告诉他说年轻军官有取而代之的倾向。

问：你言下之意是说关东军的机械化部队会在没有南和板垣的命令的情况下擅自在山海关段长城集结吗？

答：我不知道。

问：那么，广田的行动是不是需要首先得到南将军的允诺，因为军队不会在没有得到帝国命令的情况下越过山海关？

答：对于这一点，我记不清了。我的确记得与我联络的军方联络员屡次对我讲过类似的话。

问：广田之后向外务省人员下达过指示说军队不能在没有得到帝国指令的情况下擅自动兵，在任何情况下都不被允许进入中国吗？

答：我不记得收到过这样的命令，也不记得从广田先生那里收到过类似指示。

问：是不是有这样两个原因：其一，如果他们侵犯中国，中国人民就会闹事，并把日本人当成傻瓜？

答：我记得从与我保持联络的军方听过类似的话。

问：广田采取如此极端的预防措施的另一个原因，是不是如果事情发生了，军方就会对他严重不满？

答：我不记得了。

问：你是不是很清楚，华北军队和关东军都威胁称，如果新独立的冀察和冀东委员会没有建立起来，日本就会发动军事行动？

答：我从未听过这样的说法。

问：你不知道 1935 年 11 月 18 日，土肥原在中国，我想应该是在北平，宣布如果华北自治区不宣告独立，他就预备派 5 个师进入河北，10 个师进入山东？

答：我从未听过这样的说法。

问：你是否了解，华北政要和土肥原将军订立了关于自治地区正式声明的最后通牒，时限是 11 月 21 日中午？

答：我不知道。

问：你不知道就在同一天，土肥原在北平召集报刊记者称他期待着新政权尽快发表正式声明吗？

答：我也不知道。我想多讲几句。直到冀东反共政权与冀察政治委员会正式成立,东京的外务省,还有我担任局长的东亚事务局,都没有得到关于政权成立的任何口头消息或是相关文书。

问:你本人没有通过局里的美国和其他国家的报纸收集关于这件事长篇累牍的相关报道吗?

答:也许我的下属收集了这样的报道。不过,我作为长官,在它们建立之前,并未看到——我并不知道有这么两个政权。

问:看看刚才递给你的文书。那上面是你的印章吗?

答:是的。

问:是不是还有重光的印章?

答:因为我不是他本人,所以我无法确定。

问:看起来像吗?

答:看起来的确像。不过,我无法确定。

问:你看得够多了,不是吗?

答:所以我才说那看起来的确像是重光的印章。

问:那是发送给广田的吗?

答:这是一份在伦敦的主管富士先生发送给广田先生的报告。

柯明斯-卡尔检察官:我现在提请将其标为证据,庭长大人,并认定其为在证言。

韦伯庭长:照常接收。

法庭书记官:国际检察局文书1517A将被列为第3242号证据。

(于是上述文书被标为控方第3242号证据,并被接收)

韦伯庭长:推迟到13:30开庭。

(此时是12:00休庭)

下午场

休庭过后,13:30重新开庭。

法庭执行官:远东国际军事法庭重新开庭。

韦伯庭长:法庭同意被告贺屋下午免于上庭,与其辩护律师交换意见。

桑岛作为证人被重新宣告上庭,回到证人席,通过日本译员作证如下:

柯明斯-卡尔检察官:庭长大人,如果您允许,我们现在想传阅第3242号证据,在休庭前它刚被接收。

韦伯庭长:好的。你能读一下吗?

柯明斯-卡尔检察官(宣读):

> 1935年11月16日自伦敦
>
> 1935年11月17日寄达
>
> 接收人:广田外相
>
> 发送人:富士
>
> 参考之前的第357号电报
>
> 从那之后,除了一两个工党报纸之外,关于中国问题信息的报刊都偃旗息鼓了。不过,报道引起了这样的注意:
>
> (1)日本军方有很多关于华北独立运动的报道。华北已经为日本所控制。
>
> (2)日本海军陆战队在上海登陆,并未吓到中国居民,等等。

柯明斯-卡尔检察官展开询问(继续):

问:那么,桑岛先生,你们部门是不是就华北发生的事情整理过很多英美报刊的报道?

答:我不记得我的部门汇编过报纸的报道了,不过我的确记得我们从驻欧洲和美国代表那里收到过不少媒体电报。

问:好吧,那么你最好看看这些文书。

(文书被递给证人)

问:(继续)那是不是你的部门整理的关于这个话题的一组报道?

答：那是信息处汇编的，并不属于我的部门。

问：看看文书吧，如果你这么说的话。

（文书被递给证人）

问（继续）：那上面是不是有你的局的印章？

答：上面的确有的，东亚局的印章。不过这份文书是信息处汇编的，上面也有他们的印章。

问：你们局拿到剪报后，在研究过后，是不是会发往信息处存档？

答：据我回忆，不是这样的。所有的报刊报道都直接发往信息处，各局按常规传阅。

问：包括你所在的局？

答：是的。

问：你注意到我递交给你的文书是驻华大使有吉明发送给广田外相的了吗？

答：我注意到了。

柯明斯-卡尔检察官：我要求该文书被接受为证据并予传阅。

韦伯庭长：照常接收。

法庭书记官：控方文书1517B将被接收为第3242A号证据。

（于是上述文书被标记为第3242A号控方证据并被接收）

柯明斯-卡尔检察官（宣读）：

发送人：有吉明大使，中国

接收人：广田外相

附件于1935年9月27日被接收，上有信息局和东亚局印章。

关于"华北自治运动"

申报关于该话题的报道概要，已经于1935年9月21日发送给你了。现在全文发送给你，聊备查阅。

柯明斯-卡尔检察官展开询问（继续）：

问：那么，得到这些报道后，你们研究过吗？

答：我确定我们局看过。

问：你把这些内容汇报给广田外相了吗？

答：我记不清了。不过，如果我们没有直接向外相汇报的话，我确定我们向副相通报过了。

问：是重光是吗？

答：是的。

问：你不记得包括我早上问过你的事情的报道了吗？

答：因为报道的数量十分可观，因此我很难想起那天的报纸和电报里都是些什么。

问：你从报纸和领事那里就没了解过我早上问过你的三件事吗？

答：能重复一下吗？

问：我会提醒你的。你不知道吗，不论是从1935年11月18日晚报或是从你的领事报告来看，土肥原将军宣称如果华北不独立，他就准备派5个日本师进入河北，派6个师进山东？

答：我完全不记得了。

问：如果你找找，你会在文书中找到它的。

你是否从1935年11月20日的晚报或是从你的参谋处，了解到土肥原将军给华北政要下达的次日中午到期的最后通牒？

答：我不记得了。

问：那不是你书面供词第8段提到的最后通牒之一吗？

答：当然包括了。不过我不知道那些日子发生事件的细节。我当时并不清楚。

问：你是否从1935年11月20日日报或从参谋处知悉，土肥原将军告诉报社记者他期待中国新政权的要员尽快发表正式声明？

答：我不记得了。

问：我说到的是《洛杉矶日报》。

那么，你是不是说外务省并无政策帮助军方在华北扶植自治政府？

答：没有这样的政策。

问：大约在1935年11月19日，重光是不是和中国驻日大使之一丁先生见了面？

语言监督官：原告律师，Ting如何拼写，是T-i-n-g吗？

柯明斯-卡尔检察官：是的。

韦伯庭长：你问完了吗，柯明斯-卡尔先生？

柯明斯-卡尔检察官：暂时问完了，庭长大人。

韦伯庭长：山冈辩护律师先生。

山冈辩护律师：如果法庭允许，我们表示反对。这是在证人直接作证的范围之外的。

韦伯庭长：他的问题包括了作为广田外相的行动的方方面面。现在他在问关于副相的事。广田任外相时，副相不是重光吗？

柯明斯-卡尔检察官：是的，大人。

弗内斯先生：我不认为他一直在任，大人。

韦伯庭长：1935年11月时他在任上吗？

柯明斯-卡尔检察官：是的，大人。

韦伯庭长：反对无效。

柯明斯-卡尔检察官继续询问：

问：你记得那次会面吗？

答：你能告诉我说的是哪次会面吗？也许我能记得起来。

问：那次会面不是在广田从中国大使那里得到蒋先生的信息，大意是说南京政府对促进中日关系发展的谈判满怀期待之后吗？

答：你是在问我知不知道丁委员捎信给外相时的形势吗？

问：我在问你的是，他是不是在11月18日带来了这个消息，他又是否在其后的19日与重光见了面？

答：我不记得了。

问：重光是不是对丁委员说，他就华北的活动向中国发出警告？

答：我不知道。

问：他不是说华北的中国人民也许有明显的政治和经济的企图吗？

韦伯庭长：山冈辩护律师先生。

山冈辩护律师：如果法庭允许，证人已经反复说过他对正被讯问的会议并不了解，在我们看来，我不认为按照这个思路继续问下去会有什么帮助。

韦伯庭长：他供称对广田外相的行为十分了解，我想也许他经受了一点压力。

问：那代表了广田的政策吗？

答：如我早上所讲，我确信广田先生的对华政策包括尝试调解、促进两国间的合作，并避免军方采取有害两国调解的行动。

问：听着，是不是外务省，你，广田和重光在促成这个政策，并通过军队施压以使其被采纳？

答：当然不是了。

问：是否可以这样理解重光的话：从某种程度上讲，这是日本阴谋企图的后果？

答：我无法认同。

问：重光对丁先生的说法和广田的政策有关吗？他说，华北为了发展，就要与日本、中国和"满洲国"保持良好关系。

答：毫无疑问，日中关系将在中国全国范围内解冻，尤其是在与"满洲国"接壤的华北更是如此。

问：重光抱怨南京政府在山海关—河北一带陈兵对付日军了吗？

韦伯庭长：弗内斯少校。

弗内斯先生：我刚好知道那份文书，我还恰巧知道他所讲的，全然是错误引用了那份文书。我认为这对证人和被告来说是不公平的。

韦伯庭长：柯明斯-卡尔先生？

柯明斯-卡尔检察官：庭长大人，我认为将有足够的时间让我的朋友研究文书作为证据的可靠性。

韦伯庭长：是，他可以亲自讯问证人。我们并不了解你使用的文书。你可以用一些我们大家都知道的其他信息。

弗内斯先生：我确定他在看所谓的《原田—西园寺回忆录》。

韦伯庭长：你可以在稍后讯问证人时澄清一切被误解的内容，弗内斯少校。

问：丁先生否定了吗？

答：我重复过很多次了，我不记得有过所谓的副相重光和丁委员的会议，所以恕我无可奉告。

问：我猜，你长期保持着与副相重光以及广田的联系，是吗？

答：是的。

问：这能代表他们两人的政策吗？"我想让军方在今天发表独立声明。"

译员：你能重复一下吗？

柯明斯-卡尔检察官："我想让军方在今天发表独立声明。"那是关于华北独立的一份声明。

在你回答之前，我会继续。

问："我想派关东军进入山海关和河北，吓吓他们，并让军队尽快发表独立声明。在皇帝回来之前，我想按军方之意安排好一切。"

弗内斯先生：我也有这份文书，实际上一模一样的文书就在我面前。

韦伯庭长：我不认为你应该现在读。如我之前讲过的，你可以讯问证人。那份文书并不在证据之列，我们也没法查验它。我们也没办法，我知道那是《西园寺—原田的日记》。

弗内斯先生：大人，实际上翻译错了。

韦伯庭长：你有完全的自由将你认为错译的文书向莫尔少校反映。

弗内斯先生：大人，那不是一项证据，而且我不确定我要向证人讯问一个他自称一无所知的会议。

韦伯庭长：因为该文书未被接受，我们还无法打消你的顾虑。但这里的每个人都希望你能允许询问继续。如果文书已经被接收为证据，就不会这么麻烦了。

弗内斯先生：我保持沉默。大人，我不希望被理解为我承认这份文书是可接受的。

问：证人先生，现在你能回答问题吗，那些声明是不是代表了外务省，也就是说，广田和重光的真实政策？

答：我已经讲过了，我对副相重光和丁委员的谈话毫不知情。

问：这和那次谈话毫无关系。我现在讲给你听的是重光在同一天，也就是 11 月 19 日给原田的另一份声明。

答：我确定重光先生从未发表过这样的声明。

问：广田本人是否在同一天讲过希望对华北的行为不会激怒南京国民政府？

答：不，我从来没听他这么说过。

问：那么，我想问你的还有另外一件事。不，还有两件事。

在你书面证词的第 13 段，你提到：在此期间，华北独立运动正在进行，关于中日关系改善的谈判稳步推进。

答：我说"在此期间"的意思并非意指独立运动开展的时期，而是泛泛而论。我的意思就是总体上说，日中关系在不断进步。

问：广田在 1935 年 12 月底从未有过的迫切想改善它们吗？

答：是的。

问：当时南京政府是否表达了关于商谈此事并召开南京会议的迫切希望？

答：当时，中国国民党政府称准备将广田的原则作为谈判基础，但由于华北爆发的种种事件，谈判很难继续下去。我是通过电报收到这份报道的。

问：是谁发现谈判难以为继？中国政府，还是日本政府？

答：既然是中国政府提出异议，当然是中国政府发现很难继续谈判了。一旦中方的情况比较困难，那么至少对于组织谈判的日方官员，也就是说，对外务省和驻华代表来说也造成了困难。

问：不过如果中国政府决定无视华北发生的一切，继续谈判，为什么广田不愿继续？

答：我不记得广田不想如此。

问：你不是说过他犹豫是否给中国决定性的回复吗？

答：我完全没听过这样的话。

问：广田给他们的答复是："在反日活动受到良好控制之后，再来探讨这个问题吧。"

答：我能问一下"这个问题"指的是什么吗？

问：是中国政府为南京会议提出的建议。

答：广田先生从未告诉我，在中方弃绝反日活动之后，他不愿与中国政府继续谈判，我本人也从未听过这样的事。

问：现在是关于你书面证词第23段的一个问题。

你说外务省将未来的发展寄望于谈判，而在那时，因为在内蒙的一些关东军的行动而爆发了所谓的绥远事件。那是在1936年12月，广田还是首相的时候，是吗？

答：是的。

问：你知道首相，也就是广田，对绥远事件的态度吗？

答：我知道广田对该事件的爆发深感遗憾。

问：（下述内容）能正确反映他的态度吗？"由于气候环境，似乎很难在绥远驻军。因此我希望用外交手段解决这一问题。我们必须坚定信心对中方军队进入察哈尔一事有所作为。"

这反映了广田对绥远事件的真实看法吗？

答：作为外务省的部门主管，我从未直接向当时已成为首相的广田先生表达过我的看法。

译员：仅仅作为外务省主管的我，从未问过广田先生他对绥远事件的看法；不过在我看来，广田先生既然如此热心地致力于日中关系的修复，他想通过和平外交谈判，来解决绥远和察哈尔事件也就是意料之中的了。

问：绥远在内蒙，那个你们叫内蒙的地方，是吗？

答：是的。

问：日本没有在那里建立郑亲王的独立政权吗？

答：时至今日我也不知道日本政府对它的关切程度，是否涉及蒙古自治政权的相关事务。不过我的确听说，考虑到保障满洲和平秩序和其他方面的问题，关东军的确对这个政权很感兴趣。

问：从其他角度来看，是否这也是打击外蒙的便利之所？

答：我没这么想过。从维护蒙古的和平秩序来看，是这样，至于其他角度，我不清楚具体如何，所以就宽泛得提了一下。

问：现在我是在启发你这可能是其中的一个原因。

答：对此我一点也不了解。

问：是否可以这样理解广田政府的政策：郑亲王的一位下属私下向中国军队抛出橄榄枝，所以广田不认为敌军的战斗士气会很高？

答：从我掌握的信息和所能观察到的情况，我的结论是，日本政府和军队当权者在事件爆发前对其毫无察觉，至今我依旧这么认为。

问：它具体发生是在什么时候？

答：我第一次听说——我第一次听到的相关新闻是说内蒙军队从绥远入侵了察哈尔东部，并遭受了国军的强烈反击。

问：我是在问你听到这一事件的具体时间。你能说出具体日期吗？

答：我不能告诉你，因为我记不清了。

问：你所讲的内蒙军队当时是否在与关东军合作？

答：据我所知，关东军并没有参与到这场战斗中。

问：你能回答"所谓的内蒙军队是否与关东军合作"这一问题吗？

答：我是这样理解的，你是在问我关东军是否与内蒙军队合作对华进攻，是这样吗？

问：那么现在你能回答了吗？

答：我从来没听过这样的说法。

问：现在，最后一件事：我来向你重复一下我对你提出的第一个问题，你现在能告诉我你是否同意它代表了广田的政策。"我们将通过外交政策竭力扩张，当外交政策行至极限之时，责任就交给你们了，陆军和海军，任君行事。"根据后来事件所反映出的，这不是他真实的政策吗？

答：他幕下的我们所有人都确信，我们应当通过与中国谈判来尽力去除军方造成的障碍，并解决日中之间的一些重大问题，我们确信这些谈判会取得收获。

柯明斯-卡尔检察官：我问完了。在离开问讯台之前，我想更正一处我被告知的在周五关于中东铁路问题中所犯的错误。和我早前所讲不同的是，日本首次进入"满洲国"后，关于铁路的煽动颠覆行为也是案件的一部分。因此，如果有任何就其提交的证据，我们不会表示反对。

……

法庭希望我撤销该问题。

加藤先生：我，加藤，是板垣的辩护律师。关于盘问中证人的言辞，我有一两点想弄清楚。

再 次 询 问

由加藤展开询问：

问：证人先生，在你书面证言的第12段，你提到殷汝耕领导下的冀东自治政权与宋哲元领导下的冀察政治委员会。你进一步指出外务省——尽管日本外务省反对冀东自治政权，它并不特别反对冀察政治委员会。现在，证人先生，我想问你对这两个政权的固有政策有无区别？

韦伯庭长：柯明斯-卡尔先生。

柯明斯-卡尔检察官：庭长大人，在我看来，那和我的问题或主要证据没有什么联系。

加藤先生：我在验证证人的可靠性。

韦伯庭长：反对有效。

加藤先生：我将开始下个问题。

问：那么证人先生，你是否清楚宋哲元领导下的华北政治委员会的建立动机和它的后果？

柯明斯-卡尔检察官：庭长大人，我反对。

问（继续）：被告板垣和冀东自治政权的建立有关系吗？

答：我从未听说板垣和冀东自治政权有任何关系。

加藤先生：庭长大人，我问完了。

韦伯庭长：休庭15分钟。

（现在的时间是14：45。休庭至15：00。其后记录如下）

……

反对有效，根据多数原则，这份文书被否决。

山冈辩护律师：如果法庭允许，我还没说完。我的确希望指出这份文书是后来的广田三大原则的基础，而且我们认为将它递送给法庭是非常有必要的，这样有助于说明汪精卫先生开始谈判的前因后果，还有——

韦伯庭长：既然你这么说，我认为，既然它是三大原则的基础，我们将取消刚才的决定，认同这份文书。

法庭书记官： 第 2215 号辩护文书将被接受为第 3243 号证据文书。

（于是上述文书被标注为第 3243 号辩护文书并被接受为证据）

山冈辩护律师： 我将宣读第 3243 号辩护证据：

从南京发往东京外务省的电报，1934 年 4 月 20 日

总领事 SUMA 发送给广田外务大臣

第 368 号（机密）

以下内容从有吉明部长处发送给你

18 号我见到汪精卫时，继续第 366 和第 367 号通过南京总领馆向您汇报的情况，我和他有了如下谈话：

（1）我告诉汪精卫，建设中日之间电台通讯的对话已经开始，关于这个问题的谈判也取得了可喜进步。如果我们在处理其他问题上也能像这样取得进步，就能用事实证明两国之间的关系的重建取得了进展。我进而向他解释了您上任以来所推行的和平政策，我也谈到了您就日本对华态度问题所接受的美国记者的采访。我告诉他如果他有什么愿景，我将在返日后向外务大臣转述，并与其展开谨慎讨论。

（2）汪说，对于广田先生的国际和平政策，他深感敬服，因此，他抱有这样一个愿景：把握住机会，逐步改善两国关系。汪进一步表明，他所讲的并不是外交提议，而是想通过磋商来推行。之后他说，为了改善两国关系，他认为在这个关键时刻，建构两国间的基本政策并据此实施，是比较有效的。这样的基本政策包括：① 两国应当共生共存。这样的共同繁荣应当成为百年政策，而非暂时性的政策。引述一个例子，如果日本不像英国对印度一样对待中国，而是与中方展开类似于德国和奥地利的关系，两国之间的共同繁荣很容易就会实现。他认为如此一来，日本将比英国在对印关系中获利更大。② 其次，两国目前关系失和的原因是满洲问题，而

且两国对这一问题的态度从根本上存在着分歧。然而,当下的形势明显表明了如果不触及这一根本问题,不太可能改善现在的情况。汪寄望于中日两国通过订立准则,以真诚友好的方式在将来解决满洲问题。换而言之,即日方保证在将来不再动武,中方也不会有自发力量反日,双方都将用和平方式解决问题。他之后问了我对订立准则的想法。

(3) 于是我说,我已经充分表明了我完全赞同他所讲的第一点。从各个角度考虑,毫无疑问两国应当同生共荣。至于第二点,我问他,究竟是什么意思。我进一步说,我反复说过"满洲国"的存在是既定事实,不会改变。因此,如果他的提议触及这一事实,不可能有考虑的可能。我这么说,是为了断绝后患。汪说,只要满洲问题不解决,中国人民的糟糕情绪就不会消失。中日友好关系变得比较困难,中国人民把满洲光复当作是中日关系重修旧好的先决条件。以原则二中的上述内容引导他们,是很有必要的。他还试着迂回展开一些不同的讨论。

(4) 我告诉他我相信他很了解满洲事件爆发的缘由。我之后简要回顾了日俄战争后的情势,过去满洲的独立状态,张氏家族承认的错误,并说明我们诚挚地希望中国放眼东亚,一扫过去的颓丧情绪,向前迈进,接受日本、"满洲国"和中国的共荣政策。

(5) 汪精卫称,就过去占有压倒性胜利的形势来看,他充分理解这些。在他看来,尽管犬养内阁时期,出现了一个能够解决满洲问题的好机会,可他们却和这个机会失之交臂了。他说,在当前形势下,中国人民不可能理解为什么他们应当搁置争议,与日本握手言和。满洲问题,可以说是两国之间海底的暗礁,它是必须被移除的。不过既然它很难被一次性移除,在他看来,那么就暂且保留它,让船通过好了。这也就是说,如果上述准则被订立,它会给人们奠定开启友好关系的基础。在这里,我重复了汪的上述言论,以引起他的注意,我说我理解了他所讲的话,即"满洲事件不易解决,不妨任其如是,并订立上述规则去给人以保障和开启友谊之路的基础"的说法。我告诉他,既然我充分理解了他的想法,我要向日本外务大臣详细汇报此事,并请他审慎考虑。汪说他抱有这个想法已经很久了,可他忍到今天才提出它。因为他认为这只会招致反对,如果在看不清实现前景时贸然公开他的计划,只会粉碎它成功的可能。如果日方同意上述准则,汪称,他就有信心在中方推行这些准则。他请我抱定信念,尽力实现这个计划。他也表达了待我自日返回后与我早日展开对话的希望。

(6) 继续对话。我告诉他,抛开上面所讲的那些,为了迎接眼前的形势,中日两国去除怀疑、稳定民心是很重要的。对此,我指出迄今为止中国向欧美国家请求援助,并采取所谓的以国抑国(即以一国抑制另外一国——译者注)的政策是错误的。

我进一步指出了中方讨好欧美的例子,比如买飞机、建机场、雇顾问等,并向他提出了警告。对此,汪回应称,中方在过去向欧美请求了一点援助,但绝不意味着推行什么以国抑国的政策。他知道只与欧美商量,而非寻求日本的帮助会令日方不快。目前与日本握手言和是比较困难的,但今后他将致力于与日方谨慎接触,尽量避免加重日方的不适感。他再次援引了我对福建事件的态度,并表达了期待日方加以克制,不要在将来参与类似骚乱事件。他说这对引导中国人民来说会很有效。

有一份我不将不予宣读的证明。

我们现在递交第 2020 号辩护文书。这是广田外相发往各日本领事馆的一份关于广田-林德利在 1934 年 4 月 25 日的谈话的电报。会议的背景是天羽的非官方声明,在未经外相过目就在 1934 年 3 月向媒体公开。

韦伯庭长：布朗检察官先生。

布朗检察官：庭长大人，控方反对这份文书。在我们看来，如果它旨在证明这个对话，正确的方式应该是给出证据，很明显这是可行的。而这份文书，在我们看来，只不过是间接尝试使之看得更清楚些而已。

山冈辩护律师：如果法庭允许，我们恭敬地递送这份文书，它是一份合格的证据，是广田外相发给各使馆的电报，展现了他与林德利大使谈话的真实情况。

韦伯庭长：根据多数意见，反对驳回。辩护文书被认可。

法庭书记员：第2020号辩护文书将被接受为第3244号证据。

（于是上述文书被标记为第3244号辩护证据，并被接受为证据）

山冈辩护律师：我将宣读第3244号辩护证据：

发送日期：1934年4月26日

接收人：美国、英国、"满洲国"、北平政府大使馆；青岛、南京、福州、厦门、广东、天津、济南、香港、汉口领事馆。

发送人：广田外相

主题：4月25日广田-林德利关于非正式声明的对话

通函460（简码）

1. 林德利大使在25号来电，并从他的母国政府发送电报指示，指示如下：

（1）假定近期的声明是权威性的，大英帝国无法忽视它。

（2）九国公约规定签字国享有平等权利。大英帝国必须坚持这些权利得到尊重，尽管它也认同一些特殊协定规定的特殊权利，比如共同协定，或是签字国认同的日本享有的特殊权利。

（3）就被谈论的声明而言，那是基于对中国的主权和平问题的考虑而产生的，它与英国的政策是一致的。不过，如果日方单独决定了存在倾向性的政策，大英帝国必定反对。根据九国公约的第一项和第七项，日本有提请其他签字国注意有损日本安全措施的权利。鉴于这一权利保障日本的安全，这意味着这份被谈论的声明并非意在否定各国对中国的共有权力或是日方有意违背义务。

（4）在接受国会质询时，西蒙外交大臣说："看来所提出的问题是基于对各国的一些有害东亚和平、中日关系和中国安全的行为的担心，但就现在英国政府的政策来看，并没有来由去过多担心。实际上，英国避免采取上述的有害措施。"由于预期类似的问题还将在本周出现，英国政府希望抱着最友好的精神向日本政府提出问题。

2. 大使总结了上述指示的要点：① 尽管事实上，日本在九国公约（第Ⅰ和第Ⅶ项）的框架下，拥有提请注意其他缔约国采取的日方认为有害于东亚和平和中国完整的行为，为何日方仍觉得有必要发表这种性质的声明？② 如果日本寻求成为有害措施的唯一仲裁者，无异于超越了九国公约的约束范围。他补充说，英国政府无论如何也不会指责日本违反公约。

3. 相应地，我说过，如果我在做过一番功课后觉得必要的话就会回应他。所以我如之前向格鲁解释的方法一样，通过第459号通函向他解释称，产生疑问的声明并不是官方声明。我用下述方式对他的两三个疑问做了澄清：

（1）首先我说：我非常欣赏西蒙大使在国会的声明，即贵国政府不会采取任何有害于东亚和平和中国主权的措施。然而，日本政府迄今为止严格遵守了九国公约，从未违背它；日本政府在国联大会后反复保证无意违反该公约，此时招致他国怀疑，十分奇怪；从这个意义上来讲，我很难理解贵国政府为何提到《九国公约》，其间的哪些点构成了问题。

对此,林德利大使回应称,简单地讲,17日的声明已经造成了这样的印象:日方要求在中国拥有基于并超过《九国公约》框架下它所应拥有的权利。日本也寻求仲裁是否各国政策有害东亚和中国主权。

我是这么说的,毕竟阴谋家的良心是才最准确的判断,在签字国共同权益之上宣扬基于《九国公约》所得的权利,不应受到谴责。林德利大使表示同意。

(2)然后我说:日本尊重门户开放和机会均等的原则,不反对友国在中国的任何经济活动,不过,因为中国持续的抵制行为,日本不再享有与他国同等的权利,因此日本就更有理由坚持遵守门户开放、机会均等的原则了;至于对华投资,鉴于中国依然存在的忽略团体贷款以及现有的政治形势,在中国投资,不仅如外务秘书长格蕾所讲的,意味着把钱打水漂,还会给中国带来有害影响(大使补充说英国不会在华投资);此外,一些人打着国联的旗号,汲汲遑遑地抱着各种不可告人的动机涌入中国做生意,日本当然不能坐视不管,考虑到中日之间地理上的联系,日本作为中国的近邻,比起那些离得远远的国家更为关切,不是很合理吗?

(3)林德利大使说,听了我的解释,他对情况有了一定了解,并表示将立即电告其政府。

我非正式地告诉他,尽管我感觉我已经答复了他所有的疑问,不过经过仔细考虑,我会进一步回答必要问题。

我不会阅读后面的记号[1],但我提请法庭注意,其中提到电报需要发送给驻伦敦、华盛顿、巴西和其他外务分支机构。

----

〔1〕 这里指的是用记号表明的注意事项——译者注。

接下来，我们递交 2021 号辩护文书。这是 1934 年 4 月 26 日广田外相发送给日本各使馆的电报，电报是关于 1934 年 3 月未经授权就发表的天羽声明所引发的情况。

韦伯庭长： 照常接收。

法庭书记官： 辩护文书 2021 被接受为第 3245 号证据。

（上面提到的文书被标以辩护证据 3245，并被接受为证据）

山冈辩护律师： 我将宣读第 3245 号证据。

发送日期：1934 年 4 月 26 日
接收者：驻英国、美国、中国、"满洲国"使馆；也发往北平和南京
发送者：广田外交省外务大臣
主题：关于非官方声明的问题
通告 465（区号）

参考我的第 435 号通函：

在 26 日，格鲁大使打来电话，并说他从他的本国政府那里收到了一封电报，要求他获取 17 日非官方声明的译本。

因此，我解释称，不仅如我昨天所讲的那样，上述的非正式声明没有任何意义，而且报上只是刊登了官员回答的一些报刊记者的提问而已，不会有翻译版；不过，至于在 21 日的报纸上出现的官员答复（参见我的第 435 号电报通函），总体上说明了日本政府的立场。根据大使的要求，我通过第 466 号通函给了他上述答复要点的译本。

我也向英国大使馆递交了同样的电报。在这两份电报中，都补充说明了不反对引用其中的内容。

（在这里）要重复指出的这份以及单独电报：
驻伦敦使馆发送给除土耳其和日内瓦之外的所有欧洲大使
驻华盛顿大使馆发送给驻纽约使馆

下面,我们递交第 2022 号辩护文书,该文书的意义是一目了然的。

韦伯庭长：照常接收。

法庭书记官：辩护文书 2022 将被接受为第 3246 号证据。

(上面提到的文书被标以辩护证据 3246,并被接受作为证据)

山冈辩护律师：我将宣读第 3246 号证据：

发送日期：1934 年 4 月 26 日

接受者：驻英国、美国、中国、"满洲国"、北平使馆及南京总领事馆

发送者：广田外务大臣

主题：关于非官方声明的问题

第 466 号通告(简化码)

单独发送的电报

日本没有侵害中国的主权和利益,也丝毫不打算这样做。事实上,日本由衷期待着中国领土完整、统一繁荣。从根本上说,这些目标应该通过中国的自我觉醒和自觉努力来达成。

日本无意冒犯他国在中国的权利。他们善意的金融、商业活动将助益中国,日本相当欢迎这些。当然,日方认同门户开放、和平等政策。日方严格遵守现有的关于中国的条约和协定。

然而,日本不能以任何借口对各方的行动无动于衷。这是有损维护法律和东亚秩序的,考虑到日本的地理位置,这对日本来说是有重大影响的。因此,日方不能接受不考虑上述情况的第三方推行其自私政策。

我将不阅读所附的证明。

1947年9月30日，星期二
日本东京都旧陆军省大楼内远东国际军事法庭

法庭于9:30重新开庭。

出庭情况：
法庭全体成员出席，除了来自印度的尊敬的拉达·宾诺德·帕尔法官，从13:30至16:00没有出席和来自苏联的尊敬的伊万·米歇耶维奇·柴扬诺夫法官，从15:00至16:00没有出席。

检方人员照旧。

辩方人员照旧。

（英日和日英口译由远东国际军事法庭语言部承担）

山冈辩护律师：我们提交第2153号辩方文书作为证据。这是1935年2月21日在第67届帝国议会上广田外务大臣对众议院的质询所做的答辩。

我仅打算从本页后半部分以"我认为"开头的这句读到末尾。

韦伯庭长：布朗检察官。

布朗检察官：尊敬的庭长大人，检方反对该文书，因其是重复的，而且也因为我的学识渊博的朋友提议宣读的这部分完全是意见。

韦伯庭长：刚被驳回的那篇演说与该篇之间时间相隔不到一个月，并且退一步说，它们是同时提出的。

山冈辩护律师：请庭上明鉴，我认为广田阁下在他先前的演讲中并没有提到我打算在这儿宣读的这几点，而至于说是意见，嗯，这是被告本人在帝国议会回答质询时所做的答辩。

我们在提交该类型文书的目的，法官大人们毫无疑问在证据的顺序表上发觉了，就是要表明广田阁下在他的公职生涯中，职位的担任是连续的。

韦伯庭长：为了那个目的，一年一次演说就足够了，无需每三星期就演说一次。

山冈辩护律师：但是请庭上明鉴，我相信以"我认为"开头的那句没有被包含在内。

韦伯庭长：多数意见，法庭驳回该异议，只采纳该文书中的一句，我会予以宣读。

法庭书记官：辩方文书第2153号采纳为证据第3249号。

（上述文书被标以辩方证据第3249号，采纳为法庭证据）

韦伯庭长：该句是"我认为在各领域仍然有一些日本人对中国的措施有所怀疑，但是就我本人而言，我对蒋介石的态度没有丝毫的怀疑。"

山冈辩护律师：尊敬的庭上，请允许我们接下来提交第2164号辩方文书作为证据。这是广田1935年2月25日在帝国议会会议上，面对贵族院预算委员会质询时所做的声明。

……

山冈辩护律师：我将宣读辩方证据第3250号被法庭采纳的部分。

第67届帝国议会众议院决算委员会会议记录。1935年3月1日。

外务大臣的答辩。

广田外务大臣。

此外，由于在中国当前情况下，难以对日本承诺某些特权，因而我建议中国应以对待其他国家相同的方式对待日本，例如，采取不偏不倚的态度把给予其他国家相同的权利同样惠及日本。

我们提交辩方文书第2149号作为证据。该文书包括广田外务大臣和苏联外交部部长李维诺夫之间互致的电文……

韦伯庭长：第1429号，是吗？

山冈辩护律师：哦，对不起，是的，是第1429号。为庆祝《有关中东铁路协议》的签署。

韦伯庭长：按照惯例，予以采纳。

法庭书记官：辩方证据第1429号采纳为证据第3251号。

（上述提交的证据被标以辩方证据第3251号，采纳为法庭证据）

山冈辩护律师：我将宣读证据第3251号。

广田外务大臣和苏联外交人民委员李维诺夫之间有关中东铁路的协议签署互致的电文——

（1）自李维诺夫至广田弘毅

（接收于1935年3月24日）

东京外务大臣广田弘毅阁下

我非常欣慰地了解到有关中东铁路的协议签署。对您本人积极参与并卓有建树地成功完成谈判表达我真挚的祝贺，这是我倍感欣慰的职责。为了控制我们国家间引发冲突和误解的任何诱因、为了我们国民的利益和总体和平而加强两国之间真正的友好关系，我确信我们将继续深化我们卓有成效的合作。

李维诺夫

外交委员

莫斯科，3月23日

（2）自广田弘毅至李维诺夫

（发送于1935年3月25日）

李维诺夫阁下

莫斯科外交委员

真挚感谢贵电。对有关北满铁路谈判的圆满完成我同样也深感欣慰，我也借此机会对您为谈判的圆满完成贡献如此之多坚定不挠的努力表达我深深地敬意。协议将提升苏联和"满洲国"间的友好关系,通过本协议,奠定了日本、苏联和"满洲国"间进一步发展友好关系的基础。我坚信在目前的谈判中展示出来的同样的调节和合作精神,会确保其他悬而未决问题的友好解决,从而进一步成为巩固东亚和平的基础。

外务大臣,广田弘毅。

东京,3月25日。

附有证明书,对此我将不予宣读。

我们提交辩方文书第 2505 号作为证据。这是选自 1937 年莫斯科国立出版协会出版的李维诺夫的《苏联外交政策》的一则声明,是向日本记者发布的有关在 1935 年 3 月 14 日的中东铁路出售协议签署时刻苏日关系所具意义的一则声明。

韦伯庭长:布朗检察官。

布朗检察官:庭长大人,检方反对该文书,因为其与该争议点没有关联。该文书表明这只是当任何国际性的协议达成时通常要做的一种礼貌性地说辞,这证明不了什么。

韦伯庭长:我们没有理由认为外交官们会以牺牲真相为代价而表现礼貌。反对无效,采纳该文书。

法庭书记官:辩方文书第 2505 号采纳为证据第 3252 号。

(上述文书被标以辩方证据第 3252 号,采纳为法庭证据)

山冈辩护律师:我将宣读证据第 3252 号。

1935 年 3 月 14 日《有关中东铁路协议》的草签对苏日关系的意义向日本记者所做的声明。

(选自 1937 年莫斯科国立出版协会出版的李维诺夫的《苏联的外交政策》)

你要求我对刚刚发生的《有关中东铁路协议》的草签进行评

论,并发表这一事件对日本感兴趣的其他问题如《渔业公约》和边境地区的非军事化问题的命运的可能性影响的看法。

在我看来,《有关中东铁路协议》必须被看成是对远东最复杂问题之一的解决之道,同时看作在苏日关系发展中最重大的积极事件之一,在这一点上不会有分歧。

10多年前,苏联政府就表明它乐于处置中东铁路,通过1924年《北京条约》授权中国在限期前购买中东铁路,并开始具体谈判把中东铁路割让给满洲事实上的前政权。但在自1931年以来的巨变下,苏联政府就推断中东铁路必然成为苏日之间不可避免的冲突源泉,并且破坏苏联与周边所有国家维护和平的政策。没花多少时间事实就证明该推断是正确的,而实际上从满洲新政权在那儿出现的最初几个月起,该政权和苏联铁路管理部之间就开始了一系列冲突,不管我们多么热爱和平,这些冲突将会给有关各方带来严重的后果。这就是为什么我在1933年5月2日以我的政府的名义向日本驻莫斯科大使太田阁下宣称,我们乐于毫不迟延地开启向"满洲国"出售中东铁路的谈判。在我看来,该提议是苏联政府热爱和平的最鲜明的表现之一,整个世界也是这样认为的,不排除日本。

由于把出售中东铁路看成是强化远东和平的源泉之一,谈判伊始苏联政府就展示出了最大限度的诚意和让步,毕竟已在相当大程度上偏离了它起初采取的立场。另一方面,我们也须向渐次做出迎合我们的让步的日满方表达敬意。

谈判持续了大约两年,说明我们遭遇了巨大的困难,我们不得不把对这些困难的克服,归功于双方为谈判和获取预期结果所做的努力。在克服这些困难的过程中,日本外务大臣广田弘毅阁下,在谈判的各个阶段,做出不少努力。广田阁下以驻苏大使身份在苏联的驻留,毫无疑问会有助于开启苏日参与谈判者之间的相互理解。

该电文附有证明书,请庭长大人允许,我将不再宣读。

……

这是一份广田外务大臣至驻华日本大使和其他人员有关对华政策的一封电报,日期为 1935 年 8 月 5 日。

韦伯庭长: 按照惯例,予以采纳。

法庭书记官: 辩方文书第 2216 号采纳为证据第 3253 号。

(上述文书被标注为辩方证据第 3253 号,采纳为法庭证据)

山冈辩护律师: 我将宣读证据第 3253 号。

外务大臣广田弘毅阁下发给日本驻华大使、日本驻北京代办、日本在天津和南京的总领事的电报。

密电第 556 号(机密)

与对华政策相关问题

鉴于最近形势的变化,我于前些日子指示相关当局与陆军和海军当局在极其秘密的情况下再一次开展有关对华政策的基础调查。我指示东亚局(日期为 6 月 2 日)毫不迟延地呈交一份方案,对此我将通过别电第 555 号转发给您。陆军和海军似乎对该方案的主旨没有实质性的反对意见,并预期在不久的将来会予以表决。决议一经达成就会告知您。同时我们也请求您对此事严格保密,只能您个人知悉。本电及别电致——(以下省略)

密电第 555 号(机密)

日满中三国合作共助确保东亚稳定是我们外交政策的要点,为实现此目的,这三个国家建立友好关系、开展必要的合作是非常重要的。我们对华政策的根基就在于此。因此我们决心按照下列基本原则和最适合时宜的方式达成上述目标。

（1）中方应对所有排日言论和活动严格管控。同时，日中两国基于在确保东亚和平中的特殊责任，应根据相互尊重独立、合作和共助的原则努力建立和提升友好合作关系（建立和提升友好合作关系的这类努力应从经济文化方面着手），再进一步，这两个国家应致力于发展日满关系。

（2）"满洲国"和中国之间关系发展的终极目标是中国要正式承认"满洲国"，而与此同时，日本、"满洲国"以及中国将根据相互尊重独立、合作、共助的原则签署必要的协议，调整这三个国家的新型关系。然而，目前，中国要在北满和与"满洲国"领土接壤的察哈尔地区至少不否认"满洲国"存在这一事实，停止反"满洲国"的政策，继而，再进一步与"满洲国"在经济文化领域方面进入实质上的相互依存和合作关系。

（3）由于来自外蒙等的赤化，威胁到日本、"满洲国"以及中国，至少应该在察哈尔和与外蒙接壤的其他地区进行合作消除这类威胁。

我们提交辩方文书第2217号、广田外务大臣1935年9月28日致日本驻华驻"满洲国"大使的电报，请法庭采纳为证据。该文书展示了日本政府1935年10月4日决定的号称"广田三原则"的日本对华政策原文。

韦伯庭长：布朗检察官。

布朗检察官：庭长大人，检方反对该文书，因为其仅仅是重复了刚刚宣读的上一文书证据第3253号。

山冈辩护律师：请庭上明鉴，作为对检方异议的回复，我意欲指出先前的证据第3253号是外务省提出的试案。该方案最终被修改成包含在由外务省、陆军省、海军省、大藏大臣和内阁总理大臣决议的该文书中。这将由证据表上下一个被提交的文书说明。

韦伯庭长： 多数意见，反对无效，按照惯例，采纳该文书。
法庭书记官： 辩方证据第 2217 号采纳为证据第 3254 号。
（上述文书被标注为辩方文书第 3254 号，采纳为法庭证据）
山冈辩护律师： 我将宣读证据第 3254 号。

外务大臣广田弘毅阁下于 1935 年 9 月 28 日发给日本驻华和"满洲国"大使，日本驻北平代办，日本驻天津、济南、青岛、南京、汉口、福州、厦门以及广东的电报。

第 687 号密电（机密）

与对华政策相关事件。

一段时间以来，未来的对华政策都是与陆军和海军合作讨论的问题。这种讨论的结果，例如我正在通过别电第 688 号向您转发的草拟政策是由外务省、陆军省和海军省三省部门主管当局制定的，目前正在采取措施按照相关各省大臣所谅解的事项决定。决定一经做出，我们将再通知您。我们也请求您严格保守此秘密情报。然而，您被授权在陆海军代表的要求下可以把本电和别电副本给予他们。

本电和别电致……（余下省略）。

别电合密电第 688 号（机密）。

通过日本、"满洲国"和中国的合作互助确保东亚稳定、致力于共同繁荣，促使帝国成为东亚的中心，是我们外交政策的根基。这就是我们对华政策的目的所在。为实现该目的，首要的是必须要求中国（中央政府和地方政府），按照下列原则，一直支持伟大的正义事业，以最合时宜的方式，调整他们与日本和"满洲国"的关系，从而促成能够建立日本、"满洲国"和中国之间基础关系的情势。

（1）中国应该对所有反日言论和行动严格管控，并且取缔其依存欧美国家的政策，中国应采取对日亲善政策，并事实上执行这种政策。再进一步，中国应该与日本在具体问题上合作。

（2）尽管中国有必要最终正式承认"满洲国"，但是目前来说，中国应事实上默认"满洲国"独立，并停止反"满洲国"政策。而且中国至少应在与"满洲国"领土接壤的华北地区在经济和文化领域与"满洲国"形成相互依存和合作的关系。

（3）鉴于来自外蒙等的赤化势力构成了对日本、"满洲国"和中国的共同威胁，为了消除这种威胁，中国应在毗连外蒙的地区采取各种日本期望的措施进行合作。

如果上述原则中阐述的要点被稳步予以执行，日本又为中国与日本以及"满洲国"友好合作的诚意所信服，应该首先签署建立日中友好合作关系的全面协议，之后应签署一项调整日满中新关系所必需的协议。

该电报附有证明书，我将不对此宣读。

我们提交辩方文书第2218号作为证据。这是一封广田外务大臣1935年10月4日就有关对华政策致日本在华和"满洲国"大使馆人员及其他官员的电报。该文书表明对华政策三原则是由外务省、陆军省、海军省、大藏大臣以及冈田内阁总理大臣协议共同决定的。

韦伯庭长： 布朗检察官。

布朗检察官： 庭长大人，检方反对该文书，因为其仅是对刚刚宣读的证据所包含信息的重复。

山冈辩护律师： 请庭上明鉴，先前的证据密电第687号称作为相关大臣谅解的事项目前正在采取措施。现在，该文书……

韦伯庭长： 多数意见，反对无效，文书按惯例予以采纳。

法庭书记官： 辩护文书第2218号采纳为证据第3255号。

（上述文书被标注为辩方证据第3255号，采纳为法庭证据）

山冈辩护律师：（宣读）

　　外务大臣广田弘毅1935年10月4日的电报，致日本驻华和"满洲国"大使，驻北平的日本代办，驻天津、济南、青岛、南京、汉口、福州、厦门以及广东总领事。

　　密电第716号（机密）

　　有关对华政策事项

　　参照我的第687号电文，10月4日决定的事项确切，正如第688号电报告知你的那样，并且是由外务大臣、陆军大臣和海军大臣所认同的。内阁总理大臣和大藏大臣也知悉此事。在这一点上，就有关这些原则的适用，您被要求与该省保持特别密切的联系（然而，目前，我们并不期望在这些部门积极适用这些原则，除了驻华大使以及在南京、北平以及天津外。相应地，除了这四处的大使馆以及总领事馆外，要求把当前事项严格作为个人信息保密）你们也应该与陆军省和海军省代表保持联络。本电是致我的第687号电报告知过的那些人。（以下省略）

请尊敬的庭上允许，证据表上第40号辩方文书第2023号将予以撤回。

我们提交辩方文书第2221号作为法庭证据，该文书是日期注明为1935年11月14日的驻南京总领事须磨至广田外务大臣的一封电报。

韦伯庭长：布朗检察官。

布朗检察官：庭长大人，检方反对该文书，因其包含的只不过是意见——仅仅是总领事，日本驻南京的总领事，对当时他看到的情况的意见，并把它发送给当时的广田外务大臣。我们认为这与被告广田弘毅一案不相关。

山冈辩护律师：请庭上明鉴，这封电报显示了面对截至当时正在形成中的和解形式，中方态度有所转变，并披露参加讨论和谈判的主要成员之一几乎被暗杀。我们认为该证据将揭示广田弘毅三原则没有全面执行，不单是日方的错误。

韦伯庭长：多数意见，反对无效，按照惯例采纳该文书。

法庭书记官：辩方文书第2221号采纳为证据第3256号。

（上述文书被标注为辩方证据第3256号，采纳为法庭证据）

山冈辩护律师：我将宣读证据第3256号。

注明日期为1935年11月14日的南京来电，于11月15日到达日本外务省。

自驻南京总领事须磨至外务大臣广田弘毅

密电第1257号（机密）

正如我接二连三的电报告知您的那样，国民政府内部对日本的看法突然变得很有敌意，共产主义者和其他非法因素被疑在这一突变背后起了作用。

关于企图刺杀汪精卫和其他各种事件，在处理它们的时候，普遍认为有必要不仅仅把它们当作偶然事件看待。而且除此之外，假如在华北发生一些更严重的事件或其他事情，任何风吹草动都可能使中国人中的亲俄派、绝望的战争论者和亲欧美人员陷入绝望。

然而，根据我最近在华北旅行期间的观察，有迹象表明可能发生了一些违背前几天在内阁会议上决定的三项基本要点的不好的事件。不幸的是，在回应新的货币体系计划方面英国突然宣布支持中国，恐怕这可能会推动形势向不利转化（我被秘密告知我们的机械化部队这几天正在山海关集结）。如果采取错误的措施，可能会引发一些重大事件。因此希望采取适当的措施以便于我们的华北当局可以严格按照内阁会议的决定行事。考虑到最近国民政府的情况,尽管您可能对要点很清楚,我仍把我的意见呈交给您。

(传送至南京大使馆和天津总领馆)

我们提交第979号辩方文书作为证据。须磨总领事致广田外务大臣的这两封电报汇报了日本驻华大使有吉明和蒋介石之间根据广田外务大臣提议的三项原则就有关对日中关系做出全面调整的问题而进行的谈话。

韦伯庭长:按照惯例,予以采纳。

法庭书记官:辩方文书第979号采纳为证据第3257号。

(上述文书被标以辩方证据第3257号,采纳为法庭证据)

山冈辩护律师:我将宣读证据第3257号。

第1291-1号由须磨总领事发给广田外务大臣的电报1935年11月21日下午从南京发出,同日下午到达本省(机密)。

来自有吉大使。

(1)继前面第1290号电报汇报过的会议,我问蒋:"对广田外务大臣最近提议的改善外交关系的三原则,您有什么看法?"他相当坦率地回答他完全赞同这三项原则,并且没有提"反对意见"(唐后来解释这个"反对意见"的意思就是条件),他决心立即了解日本的愿望,具体讨论这件事,并立即实行;并且他希望日本应对目前华北的局势予以适当考虑,因为假设华北事态发生变化,就不可能讨论该问题。

(2)因此我问蒋,"按照您的看法,您意欲以华北局势获得和平解决为条件来决定您是否想要实施这三原则吗?"他回答道,我的意思不是要把其作为一个条件,而是指日本现在提出的三原则,首

先是与华北密切相关的,因此相应地假设华北爆发事变的话,自然就不可能实施该三原则的第二条和第三条。(待续)

以下是后续部分,我不再宣读标题。

(3)我告诉他我对此也很担心,这就是那天我首先提请他注意华北问题并且请求他采取适当措施的原因。此外,我告诉他就今后有关实施这三原则的方式我会请教他。然后,与此相关,就有关实施白银国有化法令、借款论以及日中航空联络问题,我和他正如别电汇报的那样举行了会谈。我也请求他采取措施遏制源于最近的水手事件和在上海的日本商店被袭事件所引发的各地的反日气氛。而且我还说假设所说的三原则被立即执行的话,日方的疑虑就会被消除,而且在提升我们的外交关系方面会非常有效。

(4)然后蒋回答说永远不会有排日运动,而且他绝不排日,而是衷心期待日中之间建立友好关系。他告诉我要放心因为爱国的中国人永远不会发起排日运动。

我把这则电文转发给中国北平和天津。

电文附有证明书,请尊敬的庭上允许,我将不再宣读。

……

法庭执行官:远东国际军事法庭现在重新开庭。

韦伯庭长:山冈律师。

山冈辩护律师:尊敬的庭上,请允许我宣读第2434号证据英文本第7页第2段以及该证据英文本第9页末尾部分以"至于澳大利亚……"开始的这句,直到该句结束,即第10页前两行和第11页第1段第2句。

我现在将宣读该证据第7页上的摘录部分。

现在在讨论联合委员会成立的问题上，满洲政府首先坚持主张有必要澄清模糊的边界线问题。在这三个国家的关系中我们深为关注的一点是苏联方面在偏远的东西伯利亚殖民地过度的军备。因为这不仅会直接刺激满洲人还有我国人民的情绪，我们利用一切机会要求苏联当局认真考虑此点。

转到第9页：

至于澳大利亚，我们派遣出渊胜次大使回应澳大利亚外交部长莱瑟姆的友好使命，我们也令他访问新西兰，以促进与那个英联邦的友好关系。至于南海诸岛，我们帝国期盼促进友好关系，期望与他们发展商业交往。从这点来说，我们真心渴望最近成立的菲律宾联邦有令人满意的发展形势。

跳到第11页。

很不幸去年我们不得不对加拿大商品适用了贸易保护主义法，但之后在我们国家和加拿大之间达成了一个完美的妥协，加拿大彻底理解了我们的真实意图，出于我们的衷心褒扬，我们已不再适用该法。

我们现在提交格鲁大使的日记《在日十年》中的另一摘录辩方证据第206C1作为证据，该摘录披露了广田阁下在被天皇命令组阁时面对的问题。

……

……至于对第15项的异议，与日本的公共意见相关的这几句，尽管使用了意见这个单词，但是我认为这并不是证人的意见性陈述。

韦伯庭长： 这不是异议所在。该异议指的是这对任何一个人来说都过于严重了，并且对表达这一意见的当事方来说，它的确不包含其个人观点。然而，假设公共意见与之相关的话，我不知道你还能怎样证实它。

山冈辩护律师： 请庭长大人明鉴，我正要补充说明该公众意见自然是公职人员需要密切关注的事情，因为他们信赖它并按其行事，尽管诚然这难以查明。

至于对第18项的异议，我认为刚讨论过的我的观点涵盖该事项。

我认为这涵盖了异议的主要论点。

韦伯庭长： 法庭多数意见，反对有效，按照惯例，采纳该文书未被异议的部分。

法庭书记官： 辩方文书第2146号采纳为证据第3260号。

（上述文书被标以辩方证据第3260号，采纳为法庭证据）

山冈辩护律师： 我将宣读第3260号证据被采纳的部分，省略公式化内容：

（1）我于1911年12月2日接受大使随员任命，并留任外务省直到1940年12月21日退休。在这期间我于1936年4月10日被任命为广田内阁有田八郎外务大臣手下的外务次官，并留任直到1938年10月15日我被任命为驻美大使。同期，从1937年6月4日至1938年5月26日我在第一届近卫内阁广田外务大臣手下工作。

……

（4）外务省全然没有预见到会爆发该事变。汇报其爆发的官方电报于事变第二天1937年7月8日到达东京。当广田外务大臣接到外务省汇报事变爆发的电话时，他已在鹄沼的公馆就寝了。

外务省的政策是尽最大的努力，争取尽可能快地友好解决这次事件。7月9日举行了临时内阁会议，决定了政府坚守不扩大骚乱的政策,和寻求迅速、现地解决该事件的态度。该决定主要是据广田外务大臣的意见而做出的。

(5) 与此同时,在华北地区,以当时的华北驻军参谋长桥本群少将为中心与中国第二十九军谈判,在 11 日 20:00 达成协议。中国第二十九军采纳了日本陆军的下列要求。

① 第二十九军代表应表示歉意,惩戒责任人,并承诺类似事件不再发生。

② 由于中方军队在日军驻扎的丰台附近集中,易引发意外事件,因而驻扎在卢沟桥所在要塞和龙王庙的中方军队应撤退,替换上保安队。

③ 严控抗日组织。

这些条款似乎已被中方在 7 月 22 日前设法实施了。

但与此同时,日军和中方军队之间经常发生一些小规模的战斗,因为后者一度撤退又重新出现在上述地区,形势仍需谨慎和小心。

韦伯庭长:休庭 15 分钟。

(法庭在 14:45 休庭到 15:00,之后继续审理如下)

法庭执法官:远东国际军事法庭现在重新开庭。

韦伯庭长:山冈律师。

山冈辩护律师:尊敬的庭上,请允许我继续宣读该证据。

(6) 在此之前,已安排在 7 月 11 日举行内阁临时紧急会议,而且据报陆军会提出军队动员的初步措施。外务大臣再次从 7 月 9 日夜起就待在他在鹄沼的官邸。该计划立即通过电话汇报给他,而他在 7 月 11 日大约 9:00 的时候到达新桥火车站。他一到外务省就把我、石射东亚局长和东乡欧亚局长,召集到他的办公室审议陆军汇报的提议,并决定应反对陆军的提议。不久外务大臣出席了内阁会议,之后传达了下列成果。

首先,杉山陆军大臣对动员的初步方案作了说明。该说明清楚表明该方案并非是要立即着手进行军队动员安排。或许更适合说它仅仅是为动员的初步安排做准备。为防止时局更加恶化,设想最终的动员初步措施遂成为内阁的决定。然而外务大臣认为事件到那时可能已经在当地解决,并主张应该延迟审议所谈军队的提议,直到政府收到进一步的报告。

因此讨论一度被推迟。但是,由于期待中的报告来得非常晚,就在同一天再次召开了内阁会议,并被迫支持军队的提议,该提议规定为了确保中方致歉并获得其进一步的保证,在关东军和朝鲜军的先遣部队被派遣增援华北驻屯军时,国内必要的兵力也应动员起来,而且为遵循现地解决政策,应尽一切可能的努力和平解决这次事件,而且当上述目标达成且中方已履诺表达了歉意并对未来做出保证时,应立即停止派遣部队。

广田外务大臣同意该决定但对派军有所保留,即使已经派军,也应是完全为了保护日本侨民和确保力量相对弱小的华北驻屯军本身安全这一目的,而且国内部队的动员决定只不过是陆军大臣同意的一种做准备的态度而已。

(7)为了坚持该事件快速现地解决的政策,外务大臣决定为达成此事不遗余力。按照外务大臣的命令,我要求中方代办杨云竹7月11日早上拜访外务省,并且呼吁中方政府关注华北的紧急局势,敦促有必要快速现地解决该事件。我也告知他相同意思的训令,在那天上午早些时候也转达了日本驻华大使。

(8)日本驻华大使川越阁下,就在事件爆发的那一天离开了上海,当时正在前往华北的路上,日高[1]参事官代理他贯彻了该训

---

[1] 日文版庭审记录为"日高",英文版为"广田",应为日版"日高"。

令。同时,我们接连收到确凿的报告指出尽管我们在东京及南京都提出了交涉,但南京政府还是在一队队地向华北派遣增援部队。中方第二十九路军可能也受到南京政府这种军事行动的影响,在执行7月11日达成的和解三项条款方面,开始展示出模棱两可的态度。于是,外务省于7月16日电训日高〔1〕参事官呼吁南京政府不要干预三项条款的执行,并遏制中方中央军的北上行动。然而,据报中央军仍继续向北挺进。

(9) 鉴于中方的这种态度,内阁在7月20日的会议上决定为了以应不测,应该为动员国内3个师团做好准备。

然而外务省并没有放弃和解的希望,而是让日高〔2〕参事官在南京真诚地谋求谈判。不幸的是,自从7月25日或者26日以来,在华北的日军和中方军队之间再次发生了武装冲突。由于局势有了严重发展的倾向,最终在7月27日发布了国内3个师团的动员命令。自第二天28日清晨起,华北的敌对行为就扩展开来。而且局势相对安宁的上海及其周边地区也变得不再平静。因此证明了日高〔3〕参事官在南京的全部努力毫无成效。

(10) 英国代办多兹7月15日在东京拜访了我,并询问英国是否可以在这次事件的解决中帮上忙。我在回答时告诉他,我认为现地解决还是有可能的。从那天起直到大约7月20日,多兹几乎每天都来探访我,随时告知我英国驻华大使许阁森和中国外交部长之间谈话的要点。我总是在这些场合告诉他,我们尚未放弃现地解决此事件的希望。22日,美国驻日大使格鲁主动向广田外务大臣提议他的政府能够在必要的时候以调停的方式予以帮助。但是外务大臣回答鉴于19日华北的实际状况,8月11日的协议仍然

---

〔1〕 日文版庭审记录为"日高",英文版为"广田",应为日版"日高"。
〔2〕 日文版庭审记录为"日高",英文版为"广田",应为日版"日高"。
〔3〕 日文版庭审记录为"日高",英文版为"广田",应为日版"日高"。

有可能被执行的希望。实际上日本外务省当时还没有放弃现地解决的希望,还在拼命努力中。

(11) 7月由于外务省和陆海军主管当局的深思熟虑,与中国和解的条款草案制定出来了。草案包括三个要点:① 沿白河地带建立非武装区,中日军队从该指定区域撤退;② 无领土吞并;③ 无补偿。草案在8月5日由外务大臣、陆军大臣、海军大臣和内阁总理大臣批准。

(12) 在8月初,广田外务大臣决定派遣中国通——船津辰一郎赶赴上海以图恢复中日之间的和平。船津阁下的使命是以8月决定的上述和平条款为蓝本,和与蒋介石委员长直接联络的中国外交部亚洲司司长高宗武举行会谈。船津阁下大约在8月5日离开东京,7日到达上海。而川越大使几乎在同时重返他在上海的岗位。并且在两位商议后决定川越大使本人将与高宗武洽谈。会见在8日。当川越大使以其个人建议透漏了八月方案的三条款时,高声称他认为根据这些条款中日有和解的可能,并允诺他会立即返回南京向蒋委员长汇报,之后在上海再次会见川越大使。但是恰逢一位日本海军官员被中方士兵于8月9日杀害(所谓的大山事件),从13日起,在上海地区的中日军队都进入了敌对状态,南京与上海之间的交通与通信全面瘫痪。川越与高之间的会谈没有实质性的成果就这样结束了。

(13) 甚至在那之后,广田外务大臣也没有放弃希望寻找和平解决该事件的线索。他要求已经成为广田内阁外务大臣的有田阁下去南京政府要人经常汇集的上海,并在那里待上一些时日,抓住一切机会和他们举行非正式会谈。有田阁下采纳这一任务,在两人商议后就做了如此安排,有田阁下会首先视察满洲和华北,留在那儿直到外务大臣给他电报,告知他动身前往上海的适宜时间。有田阁下8月28日离开东京到满洲、北京、天津和其他地区巡视,但是，由于形势并没有好转让他按预期前往上海视察，他被迫在9月底离开大连返回东京。

（14）9月川越——高会谈证明失败后，外务省、陆军省和海军省主管局长聚集协商如何处理此后的和平问题并达成协议，即假若追寻和平的努力还要继续，别无他法只能请求第三国的斡旋，并寻求与中方按照八月方案的条款和解。该意见被提交给政府，获得内阁总理大臣、外务大臣、陆军大臣和海军大臣的首肯。

几乎在如上所述的同一时间，根据相关大臣的命令，相关局长聚集讨论，政府要采纳的有关中国事件各种问题的政策。然而，他们在两三点上不能达成一致意见。于是，我与陆海军次官商议后遂解决了这些问题。这是按照政府10月1日的政策在内阁总理大臣、外务大臣、陆海军大臣的首肯下决定的。需要我们特别注意的一点是该《中国事变处置方针要纲》规定① 促使中国事件尽可能快地结束，② 严格遵循国际法行事，③ 把战场主要限制于河北和察哈尔两省以及上海地区，④ 按照上述地区应置于中方中央政府管辖之下的政策，努力解决华北问题。

（15）9月21日，国联要求日本政府参加二十三国顾问委员会。然而，日本1933年3月27日已经退出国联。自那时起，日本就持坚定态度不参与国联的任何政治性活动……于是，日本政府9月25日做出回复，大意是日本不可能采纳国联的上述要求。

1937年10月20日和11月7日，比利时政府邀请日本参与按照《九国公约》第7条的规定即将举行的布鲁塞尔会议，日本政府被迫分别在10月27日和11月12日回复比利时10月20日和11月7日的请求，即日本不可能采纳同样的要求。关于《九国公约》第7条，外务省专家做了如下解读：

《九国公约》第7条写道："缔约国同意无论何时当它们中任何一国，认为出现了适用本条约规定并且宜付诸适宜讨论的情形出现时,相关缔约国间应进行充分坦诚地沟通。"或者鉴于该条款的措辞或者考虑到上述条款被提交太平洋和远东问题华府会议分委员会第一次会议(于1922年2月2日举行)的情形,显然此处的"沟通"意味着任何形式的沟通,未必是会议形式的沟通。此外,上述分委员会的会议记录表明,一般来说沟通应该通过普通的外交渠道进行,会议形式的沟通并非是最后才会想到的。

按照这种解读,外务省认为拒绝参加布鲁塞尔会议并不违反《九国公约》的规定,因为参加此会议料定会损害日本内政。

(16) 9月初,英国大使克雷吉到达东京履职。他是一个如此积极进取的人以至于他一履新就着手处理8月26日许阁森大使被害一案。他和山本海军次官以及我本人进行了坦诚的交谈,不久就成功解决了该问题。

10月27日,外务大臣在与英国、美国、德国以及意大利各大使的会见中,告诉他们日本政府不能接受布鲁塞尔会议的邀请,但是希望四个国家中的任何一国予以牵线搭桥,促成日中之间根据八月方案的条款直接进行和平谈判。并且当英国大使不久拜访外务大臣并且告知外务大臣,他的政府愿意为了两国谈判牵线搭桥时,外务大臣采纳了。他们之间就和解的条款交换了几次看法。但是由于之后意识到军队内部强烈反对英国做调停人,该计划不得不被搁置。

美国大使格鲁几乎在同时也做了类似的提议,尽管是在日本和中国两国政府的请求下。然而,美国大使的这一提议最终并没有实现。

(17) 军队坚持要寻求德国政府的斡旋。但是,外务大臣犹豫了,因为他怀疑在中国没有很强发言权的德国政府的独自帮助是否会真的有效。与此同时,英国大使克雷吉建议英国、美国和德国联合斡旋,生怕德国单枪匹马不奏效。然而,很显然军队反对英国和美国参与。于是，外务大臣要求克雷吉大使主动请求德国让其他国家参与斡旋这一尝试。由于德国同意和英国以及美国协同行动，因而预期军队也许可能同意它们合作。但是后来据克雷吉大使汇报，作为对他请求的回应，他被德国大使告知，大意是由于与中国政府的接触仍然处于试探阶段，有关英国和美国的提议，晚些时候在到了中方对日本的努力做出回应的阶段之后会予以考虑。

12月的一天，外务大臣收到德国大使迪克森的私人书信，信中写道他有一件重要的事情要与外务大臣商谈，而且由于抱病在身不能外出，希望邀请外务大臣到他家茶叙。外务大臣拜访了德国大使，被告知当德国驻华大使陶德曼12月2日与蒋介石委员长会晤的时候，中方政府的这位首脑透露，他并不反对依据日本的条款开启和平谈判。且迪克森就8月方案的和平条款是否尚未更改询问了外务大臣。

(18) 于是，外务大臣让东亚局长与陆海军主管当局商谈，陆海军都明确表示不反对八月方案的和平条款。

然而，该问题不得不提交到在那不久之前成立的政府和陆海军的联络会上，并列入12月20日的会议议事日程。12月13日南京的沦陷令日本公众对中国的态度大为强硬起来。例如，末次内务大臣就持有这种强硬的态度。他以对中国态度激进而著称，扬言要给予中国粉碎性打击，自然反对和谈这件事。内政大臣史无前例地出席了12月20日审议对中国的和平条款的联络会议。他在这次会议上提出了极其强硬的观点，于是在激烈的讨论后，会议对与中国和解的四项基本条款做出决定，它们自然远不会像8月方案的条款那样妥协。

该四项条款如下：

① 要求中国政府放弃容共抗日满政策、在防共政策上与日满

合作。

②应在必要地区建立非武装区,并在该地建立特殊管理机构。

③日本、"满洲国"和中国之间应该建立紧密的经济联系。

④要求中国政府做出必要的战争赔偿。

日本政府期待中方在来年1月5日或者6日前做出对上述条款的答复。

(19)附有详细解释的和解四条款被交给迪克森大使。由陶德曼大使于12月26日把它们提交给中国政府,但是到指定的日期之前没有得到答复。

外务省通过德国政府几次敦促这一答复,但是晚至1月13日中方外务大臣才回复了陶德曼德国大使,大意是日方的和平条款涵盖范围太广,为了据此做出最终的决定,中国政府希望进一步了解其细节内容。迪克森大使于1月14日向日本外务大臣转达了中方的这一答复。

然而,关于这四项基本条款的内容,早已通过德国政府做出详细的解释。我们相当难以理解中国政府提出进一步了解这些条款细节的要求。鉴于自事变爆发以来两国政府间以往谈判的进展情况,日本政府只能把这看成是有意拖延和解的一种技巧。外务省对中方政府的这一答复极为失望。

中国外交部的答复被提交到1月15日内阁会议上讨论。内阁会议也认为这是有意拖延和解的一种技巧,并且不得不决定关上谈判的大门。"自此不再与国民政府交涉"的宣告就这样于1月16日生成了。

(20)我想顺便讲一下我所了解的引起日本政府为了表明其严重意向,而使用像"自此不再与国民政府交涉"这样的含义并不必然清晰的大白话表述方式的情形。起初在相关各省主管当局会议上提议使用"不再继续谈判"这一用语。但是,外务省反对使用这样一种清晰确定的用语,在经过仔细的考虑之后,决定应该采用上述提到的或多或少有些模糊的用语。这证明日本外务省有意为重启与国民政府的和平谈判预留足够的余地。那一年3月,意大利在上海的主管当局,经常向在那里的日本大使馆转述当时在汉口的意大利参事官讲述的国民政府有关和平条款的意向。我记得广田外务大臣默许驻华大使馆与意大利外交部门保持接触。

（21）广田外务大臣始终对维护在华第三国的利益予以慎重考虑。甚至在事变爆发以来,他在政府公报中几次提到,并且实际上为其利好竭尽全力。我可以引用外务大臣如此尽力的一个显著例子：1938年3月或者5月,为了回应英国政府的提议,他命令我与克雷吉大使讨论有关中国关税制度的维持及其税率变更的问题。我们见了几次面,结果签订了一个双方都满意的协议并公之于众。鉴于当时的实情,该协议把关税税率的变更限制在一定的范围内,以便于其不会背离第三国的利益。这也是为了预先阻止日军接管中国海关。在协议达成之前,克雷吉大使与美国和法国大使保持了密切的联系,英国大使秘密告诉我两国都不反对该协议。就这样,通过与那些第三国间的交涉,广田外务大臣竭力把军事措施对第三国利益的影响控制在最低范围内。

（22）在本书面证词(7)及(8)中提到的电报原文和副本已在一场大火中丢失了,因而在外务省的档案中找不到了。

现在,尊敬的庭上,请允许我提交外务省林馨证实堀内证人证词第7和第8中提到的在战争中电报在大火中丢失并且在外务省的档案中找不到一事的辩方文书第2536号,请法庭采纳为证据。

韦伯庭长：按照惯例,予以采纳。

法庭书记官：辩方文书第2536号被采纳为法庭证据第3261号。

（上述文书被标以辩方证据第3261号，采纳为法庭证据）

······

1947年10月1日，星期三
日本东京都旧陆军省大楼内远东国际军事法庭

法庭于9:30重新开庭。

出庭情况：

法庭全体成员出席，除了来自法兰西共和国的尊敬的亨利·贝尔纳法官，从15:00至16:00没有出席。

检方人员照旧。

辩方人员照旧。

（英日和日英口译由远东国际军事法庭语言部承担）

······

韦伯庭长：山冈律师。

山冈辩护律师：尊敬的庭上，请允许我沿着今天上午早些时候表明的思路进一步询问该证人。

直接询问（由山冈辩护律师询问堀内证人）

问：堀内证人，你昨天说出席过1937年10月27日之前克雷吉大使和广田外务大臣之间的某些会谈。

答：是的，我是这样说过。

问：请你陈述一下在这些会谈中都说了些什么，好吗？

答：克雷吉大使提议他会在其能力范围内，尽其所能协助恢复中日之间的和平。对此，广田外务大臣表示，获得中国对其有信心并信任的大不列颠国的协助是其所愿。

然而，起初外务大臣不愿以日本政府代表的身份提出和解条款，他期望如果可能,他想通过值得信赖的、如同来自非常可靠的渠道或者人士提出和解条款,在这件事上取得重大突破。关于这一点,克雷吉大使表示行不通,他们想把该提议传达给日本外务大臣。

于是,广田外务大臣表示可以引用他的名字,但只能把该提议传达为外务大臣个人的观点。对此,克雷吉大使同意。

在外交交涉中惯用这样一个步骤。首先,举行非正式谈话,然后这些谈话逐渐发展成为正式会谈。这次也采取了这样的步骤。

当时,如果我没记错的话,广田外务大臣在4到5个要点上表达了他的个人看法。

其中一点是提议日军——在华北设立非武装区并且日本军队和中国军队从该地区撤退。

外务大臣提到的另一点是期望在现实基础上调整"满洲国"和华北的关系。

第三点是期望中国控制其国内持续的排日运动。

他还表示期望经济机会均等原则在华北地区获得承认。

克雷吉大使把广田外务大臣的这些看法传达给了中国政府,之后克雷吉大使也向外务大臣传达了两三次中国政府的相关期望。

……

交叉询问(由柯明斯-卡尔检察官询问堀内证人)

问:堀内证人,在第4项第2小节,你告诉我们在1937年7月9日的一次内阁会议上所发生的事情。当时你在场吗?

答:不,我不在场。

问:你从谁那得到的该情报?

答:是从外务大臣那听到的。

问:是指广田吗?

答:是的。

问：你从中提到寻求迅速现地解决该事件的方法，是吗？

答：是的，我是这样做的。

问：据你所知，当时同意按你在第5项中阐明的3条款现地解决且是在7月11日同意的吗？

答：你说的三项原则是什么？

问：难道你手里没有你的宣誓证词吗？

答：我手头没有。

柯明斯-卡尔检察官：请把日文文本递给证人。

问：你也能读懂英文，不是吗？

答：是的，我的确能读懂英文。

韦伯庭长：给他原文。

柯明斯-卡尔检察官：好了，请参照英文或日文证词跟上。

在第5段中，你阐述了你说在7月11日桥本将军和中国二十九路军之间同意的三项条款。我再问你，据你所知这些条款是否是7月9日内阁会议决定的应该据此进行现地解决的条款。

答：这些条款是在当地决定的。我记忆中7月9日内阁会议并没讨论过这些条款。

问：那么，你是在告诉我们，7月9日内阁把问题留给当地司令官，由他实施他认为合适的任何条款吗？

答：不，不是这样。

问：那么，你在说什么？

答：7月9日的内阁会议决定了两项主要原则。这两项主要原则的第一项是尽一切努力在所有可能范围内寻求事件的和平解决，这两项原则的第2点是应当现地解决。

问：是的，但是我现在问你的是：根据你被告之的，内阁在7月9日决定了所需条款的内容还是他们把问题留给了当地的司令官？

答：内阁在会议上决定的政策是要确保该事件在当地迅速解决，并且当地的日本军方当局要按此政策和中方交涉,涉及具体条款的交涉要在现地进行。

问：那么你介意回答这个问题吗？这些条款是不是留给了当地的司令官自行决定？

答：由于内阁在7月9日没有被告知形势的全部细节,所以内阁所做决定仅涉及解决形势的一般方针,即当地的日本军方当局被指示——要根据那里的普遍情形与当地中方实现快速和解。

问：那么,对我问题的回答就是是的,决定这些条款的问题留给了当地的司令官？

答：不是这样的,我没有说过任何这种话。谈判在当地进行,但其中最终决定是由日本政府做出的。

问：那么,据你所知,在内阁和广田弘毅看来,根据你对内阁和广田弘毅的认识,(日本)当地司令官避开当地中方指挥官的任何条款都不能生效,除非中日双方政府同意,是这样吗？

答：是的,涉及政府间的协定。

问：这一限制条件是什么意思？军队谈判的条款为最终结果还是要征得政府的同意,你的意思是哪一个？

答：是的,涉及现场双方军队的条款是有效的。

问：好的,那么,当地司令官应该采取什么措施迫使当地中方军队采纳他的条件,是不是也留给了当地司令官自行决定？

答：正如我之前所说,一般方针是根据该事件不扩张和不侵略的和平政策迅速在当地解决。当地的军事司令官获准开展和解条款的谈判,只要他们与该一般原则或方针一致。

语言仲裁官：只要他……

问：你认为这是对该问题的回答吗？

答：我想是的。

问：再试一次,我重复问题。

当地司令官应采取什么措施迫使当地中方军队采纳他的条件,也留给了当地司令官自行决定吗?

答:他是受指示或命令来开展谈判。

问:当你看到你在第5项所定的条件,你和广田都会很清楚,不是吗?除非是在武力威胁的情况下,否则没人会采纳这些条件。

答:不,情况不是这样的。

韦伯庭长:柯明斯-卡尔检察官,我认为现在适合休庭。我们将休庭至13:30。

(法庭在12:00休庭)

(下午庭审)

法庭13:30重新开庭。

韦伯庭长:经法庭允许,被告贺屋经与其律师商谈后将缺席整个下午的庭审。

柯明斯-卡尔检察官。

堀内证人,代表辩方重新站在证人席上,通过日语译员作证如下:

柯明斯-卡尔检察官(继续):堀内证人,你们外务省,在中国各地都有自己的代表,不是吗?

答:是,是这样。

问:你指示过他们查明该事件最初爆发的实情吗?

答:我不记得是否发出任何特别或特定的指示。

问:你,或者我应该说,广田阁下告诉他们查明中国对该事件的说法了吗?

答:我不记得是否有任何这个意思的指示发送给我们在现场的代表们,但是我们在现场的代表们,执行公务时,通常会把他们听到或了解到的任何信息全部汇报给外务省。

问:你是否发现中方否认了日本军方对此事的说法?

答：是的，我们确认了一些。中方确认了日方的部分说法，但否认了其他。

问：你做过任何独立调查来查明真相吗？

答：外务省对全部可用或可能来源所获得的情报以及中国官方自己的看法进行了考虑和研究。

问：那么广田采纳日本军方的说法吗？

答：不，他并没有全部都相信。

问：请看第5项提到的第2个条件。无论真相如何，冲突已然出现，因为日军选择以坚持本方固有的演习权对抗中方军队在该处的驻守权，不是吗？

答：我不这样认为。

问：为什么是中方为避免引起意外事件不得不从他们有权驻守的地方撤退？

答：我的理解是中日双方谈判的目的是要满足他们双方的利益，避免双方发展过程中任何进一步的冲突。

我的理解是，为了避免任何进一步的冲突，此类事件——双方谈论的目的是要满足他们相互和各自的利益，为了这样安排，双方军队应该分开。

问：那么，回到你证词第6项中7月11日的内阁会议。在英文版证词第3页的顶部，你说到"随后汇报了接下来的结果。"谁汇报的？

答：我是从外务大臣那听到的。

问：为什么在你的证词里你没有这样说？

答：我以为这足够清楚了。

问：这难道不是那次内阁会议的真实结果吗，即内阁做出一项重要决议，并决定采取与派遣部队到华北有关的必要措施？

答：内容已在我的证词中阐述过了，而且当时的情形正如所写。

问：你介意回答我的问题：我向你提出的问题不是准确代表了结

果吗？

答：不是这样的。正如我在证词中所阐述的，以防不测或危机，鉴于这样的不测事件需要考虑做好准备。

问：外务省……

语言仲裁官：为动员做准备。

柯明斯-卡尔检察官（继续）：外务省相应匆忙采取措施以加强华北外交人员的实力了吗？

答：这些我不记得了。

问：你知道我在向你宣读的内容是取自1937年度的外务省报告，并且该报告是由外务省秘书课于同年12月1日出版的吗？

答：我不知道。

柯明斯-卡尔检察官：这是证据第260号，在庭审记录第3486页。

问：那么，陆军大臣坚持派出达5 000人的紧急增援部队到天津，这是事实吗？

答：我没有听说过此事。

问：而且全体阁僚同意他的建议，包括广田？

答：我没有听说过此事。

问：内阁会后陆军大臣说过他将派遣大规模部队摧毁敌方并且在短时间内解决该争端吗？

答：对谁说的？

问：对天皇说的。

答：没有接近过天皇，我不知道。

问：那么，紧接着内阁会议后，也就是在12日上午，传来消息称中方已经同意你在第5项中提出的条件了吗？

答：对此我不记得了。

问：而且消息称，"这是一个很真诚的答复"？

答：我不记得消息中有这样一个形容词。

问：陆军参谋本部表达了这样的看法，即这是中方令日方停止军备的策略？

答：我不记得了。

问：尽管中方已同意了这些条件，还是从关东军和朝鲜军中派遣了增援部队？

答：他们同意了但尚未实施。

问：但是你知道在你宣誓证词第5项仅有一句的小节中曾说过"这些条款似乎已被中方在7月22日前设法实施了"。你现在想说这不是真的吗？

答：我不知道证词中我的话是怎样译成英文的，但是我在日文中说的是看起来好像这些条款将被实施。我没有说已被实施。

问：你告诉过我们，除了日文你还能读英文，不是吗？

答：我想再看一遍英文证词。

问：难道在你来法庭之前你没有读你证词的英文翻译件吗？

答：我浏览过一遍，但是，既然现在我陈述的主旨正如在日文文本中所阐明的，那么看不到英文翻译件，我没有把握作答，我想看一下英文文本。

柯明斯-卡尔检察官：请向证人出示英文文本，好吗？

（文书被递给证人）

柯明斯-卡尔检察官：第2页，倒数第3句话，以"这些条款似乎已被中方……实施了"。

韦伯庭长：倒数第3段。

证人：英文可能传达的是这样一个意思，但是我真正想说的已在日本文本中阐述清楚了。

柯明斯-卡尔检察官：尊敬的庭长大人，我将要求摩尔少校就该点进行报告。

证人：我想多说点。我想指出的是即使是在我宣誓证词的英文文本中,出现的词语是"似乎"而不是"已经"。

问:你是否同意我刚才向你表明的参谋本部的看法,即中方的同意仅仅是阻止日方军备的一种策略?

答:我从来没有那样想过。

韦伯庭长:柯明斯-卡尔检察官,如果你把那一小节全部读完的话,证人所说的差别根本就不是差别。"似乎被实施"的意思就是"似乎已被实施",因为他谈的是7月22日之前的那个时期。

柯明斯-卡尔检察官:是的,庭长大人。

问:现在,我可以对我最初的问题得到一个回答吗:来自关东军和朝鲜军的先遣队,对此你在宣誓证词第6项中提到过,实际上在7月11日之后就被立即派到了华北?

答:当时外务省对军事行动或运作的细节不熟悉。

问:如果你们是真的在试图阻止军事扩张的话,你们没有必要查明他们在干什么吗?

答:为熟悉情况我们尽了一切努力,但是有关什么时候、什么时间、要采取什么类型的军事行动或者动作,这种事情属于严格的军事机密范畴,而且仅为极其关心这类行动的人或者与这类行动直接相关的人所了解。

问:但是你在第6项中已经告诉我们内阁在7月11日决定将派遣援军。当中方已同意日本军方条件的消息传来时,广田阁下没有采取措施查明这次增援是否已经被取消或仍在继续吗?

答:正如我之前所说,中方军事当局同意了那些条款,但是当时我们还没有接到他们已经实施那些条款的汇报。

问:现在请正面回答该问题。

答:我不知道外务大臣是否采取了任何步骤去查明,已经采取了什么措施或正在采取什么措施。

问:但是堀内先生你知道,你在整个宣誓证词中公开承认能够告诉我们外务大臣所说所做的一切事情……

山冈辩护律师：请尊敬的庭上明鉴，我反对我这位博学的朋友对该证人宣誓证词的特性描述。该证词准确陈述了他的情报的出处和内容。

柯明斯-卡尔检察官：它并没有说明情报的出处。

山冈辩护律师：我进一步郑重提出这是在和证人争论。

韦伯庭长：他可随时否认。在已被驳回的一份宣誓证词中他说过非常类似的事情，但是，我们不会予以考虑。

柯明斯-卡尔检察官：你还是不能说出广田阁下是否采取了一些步骤查明这些增援部队事实上是否已经派出？

答：我想不起来了。

问：你本人不是很清楚他们事实上已经被派出了吗？

答：是的，我后来听说了。

韦伯庭长：我想第 21 项证实了柯明斯-卡尔检察官对该证词的说明。第 21 项已经采纳为法庭证据，写道："广田外务大臣始终对维护在华第三国的利益予以慎重考虑。"

问：现在我们谈第 8 项，你在第 2 句中说道："同时，我们接连收到确凿的报告指出尽管我们在东京及南京都提出了交涉，南京政府还是在一队队地向华北派遣增援部队。"你从谁那得到的那些报告？

答：除了来自外务省当局的，还有来自军队的。

问：那些军队由中方政府在中国领土上调动，不是吗？

答：是这样。

问：你们有什么权利抗议呢？

答：不是抗议只是交涉。

问：你们采取的立场是日军想派什么援军进入中国领土就派，而中方军队在他们自己的领土之内却不可调动援军？

答：不，不是这样。

问：但事实就是这样，不是吗？

答：双方相互开展这类交涉是为了努力避免双方军队发生冲突的可能性。

问：你的意思是说如果日军去那里而中国军队不去的话就不会起冲突，不是吗？

答：不，这不是我的意思。

问：在这一段的末尾你说到"于是，外务省于7月16日电训日高参事官呼吁南京政府不要干预三项条款的执行，并遏制中方中央军的北上行动。"你们有什么权利这样做？

答：很自然通过这样的交涉可以实现和平解决。

问：今天上午你告诉我说没有留给当地司令官来自行确定他们喜欢什么样的条款而是双方政府将不得不予以确认。那么为什么广田呼吁南京政府不要干涉他们呢？

答：仍然有希望事情可以通过该事件的现地解决而得到处置，并且尽管——因为我们持有这种信念，有在当地达成和解的希望，我们这一方希望南京政府能够赞成现地解决这个想法并能协助实施已达成的条款。

问：现在我将谈一下第11项。在此你提到一份你说是在8月5日或6日由广田、杉山、海军大臣和内阁总理大臣同意的条款草案。你说的条款草案在哪？

答：我记得当时有这个草案。

问：草案现在在哪？

答：那我就不知道了。

问：你有没有采取任何措施查找？

答：我的确试过，但是由于外务省的许多档案已经被焚毁，我没能找到。

问：但是你知道这不是你或林馨誓言已经焚毁的文书之一。如果你发现它已经被焚毁,那么为什么在你的宣誓证词中没有把它包括进已经焚毁的文书中呢?

答:我以为凭记忆作证不会受到异议。

韦伯庭长:山冈律师。

山冈辩护律师:请尊敬的庭上明鉴,那份文书在我们的证据顺序表上,编号为2066。现在尚未提交但是在证据顺序表上。

韦伯庭长:不是如同证人所说的已经焚毁了吗?

山冈辩护律师:没有。

柯明斯-卡尔检察官:我会继续查找。哦,在这。递给我的文书第2066号,完全不是这么回事。这是一封电报。

问:你说的8月5日或6日由这四位大臣赞同的文书在哪?

答:我已经回答该问题了。

问:在第12项的末尾你提到8月9日的上海事变,你认为广田阁下就上海事变采取的立场是什么?

答:他尽最大努力使事件能在当地解决。

问:为了在当地解决这一目的,他表示同意增加在上海的日本海军人数并向上海增派军舰吗?

答:广田外务大臣在其职权范围内尽一切努力寻求事件在当地解决。

问:回答该提问。

答:广田外务大臣别无选择不得不同意检察官先生您刚才提到的行动,因为尽管在上海存在非武装区,但中国的保安部队渗入了该区域,形势极其危险,因此导致需要保护日本侨民的生命和财产,以及需要确保在那儿的少量的海军陆战队的安全。

问:那么,答案是他的确同意了?

答:我认为当在一次内阁会议上提出该问题时他同意了。

问:请看文书11,读读其中的4行,他是不是这样说:"1937年8月

13日,事件的起因是大山中尉被杀,由于日本战舰数量的增加,在上海引起相当的刺激以及日本海军人数增加到了3 000人"?

答:我不记得曾经听说过这。

问:那么,关于大山中尉这次被暗杀,你采取任何措施,广田阁下采取任何措施查明该事件的真相了吗?

答:对该事件的各种有关报告(我们)进行了汇总和研究。

问:那么你是否得出结论:日本海军有关该事件的报告明显是一派胡言?

答:没有这种情况。我们尽一切努力对在当地的日本外务省部门送来的相关报告也进行研究、对比、比较,目的是查明该案的真相。

问:那么你愿意回答我的问题了吗?你没有得出日本海军的报告明显是一派胡言的结论吗?

答:我不认为它们是一派胡言。

问:那么,1937年8月12日,内阁是否开会而且广田是否向你传达他们做出如下决定:

如果我们要宣布颁发动员令,那么事态将会很麻烦,所以在昨天(8月12日)的内阁会议上已经决定将颁发动员令,但是不会宣布。

答:我不记得了。

问:那么,有关你宣誓证词的第14项,在此你提到9月份的交涉,1937年9月24日,内阁决定动员4个师团并让另外4个师团待命?

答:我想有这样的事情。

问:那么,你已经告诉我们有关广田阁下和罗伯特·克雷吉爵士之间的讨论,而且你声称要告诉我们,你对广田阁下说要作为他的个人意见提出的条款的记忆。这些真的是他在1937年9月26日或者大约这个时间提出的那些条款吗?首先,你说是广田主动接近罗伯特·克雷吉爵士呢还是罗伯特·克雷吉爵士主动接近广田呢?

答：是大使克雷吉主动接近的，他说他很乐意协助日中之间的和平谈判。

问：是的。广田弘毅说过："这是我的个人观点，但是根据我的计划，(1)我将在平津稍南的地方划出非武装区，中方和日方军队都不得在该区域驻扎"吗？

答：这些条款正如我今天上午陈述的。

问：你可否回答该问题？你曾提到过一个和这并非不相似的条款。你对我向你读的内容有异议吗？

答：我不能承认该表述逐句都是正确或准确的。

问："(2)'满洲国'的承认"？

答：我不记得"承认"一词是否实际用过。

问："(3)停止排日运动"？

答：是的。

问："(4)防共"？

答：是的。

问："(5)维持在中国的平等权利"？

答：我的理解是这些词语应该是"机会均等"。

问：那么这些条款，我已经向你所读的和上午你所说的仅有一处重大区别，即对"满洲国"的承认。首先，有关第一个。要被划为非武装区的地方是中国领土吗？

答：是的。

问：那么，你们有什么权利要求或者广田要求中方军队应当被赶出中国领土？

答：对此根本不具有永久含义。仅是为避免中日军队之间可能冲突的一个临时性措施。

问：再说，无论怎样，日军有什么权利在那里？

答：日本人——日本根据《辛丑条约》有权在华北驻军。

问：好的。但并非日本想在哪驻军就在哪驻军，而是仅限于特定地方？

答：当然，这些规定是依据原文执行的，但是有些逐渐偏离——偶尔有些偏离。

问：到1937年9月26日，这些规定涵盖了《辛丑条约》中没提到的大片地区，不是吗？

答：这是敌对行为造成的结果。

问：好的。那么有关另外4项条款，"满洲国"的承认、停止排日运动、防共——3项——广田数年来不是一直在劝说中方政府同意这些条款吗？

答：是的。

问：他这时没有利用日军军事上成功的机会，迫使中方政府这样做吗？

答：不是。

问：但是正如你告诉我的，他把它们提出来作为该事件据以解决的条款吗？

答：我的理解是广田阁下认为这是实现一个根本性的——促成日中之间根本性的和平和友好意愿最恰当的时机。

问：但是他不是在利用存在战争状态以及日军军事上成功的位置，来试图迫使他们采纳在数年的谈判中不愿采纳的条款吗？

答：根本不是这样。这本质上根本不是最后通牒，它们仅是广田阁下让克雷吉大使向中国政府转达的作为他个人看法的一些条款，并邀请中方政府在该提议的基础上开启谈判。

问：作为避免正在进行的战争的一种方法，不是吗？

答：是的。

问：那么，在第14项的第2部分，你提到1937年10月1日内阁总理大臣、外务大臣、陆军大臣和海军大臣同意的一份文书。

请向他出示国际检察局文书第1643N号,原件。

有那四位大臣的签名或印章吗?

答:有。

问:日期是1937年10月1日吗?

答:是的。

问:是你提到的文书吗?

答:是的。

柯明斯-卡尔检察官:那么,请庭长大人允许,我想把它提交作为证据。

韦伯庭长:按照惯例,予以采纳。

法庭书记官:检方文书第1634N号采纳为证据第3262号。

(上述文书被标以检方证据第3262号,采纳为法庭证据)

山冈辩护律师:请尊敬的庭上允许,我们想有权至少可以看一下文书,看我们到底是否对它有任何异议。

韦伯庭长:鉴于他的认可,你不可能有任何异议。但是你应该看下它的副本,山冈律师。

柯明斯-卡尔检察官:语言部,我提议宣读并且进行同声传译,从头开始。

语言仲裁官:好的,阁下。

布鲁克斯辩护律师:请庭长大人允许,其他辩护律师也能有该文书的副本吗?

(文书分发给辩护律师)

柯明斯-卡尔检察官(宣读):中国事变处置要纲。

(边注:10月1日——内阁总理大臣、陆军大臣、海军大臣和外务大臣签名)

总则

1. 一般方针：当前的事变将通过武装部队的努力、及时的外交措施、令中方废除其抗日容共政策、建立起日中之间真正光明和恒久的友谊而快速终结。我们将实现我们的日满中之间融合共荣的主要目标。为能长期使用军力，依据形势，将采取必要的措施来满足需要。

2. 军事行动：军事行动将把使中国快速放弃敌对想法作为它们的目标，军队演习、关键地点的占据以及为实现该目标所必需的其他各种军事行动，应适时采取。

3. 外交措施：外交措施的目标是促使中国反思它的对日敌对态度，并且诱使其进入我们希望的境地。对中国和第三方国家将展开适宜的谈判和运作。为终结该事变，将使中国放弃其抗日容共政策，而且外交谈判要沿着对中日间过去情势不偏不倚的划世纪的外交调整路线开展。

4. 在采用军事和外交措施以及军事行动中伴随的其他必要措施时，必须非常小心，不要僭越国际法所规定的范围。

准则

1. 军力的使用：

（1）陆上军力行使的主要地域主要在冀察和上海方面。

（2）在必要地区，应开展海上和航空作战。

2. 总体国力的整备：为顺利开展军事行动和应对国际形势恶化的可能性，在必要时要诉诸各种国家职能工具，例如国家总动员的实施、战时法律的颁布、国家长期团结的实现。

3. 华北对策：华北问题解决的目的在于实现日本、中国和"满洲"三个国家的共存共荣，主要目标是使华北地区在中方中央政府领导下成为一个明朗和安乐的地区。

4. 华中和华南对策：在华中和华南，我们期望形势适合中日通商贸易的增进和发展。

5. 对华北后方作战地域采取的措施：事变期间，在华北后方作战地域要采取的措施，将摒弃其是被占敌国领土这种观念,该地区的大部分地区要如下治理：

（1）在占领区不进行行政管理，维持治安,但要在军方领导下。

（2）行政机构将交给当地人组成的独立组织,但是,将给以适当的引导以使其成为一个明朗的机构。

（3）为实现军事目的所必需的通讯管理和自然资源的开发,将在必要的管制下进行。

然而，上述第（2）和（3）条将不影响和解之后进行的有关重新调整外交关系的会谈。

那么,我认为不需要读下一页的上半部分,除非我的朋友希望,但读一下中间部分——

韦伯庭长：休庭后再读那一部分。

柯明斯-卡尔检察官：就如庭长大人所说。

韦伯庭长：休庭15分钟。

（法庭在14:45休庭直到至15:00,之后法庭重新审理如下）

法庭执法官：远东国际军事法庭现在重新开庭。

韦伯庭长：柯明斯-卡尔检察官。

柯明斯-卡尔检察官：庭长大人,我原本提议省去本文书中的特定部分,但我的朋友山冈辩护律师告诉我说如果我这样做,他们将考虑有必要把它们都读出来,那么,如果我全部读的话,也许更快些。

韦伯庭长：非常好。

柯明斯-卡尔检察官：（继续宣读）

6. 经济、金融和外贸：有关日本、中国和第三国之间商业、经济和金融的事务将随着把促使中国放弃其敌对态度作为主要目标而予以重新调整。

7. 与第三国的关系：

对第三国的外交政策以及与之相关的各种运作，随着第三国自愿对我们友善，将予以实行以便于不和它们酿成冲突或招致它们的干涉。在执行军事行动和伴随其中的其他措施时，需极其慎重，以便符合上述提到的主要目标。

8. 对（日本）居留民的措施：

对（日本）居留民要予以救恤。

9. 前述规定的具体方案将单独决定。

事变应对要纲附属具体方案

处置时局的条件大概如下：

Ⅰ 华北

（A）建立非武装区。将在指定的区域（大概是连接毗邻永定河的地域和张家口一线）设立非武装区，此处治安的维护将委托武装力量严格受限的中方警察。

（B）日本在华北的最低要求。

（1）如有必要，日本将表明意向，自愿尽可能多地减少日本驻屯军的数量，并且把兵数限制在事变爆发前的兵数范围内。

（2）《塘沽停战协定》（包括根据该协定签署的各种协议。但是，那些根据北京（当地）协议签署的协议，例如，① 长城诸关口的接收；② 通车；③ 设关；④ 通邮；⑤ 通空除外）和《秦土协议》、《何梅协定》将被终止。（当然，在河北的中央军将撤离河北。）

但是，要保证在上述非武装地带对抗日的控制和赤化的防止将予以严格执行。

（3）同意废止冀察和冀东（委员会）以及这些地域的行政任由南京政府管理。但是，希望该地区的行政首脑们有影响力，能实现恰当合适的中日友好关系。

与上述相关，日本将和中国签订旨在实现中日经济协作的协议。当然，这是建立在双方国家平等基础上联合经营式的协作。

Ⅱ　上海

上海非武装区的建立

（1）上海周边指定区域将设为非武装区，在该区域国际警察或武装力量严格受限的中国警察将负责维持治安，租界的工部局警察将为他们提供帮助。

（2）依据上述措施，每个国家在租界将没有必要保留陆上兵力（军舰停泊不在此限）。

Ⅲ　中日关系的总体调整

在Ⅰ和Ⅱ中规定的停战和谈的同时或随后，有关中日关系重新调整的谈判将在不受过去两国间情势的影响下进行。重新调整计划的框架如下：

基于拟议中的停战和谈的成功签署，两国将发布声明表示双方已进入"新政"，目的是实现这两个国家的亲密友谊。

1. 政治方面：

（1）中方将正式承认"满洲国"。

（2）中日之间将签署反共产国际协定（根据该协定自然就会促成华北非武装区反共产国际运动，但是在该地区将实行非常严格的管控。）

（3）除了在停战协定中规定的废除冀察委员会和冀东政权外，对于内蒙古，日本也将通过谈判努力劝说中国承认日本在该地区的正当要求（规定在条款（2）中）。（中国将承认锡林郭勒盟当前德王治下的状态，而且它们将作为中国和"满洲国"之间的共有地带，成为日本和中国都将尊重的保护区。）

（4）中国承诺将对全国范围内的反日采取严格管控，并完全实现《邦交敦睦令》（自然，在华北的非武装区对抗日将采取特别严格的管控)。

2. 军事问题：自由飞行将被废除。

3. 经济问题：

(1) 对特殊商品降低关税。

(2) 废除冀东特殊贸易，并且恢复中国在非武装地带海岸控制走私的自由。

在外交关系重新调整的同时，要着手处理的谈判诸事项。

涉及前述时局处置的方案是：

(1) 通过建立非武装区等措施使中日之间未来武装冲突的危险最小化。

(2) 通过外交关系的总体重新调整，去除引发冲突的根深蒂固的原因，如此基于新确立的外交关系建立中日之间真正明朗的友谊。因此，在一个明朗愉悦的外交关系建立之后，通过正常的会谈友善地解决两国间悬而未决的问题，以及更加强有力地促进中日之间相互的理解，将会是我们的目标。但是，随着战争各方面的扩张，人们对战争成果的期望会增大，他们将不满足仅是正常和普通的事情，而是热望获得更加切实的物质条件，例如补偿等。于是，考虑到内在形势，我们必须与前述在时局处置中的宽容精神尽可能保持一致，在有关重新调整外交关系谈判的同时，我们将开始讨论如下各种条件：

特殊条件

(A) 补偿：(对中国已经承担保护责任的日本所有的财产和权益造成的直接损害，和由于中国对日本所有的财产和权益的非法使用和处分造成的直接损害，以及类似引起的损害的补偿。)

(B) 建立并运营一个大型的中日合资辛迪加，经营下列事业：

(1) 海运：中国招商局与日清汽船(中日汽船公司)以及大连汽船(大连汽船公司)合并。

（2）航空：① 运营上海—福冈，青岛—福冈，福建—台北（T. N. 台湾北部）和广东—台北航线。② 中满航空服务（将被惠通公司管理下的航线吸收。）亚欧航空服务是否将通过辛迪加以合资企业的形式运作以及这是否通过特殊谈判来处理，需要进一步研究，但是目前来说需要考虑下列条款。③ 亚欧航空服务公司将合并入辛迪加（德国在该公司所持股份将由日本收购。）

（3）铁路：① 胶济铁路及其支线的建造及运营。② 津石铁路的建造及运营。③ 成平铁路的建造及运营。

（4）矿业：华北的金、铁、煤矿。

（5）农业和其他合适的事业。

（C）未决事宜的解决（以下条款开头的序号表明问题解决的先后顺序：）

（1）签署中日关税协定（细目见别表 A。）

降低或免除进出口税。

（2）免除或修订对进出口的禁令或限制（细目见别表 B。）

（3）免除对盐的生产和出口限制。

我被告知在第 5 页第 3 项中，第一个(3)中，我省掉了词语"……和冀东政权……"

问：那么，堀内先生，紧随其后的不是我将向你出示的另一份文书检方文书第 821A 号吗？

（文书被递给证人）

柯明斯-卡尔检察官（继续）：现在，如果你看一下文书，你就会发现文书的第一部分来自陆军省，但是第二部分据称是外务大臣在 1937 年 10 月 21 日同意的，然后稍微往下给出的是陆军省、海军省和外务省三部门在 1937 年 10 月 22 日的决定。对该部分，广田不是在 10 月 21 日也是这么同意的吗？

答：在没有读该文书前我无法回答你的问题。我无法确定它的准确性或真实性，因为我没有发现外务大臣的签名。

问：这不是一份表面就表明来自外务省的文书吗？

答：就用纸而言，是外务省惯常用纸类型。

问：那么我提醒您一下该文书来自外务省档案。

答：我没有依据确认该文书的真实性，因为该文书不含外务大臣的署名、我作为外务次官的署名以及局长的署名。

问：你看过文书了吗？

（证人检查文书）

问：然而，堀内先生，难道你没有清楚地认出该文书就是那三省包括你自己达成的一份决定吗？

答：有关这份文书，我没有确切肯定的记忆。正如我之前所说，我不能回答你的问题，因为就该文书的真实性或正确性，我不能确定，并且我也不能告诉你这是否是外务省所作决定的结果。

问：但是，堀内先生，在你的宣誓证词里你已经声明要根据记忆告诉我们这些谈判的全面翔实的情况。

答：当然，不可能记住所有细节和每一个特别之处，所以我没有声称我记住每一件事。我能说的是有这样一件事，但是目前我不能肯定地记住该文书本身是否作为了讨论的结果。

问：好的，那么，我不得不基于其所包含的证词向你提问。广田弘毅没有和陆海军大臣们在1937年10月决定日本将拒绝调解和组建的仲裁吗？正如所述，它们从开始就把日本放在被告位置上？

答：拒绝第三国的调解是既定政策。

问：或仲裁。

答：政策也是要拒绝仲裁。

问：我向你提出的这个日期，10月22日，是收到布鲁塞尔会议第一次邀请两天之后。他们，那三位大臣，当时没有立即决定拒绝该邀请吗？

答：我不知道这是否是在两天之后，但是政府决定拒绝邀请。

问：他们，那三位大臣，是否决定"随着我们军事行动的进展，当它的目的将实际上实现时，南京政府在我们的压力下内心就想要求和……"？

答：我不记得是否决定要促成中国在压力下采取这样的措施。

问：难道不是吗？难道从一开始这不就是全部的目标吗？

答：不是这样的。

问：好的，那三位大臣当天决定也就是当军事行动的目的实际上实现时，英国、美国和其他第三方国家的斡旋，如果他们的方法合适的话，将有利于把中国拉到谈判桌上来吗？

答：我想如果方法适当就欢迎，这是我们当时的政策。

问：他们断定如果和日本修好的国家德国和意大利，应中国的要求作仲裁员的话将是非常好的事情吗？

答：德国和意大利的斡旋是受欢迎的，广田欢迎美国和英国斡旋的事实，正如今天早上我在此席位上所陈述的。

问：没有任何事情比在你开始之前就让法官支持你更好的事情了，是吗？

答：不，不是这样的。

韦伯庭长：山冈律师。

山冈辩护律师：请庭上明鉴，我非常强烈地反对以这样的方式对该证人进行特性描述。

韦伯庭长：不过，那些事情在交叉质询中不时提起。我们不能说它们有助益，但是没人对它们感觉震惊。

我们都更喜欢把它们省却。

柯明斯-卡尔检察官：三位大臣在1937年10月22日或大约这个日期决定，首先，他们肯定拒绝并排除第三国的草率调解或仲裁吗？

答：正如我之前所述，拒绝调解或仲裁是日本政府的政策，不管是早还是晚。当然,第三方斡旋总是受欢迎,但是日本政府的愿望和政策是通过直接谈判,实现中日之间争端的根本性解决。

问:他们决定当日本接近实现对中国军事行动的目的时,他们可能会采纳第三方的和平斡旋吗?

答:就外交当局或者我们自己来看,军队行动的目的是保护在中国的日本人的生命和权益,而当这个目的实现时,日本准备——去采纳。

问:但是,到10月22日这个时候,已远不是保护什么的问题,不是吗?

答:日本人的权益遍布全中国。

问:那是当时占领全中国的充分借口吗?

答:当然,完全占领那么大面积的领土是不可能的,但是我们相信通过占领重要地点是能够实现目标或目的的——也就是说,从地理上来说,占领那么巨大的国家是不可能的。

问:为什么他们不愿采纳第三方的和平斡旋直到军事目标接近实现?

答:事实上,非正式谈判已经在进行中,而且如果在此提到的三位大臣的会议真的发生的话,我推测——我会推测当合适的时机来临时,他们会置这件事——置谈判于一个官方层面上。

问:他们决定不公布他们采纳第三方斡旋的意图,或不让外国政府知道因为那将向他们暗示日本国内的一些弱点吗?

答:这种可能性可能存在——据我们的外交知识,我可以说这种可能性是可能存在的,因为这样的措施是采取过的——即,这样的预防措施在外交实践中是常见的。

问:据你所知,那是当时广田弘毅的政策吗?

答:我想是的。

问:他们当天决定仅提前向德国和意大利通知该政策吗?

答:我记不住那么多。

译员：更正——我对此没有任何记忆。

问：他们决定三位大臣之间会再召开一次会议，来决定何时对华军事行动的目的接近完成，以及何时向德国和意大利通告该政策吗？

答：我想不起来了。

问：好吧，既然我已向你提出那些问题，你现在还对这是否是一份真实的外务省文书有疑虑吗？

答：没有，我回答您询问时刚刚告知您的来自我的记忆，而且我尽可能忠实、准确地陈述这些记忆。我只能说这么多。

问：那么，在10月末或11月初，你记得广田邀请了一些工业家喝茶——准确说是在11月1日？

答：我记得比那早几天。

问：这么说，你的确记得？你出席了吗？

答：是的，我出席了。

问：当时反英运动正在日本进行吗？

答：是的。

柯明斯-卡尔检察官：语言部，请看文书16号。我将阅读引号中的全文。

问：他向他们说这个了吗？"这次反英运动非常糟糕。如果英国被轻视的话，将没有国家会作为中日之间的调解人。因此，如果现在做这样的事情，政府会陷入困局。最终我们可能不得不与英国为敌。我们可能有时也不得不与它冲突，但是这样的事情现在是绝对不可以的。外交上，如果发生这样的事情，政府将极大不便。"

答：是吗，我不记得广田外务大臣那次所说的全部内容，但是他所说的是由于英国是作为一个桥梁促成中日之间和解最适合的国家，这样的反英运动对日本会非常麻烦和尴尬。

问：他说过"最终我们可能不得不与英国为敌"吗？

答：对此我不记得了。

问：如果他自己告诉原田男爵说过此话，你会吃惊吗？

答：是的，我会吃惊。

问：既然，你说，与我向你所作的描述相符，他告诉这些工业家们，英国是当时作为中日调解人的唯一国家。他没有在前两个星期之内同意陆军大臣和海军大臣的意见，即让德国和意大利做调解人会好得多吗？

答：对此我没有任何记忆，但是他不反对为此目的利用这两个国家。然而，广田外务大臣不断表示仅靠德国和意大利的斡旋是不合适、不恰当或没有效果的。作为该事实的证据，我想就广田外务大臣对克雷吉大使的答复说一下，当克雷吉大使他自己说即使在德国和意大利被请求斡旋之后，由于这两个国家没有——中国对他们没有信心或不信任，依靠美国和英国的斡旋会更加有利和有效，对此外务大臣回答到他衷心——他衷心地赞同这个建议。

问：他有没有在那天，即我向你提到他和原田男爵会谈的那天，也就是11月2日，全权委托德国开展谈判？

山冈辩护律师：请庭上明鉴，我反对这种提问方法。

韦伯庭长：山冈律师，那必须翻译成英语。

译员：庭长大人，这非常困难，但字面上他说，"关于请求德国大使"，然后就停下了。

韦伯庭长：山冈律师。

山冈辩护律师：请庭上明鉴，我反对这种提问方式，原因是证人没有说他了解原田男爵和广田阁下之间的谈话。

韦伯庭长：可以向他询问此事。

柯明斯-卡尔检察官：这对我确定日期的目的已经足够了，我将重新组织这个问题应对我的朋友的看法。

问：广田没有在1937年11月2日通过迪克森大使全权委托德国开展谈判吗？

答：他根本没有在任何情况下曾把谈判的全责委托过任何一位大使。

问：他没有在那一天通过德国驻中国大使要求迪克森大使负责谈判吗？

答：我不记得确切日期，是否是 11 月 2 日，但是我的确记得向德国大使提出请求这一事实。

问：不是在 11 月初吗？

答：这是我所记得的，但是有关茶会，我认为是在一周之前举行的，大约在 10 月 26 日。

问：在 11 月 5 日之前不久克雷吉大使没有拜访过他吗？

答：我不能确切地记住是否是 5 号。

问：在 11 月初吗？

答：我很难辨认——确认你指的日期，因为克雷吉大使经常拜访广田外务大臣。

问：告诉我你是否出席并能记起他们之间的这次谈话：克雷吉大使说鉴于正在进行的反英运动，他认为或许英国并不是开展谈判最好的国家？

答：我对谈话的记忆是，如果英国单独处理这件事或许会是困难的。

问：广田没有说，"英国是最合适的国家。如果德国和意大利牵扯进来的话什么也解决不了"吗？

答：我想这样一种谈话相当可能，因为广田外务大臣一直认为英国无疑是作为担当调解人的最可靠的国家。

问：难道他不是在事实上紧随要求迪克森开启谈判之后说的吗？

答：对德国和英国一起行动——共同参与调解工作没有异议，但是我想我记得广田阁下对克雷吉大使说过——不反对英国和德国在同一件事上共同斡旋。然而，由于军队反对英国在这种情况下调停，我记得广田外务大臣告诉克雷吉大使他想让他即克雷吉大使和德国大使讨论此事并且在调解工作中起到合作作用。

柯明斯-卡尔检察官： 我提请法庭参阅法庭证据第486号、庭审记录第6893页对此事的记述。法庭证据第270号，写入庭审记录第3610页和2235页，这是同一份文书270号修订后的译文，提交过，但是没有在第16069页再次宣读。

韦伯庭长： 我们面前有未被提交的检方文书，文书第820A号。

柯明斯-卡尔检察官： 庭长大人，我不知道文书已经呈上。由于证人不愿对该文书识别，我没有作为证据提交，但是基于此文书我提出了许多问题。

韦伯庭长： 柯明斯-卡尔检察官，我相当理解为什么会这样，但是事实是我们有了一份不该有的文书。

我们将休庭至明天上午9:30。

（法庭在14:00休庭，直至1947年10月2日星期四9:30）

1947年10月2日，星期四
日本东京都旧陆军省大楼内远东国际军事法庭

法庭于9:30重新开庭审理。

出庭情况：

法庭上所有成员都已出席，除了尊敬的来自法兰西共和国的法官亨利·贝尔纳，从9:30至16:00没有出席，以及尊敬的来自印度的法官拉达·宾诺德·帕尔，从13:30至16:00没有出席。

检方人员照旧。

辩方人员照旧。

（英日和日英口译由远东国际军事法庭语言部承担）

法庭执行官：远东国际军事法庭现在重新开庭。

韦伯庭长：柯明斯-卡尔检察官。

堀内谦介，证人，代表辩方出庭作证，重新站在证人席，通过日语译员作证如下：

交叉询问（由柯明斯-卡尔检察官询问堀内谦介证人）

柯明斯-卡尔检察官（继续）：堀内证人，在你的宣誓证词第17项最后一节你提到了广田外务大臣收到一封来自迪克森大使的书信。你有这封书信吗？

答：不，我没有。我知道那封信的确是收到了。

问：那封信到哪去了？

答：我不知道。

柯明斯-卡尔检察官：这无论如何都无法解释，庭长大人。

问：你从谁那得知广田外务大臣和德国大使的会话内容？

答：从外务大臣那里。

问：你自己并没有出席？

答：是的。

问：在第18项你很清楚地写到陆军和海军都不反对八月方案的和平条款。难道事实不是在11月的某个时间或者在12月的第一周，陆军偷了一封德国驻东京大使迪克森与德国驻华大使陶德曼之间的往来电报吗？

答：我不知道此事。

问：而且找到了正在提议的条款，并说缘于日军自8月以来所做的推进，将不得不强化那些条款？

答：我的确听说军队中有群人持这种看法。

问：难道广田不赞同强化这些条款吗？

答：是的，他不赞同。广田外务大臣要求德国大使迪克森根据外务省、陆军省和海军省同意的条件进行斡旋。然而，从一开始，陆军中就有一群人反对这些和平条款，特别是参谋本部中的一些年轻军官，而且他们采取非常强硬的态度对抗外务大臣，并说应对外务大臣的态度予以坚决反对。这就是我所听说的。

问：在12月13日南京沦陷之前数日，日本内阁没有决定当南京沦陷时，他们会发布一则不承认蒋政府的声明吗？

答：我不记得这样一件事情了。

问：你在第18项第2部分中说到是在12月20日的联络会上，你在该项中阐明的4项条款获得一致同意。难道事实不是在12月18日的一次内阁会议上，正是广田提出了他已经呈给迪克森大使的这些条款，连同一份为中国准备的相当详细的和平条款提议吗？

答：我记不起来那些提议是否提交了内阁会议。

问：难道参谋本部没有在那时提出看法，即在中国的战争必须尽可能早地停止吗？

答：这，同样，我不知道。

问：他们没有把有必要为对苏作战做准备，作为他们的理由吗？

答：对此我并不知道。

问：难道他们没有坚持主张全部的日本政府准备采纳的细节性条款，都应向中国政府提出吗？

答：这，同样，我不知道。

问：为什么你能够告诉我们或者声称，能够告诉我们发生在一些内阁会议上的这么多的详细情况，而告诉我们你对发生在其他内阁会议上的情况却一无所知？

韦伯庭长：山冈律师。

山冈辩护律师：请尊敬的庭上明鉴，我反对该问题。该问题指的是该证人对有关参谋本部内部事项的了解，而他是一位外务省成员。

韦伯庭长：如果我听得对的话，问题指的是发生在内阁的事情。

柯明斯-卡尔检察官：是的。

韦伯庭长：反对无效。

答：我会回答。

我可以告诉你我所能记得的是外务大臣告知我的一切。

问：难道广田没有告诉你任何有关12月18日内阁会议的事情吗？

答：我不记得了。

问：我记得你告诉过我们，因为你是他的外务次官，他有职责向你传达发生在这些场合的事情，不是吗？

答：在此之前我从未用过"职责"这个单词。

问：那么你对从广田那里获得该情报的方式有什么要说的吗？当他选择告诉你的时候仅仅是闲聊亦或你是以官方身份采纳的这个情报？

答：当考虑这件事的时候有必要把该问题分成两部分。第一个部分的问题是外务大臣是否认为有必要把每次发生的所有事情都告诉我。鉴于此，我不能说外务大臣告诉我——我不至于说外务大臣每一次都会把他心中的全部想法告诉我。

下一个问题是我本身是否记得外务大臣告诉我的全部事情。我记不住每一个细节。

问：难道您作为外务次官没有必要了解要向中国提出的这些日本真正要坚持的细节性条款，是否仅仅是4项模糊的一般性原则吗？

答：至于这个问题，我的确记得外务大臣和我说起与向中国提出的条款有关的内阁决定，并且他不仅口头告诉我这些条款，而且他还对内阁决定做了笔记，并且把它交给我。然而，我不记得这些条件或者条款的细节是否在18日或者20日的内阁会议上讨论过，即在那次的内阁会议上。

问：他给你的笔记现在何处？

答：我不是说他把它们交给了我，我的意思是他把它们交给了德国大使迪克森。

问：他没有告诉你，内阁主要应被告木户的要求，拒绝了参谋本部应向中国提出宽大的细节性条款的提议，并且坚持主张应该仅向中国提出这四项模糊性条款吗？

答：是的，他没有。

问：他没有告诉你他也赞同该提议吗？

答：关于哪个提议？

问：应该向中方提出没有细节而仅有模糊性条款的那个提议。

答：是的，对此，他没有告诉我任何东西。

问：那么，你在第18项提到的联络会，你出席了吗？

答：没有。

问：你从谁那获得了相关情报？

答：从外务大臣那里。

问：难道他没有告诉你就在那个时期参谋本部强烈敦促与中国立即和解，并且立刻公开全部条款，且条款要开明吗？

答：是的，我没有听说此事。

问：然而，直到12月2日广田没有继续告知德国大使，他以前提出的同样的条款仍然有效？

答：不。

问：他继续告知了？

答：是的。

问：12月21日还有另外一场内阁会议吗？

答：我不记得日期了。

问：紧随其后……

译员：证人说理由是因为……

答：因为当时正在发生一些重大的转折性事件，内阁会议举行很频繁，所以我不记得每一次具体内阁会议举行的确切日期。

问：紧随你已经提到的联络会之后，没有一次内阁会议就与中国的谈判，确定对德国大使的回复稿吗？

答：尽管我不记得确切的日期了，但我的确记得向德国大使提出了新的条款，并且要求他进一步斡旋。决定要这样做，这个我记得。

问：那么新条款不是那四项一般性原则吗，没有任何细节？

答：按照我的记忆，那些就是决定的条款。然而，我的确记得也决定了倘若必须，外务大臣可以另外再解释，而且要予以解释的问题当时也确定了。

问：那么，我不得不向你说一下，向德国大使所作的任何细节性解释，都传达给了中方政府，这相当不真实。

山冈辩护律师：请庭长大人明鉴，我理解证人的意思是要说他们乐于做出解释。

韦伯庭长：并非如此。第19项。

这并非是说他在对此撒谎。我认为应该要求他说出细节是什么。

柯明斯-卡尔检察官：你听到了学识渊博庭长的问题了吗？你所说的告之德国大使的细节是什么？

答：正如我已经陈述的，向德国大使提出的就是这4个条款。

韦伯庭长：你说附有细节解释。细节是什么？

证人：尽管我不记得全部细节，但是它们中的一些，例如，与非武装地带有关，所需地区要什么样。在华北诸如此类的地区是特别指定的。而且环上海诸如此类的地区也应该是非武装地带。

韦伯庭长：有关战争赔款的细节如何？

证人：关于赔款，相关解释的大意是，对日本国民遭受的损害、日本政府和其他公共组织遭受的损害将要求战争赔款。进一步解释的大意是这些是正在要求的战争赔款，不是补偿。

韦伯庭长：日本、"满洲国"和中国之间经济关系的详情如何？

证人：我记得这涉及进出口税收和通邮问题。

问：那么，你是说曾经向中国政府呈递过那些细节问题或者任何细节问题？

答：我听说外务大臣收到来自德国大使的答复，说这些提议经由德国驻华大使陶德曼已经传达给中方政府。

问：哪些提议？

答：在你刚刚提到的内阁会议和联络会议上决定的四项条款，以及我刚刚提到的另外的口头解释。

问：我承认这四项条款已传达了。但是我正在向你说的是任何细节性的问题都曾经传达过是相当不真实的。你对此有什么要说的吗？

答：外务大臣告诉我的正如我在之前的回答中所说的，即已经传达他们了。

问：他什么时候告诉你这个的？

答：在当时。

柯明斯-卡尔检察官：尊敬的庭长大人，关于12月21日的内阁会议，我本应请法庭参阅第2259号证据，庭审记录第16222页。

问：1937年12月24日有一次内阁会议吗，在这次会议上，内阁应对中国事变的措施要纲做出了决定吗？

答：我不记得确切的日期了。我的确记得大约那时的某个时间对你刚刚提到的应对中国事变的措施要纲做出了决定。

柯明斯-卡尔检察官：那么，请证人查看国际检察局文书第820C号的原件。

问：这是保存在外务省档案中的内阁会议关于该议题的决定吗？

答：可以给我一些时间详细地阅读一下该文书吗？

问：难道你不能在没有详细阅读的情况下，先告诉我那是否是一份来自外务省档案的记录吗？

答：这并非写在外务省官方用纸上，而是写在普通的白纸上，就像我们用来打印草稿的纸张。而且，在该文书上没有任何人的签名和印章。

问：你注意到了吗，它恰巧有你刚刚告诉我们的你正想起的这份文书的标题？

答：标题正如你所说。然而，为了确定该文书是否真的是你所说的那样，我将不得不详细地读一下。

问：好吧，那么，你一定要读了。

韦伯庭长：阅读文书是对文书真实性的一种新的验证方式。然而，这是他的权利，所以让他读吧。

这是一篇很冗长的文书吗，柯明斯-卡尔检察官？

柯明斯-卡尔检察官：相当冗长，庭长大人，但是很重要。

韦伯庭长：我还从来没有听到一位证人这么说，在我告诉你们它是否真实之前，我来把这封信通读一遍。

山冈辩护律师：请庭上明鉴，证人已经说了书信没有印章，没有写在外务省官方用纸上，仅写在了普通的打印纸上。

韦伯庭长：这人是驻美大使。他理应有足够的才智为自己作答。他不需要任何提示。

山冈辩护律师：好吧，请尊敬的庭上允许，我满怀敬意地向您提出证人在就该文书采纳质询时已经这样作答了。

韦伯庭长：他说了一些事情，但是在他读那份文书之前他暂时没有做出判断。他是这样说的。

问：你读完了吗？

答：我读完了。

问：好的，那么，你不能告诉我那是归档在外务省记录里，关于那次内阁会议所作决定的正确副本吗？

答：这不是内阁决定的原稿。但是我的确认得它是那些决定的一份副本。

柯明斯-卡尔检察官： 尊敬的庭长大人，我请求该文书采纳为法庭证据。

韦伯庭长： 山冈辩护律师。

山冈辩护律师： 请尊敬的庭上明鉴，我反对将该文书作为本案在庭审现阶段一项适当的证据。我恭敬地提出检方已经结案，不应在该证人证词的可怀疑性方面再进行验证。

韦伯庭长： 在交叉询问辩方证人时，你总能用这种方式收集到与争议相关的或者与争议事实相关的证据。

反对无效，采纳该文书。

法庭书记官： 检方文书第820C号采纳为法庭证据第3263号。

（上述文书被标以检方证据第3263号，采纳为法庭证据）

山冈辩护律师： 我满怀敬意地请尊敬的庭上明鉴，我还没有发言完毕，假如我能获准在此议题上详尽说明，我将不胜感激。

……

山冈辩护律师： 请庭长大人明鉴，我恭敬地提出，一旦他们已经结案，而如果又获准用这种辩方无法应对的方式提出他们的证据，特别是在许多被告已经作证或者他们的案子已经结案的时候。我恭敬地提出……

韦伯庭长： 至少有四名我的同事告诉我他们完全赞成我对你所说的内容。如果你愿意的话，我可以告诉你他们所说的。而我没有异议。我认为整个法庭都反对你，山冈辩护律师。我没有异议，如果我有的话我会让你知道。

山冈辩护律师： 满怀敬意与尊重，请庭长大人明鉴……

韦伯庭长： 争论无益。这只是在浪费时间，我非常在意时间，而时间正在被浪费掉。

柯明斯-卡尔检察官： 庭长大人，我将宣读该文书。

应对支那事变措施要纲

1937年12月24日内阁会议决定。

应对事变措施要纲(A)

自事变爆发以来,帝国政府恳切希望南京政府会立即放弃其反日容共政策,与日本协同行动,为东亚的稳定做出贡献。如果该政府能够自我反省,我们将与它共同奋斗挽救时局。然而,我们必须为该政府提倡进一步长期抵抗且没有丝毫反省迹象这样的情况做好准备。而另一方面,随着我方军事行动的进展,帝国占领的区域变得很广阔,有必要立即进行管理。考虑到这些情况,我们并非必需指望与南京政府谈判成功,但是当我们独自努力挽救时局的时候,随着军事行动的进展,为了应对南京政府的长期抵抗,我们会按照下列方针政策在华北和中原地区采取措施。

上述方针政策的要旨应该在合适的时机向全世界宣告。

1. 华北治理方针

在华北地区,我们将致力于在政治上成立反共亲日满政权,而在经济上建立"日满中"不可分关系。我们将推动这些目标的实现,渐次扩大并加强该政权,其将在监管下成为重建新中国的领导力量。

然而,倘若与中央政府的谈判达成,该新政权将根据和平条件予以调整。

(A)政治指导方针

(1)创建一个能够不仅在华北而且在华中和华南赢得众望的新的华北政权极其重要。为了该目的:

① 该政权的首脑应该由全中国人民信任的人员构成。

② 该政权应该有与新时代相宜的组织。

③ 它应该持有值得向全中国宣传的政策概要。

④ 至于我方对上述政权的监管,我们不会通过配置日方官员

指导或者干预管理上的具体事务，而是就主要问题通过日方顾问把监管严格限制在内政上面。

（2）新华北政权包括的地区将取决于军事行动的进展，但是它们主要应该是这三省，以及河北、山东和山西以及察哈尔省的一部分。冀东自治政府应终止并纳入新政权。察南和晋北自治政府应在适当的时候纳入新政权。此外，应该与内蒙古自治政府保持密切关系。

（3）目前，为了避免与第三国的纠纷，我们不应该过多关切租界的事情。然而，租界以外，甚至在新政权建立之前，我们应该监管一些事务以便于完备一些管理机构，像邮政、电政、税务以及路政。至于海关，另当别论。

（B）经济开发方针

（1）华北经济开发的目标应是加强日满经济的综合关系，并且为实现"日满中"协作共荣奠定基础。为了该目的，我们应该通过密切融合当地中方资本和我方资本与技术发展和调整经济各部门，从而努力维护公众生活的安定，为在更广阔意义上发展和提升日本和"满洲国"国防所需物资的生产做贡献。

在实施开发时，我们应该注意"日满中"国际收支的协调和物资供需的调整，随需求情况采取措施。我们也应尽我们最大努力把中方放在显著位置，以便于他们不会感到把经济压力放在了他们身上。而且我们应该把重点放在与国家政策一致的恰当治理上，以便于不背离我们整个国家的期望。

（2）为开发和控制华北经济应建立一家国家政策性公司，并组织起来以真正实现民族精神的统一和我们国家的工业动员。

上述公司应负责重要产业的开发、经营和调整，例如主要的交通运输企业（包括海港和道路），主要的通信企业、发送电企业、矿产企业、盐业以及盐利用产业。

至于上述公司的运营，我们一直应该仔细地按照我们国家的情况实施必要的统制，遵守日"满"两国重要的产业计划。除上述主要产业外，除非有特殊理由，企业不应被置于任何特殊管制之下。

（3）在华北经济开发过程中，我们应该努力利用中方的资本并且提高与中方企业的合作。

（4）在华北经济开发过程中任何第三国的合作性资金投资都应该予以许可。

在华北各列强的既存经济权益应该尽可能多地予以尊重。

（5）日本、"满洲国"和中国的贸易关系应该保持紧密联系，并且华北与任何第三国间的贸易，应该予以适当调整。

（6）应该要求当地政府渐次建立涉及农业改善、洪水治理、灌溉、植林以及合作企业等所必需的设施。

（7）与主要产业有关的华北现存企业应该按照该方针予以处置或者调整。

（8）应该立即采取措施运营能够马上运营的企业，条件是这些企业应在将来根据这个政策进行处置或调整。

（9）目前，中华民国临时政府，或者治安维持会，或者他们的联合会，或者地区政府，应该是我们在有关华北经济开发谈判中的交涉方。

2．上海地区的管理方针

（1）我们应考虑在良好时机时在我军占领区域建立一个新政府，其会与华北新政权有联络。然而目前治安维持会，假如必要的话，应该建立联合会，并负责维持治安。

（2）租界以及租界周边地区的方针应该分别设定。

租界周边地区的管理方针：

（A）行政管理

至于租界周边地区，为了那些地区的发展，我们应该通力合作，并且考虑在租界成立维护治安的组织。这应按照下列纲要来安排：

（1）租界周边地区，也就是大上海市管辖之下的地区，不包括租界和边界道路，应该称为特别市。

（2）特别市的行政管理应该由一名中国市长掌管。然而，为了协助市长并且监管一般行政管理，应该为特别市任命一名日本顾问。这名日本顾问的权限应予以单独规定。

（3）为了开展特别市的警察行政管理，应该设立一个特别警察部。警察部长和警察部长以下的低级别警察长官应该是中国人，但是为了与他们通力合作，应该任命适当数量的日本顾问。这些顾问的权限应该予以单独规定。而且，假如必要的话，也应该考虑雇佣外国顾问。

中国警察以及他们的武器装备数量应该单独规定。在特别市的日本侨民的警察管理权限应该归入领事馆警察的管辖之下。

（4）特别市的财政行政机构，应该由旧上海征收的各种税收的收入来维持，也会通过接管前国民党政府直接统治下的特别市的各种组织，如税政、电信、邮政等，或者通过建立新的机构来实现。

（5）未来（期望在华中地区建立一个新的政权）整个特别市应该是一个开放的港口城市，外国人的居住权、贸易权、所有权或者永久租赁权应该予以认可（目前悬而未决的日人土地占有问题有望得到解决。）

（B）日本经济权益设定方针

为奠定日本在华中地区经济开发的基础，并以上海作为基地，应该采取下列措施作为具体政策之一：

（1）租界周边地区（除去租界和边界道路的大上海直接管辖下的地区）应称为特别市，为了维持对各种具有公共性质的商业，如电话、电力、电灯、给水、瓦斯、电车、公交车和在上述特别市的其他企业的控制应该设立一家国家政策性公司。至于上述国家政策性公司商业经营的规模和规则，它们应该考虑我们国家的实际情况和当地的情形单独决定。

上述国家政策性公司的资本应该由当地的资金提供，只要为了该目的它们是被许可的。而且，对在特别市的日本中小企业的资本融通，以及日本在租界获取房地产的资本融通都应该尽可能快地单独予以考虑。

（2）前中方当局拥有的特别市的所有官方机构、土地、建筑物等都应该由日方接管，并且予以适当利用。但是特别市当局为了行政管理所要求的那些应该由他们使用。

（3）特别市地区应尽可能多地作为上海附近地区、日本各区、华北以及满洲之间的通讯、交通运输、航空的联络基地加以利用。而且目前应该实施下列条款：

① 一些适合的蒸汽公司应该利用虬江码头和招商局码头。

② 为未来在上海地域实际获取有线无线通信权（含广播）所必需的各种设施应该加以控制和管理。

③ 龙华机场应该作为上海福冈线的联络空军基地加以控制和管理。再者，应该取得虹桥和远东空军基地的行政权，并且它们应该有助于将来日中之间航线联络实际权利的设定。

（4）应该在特别市建立一个大型市场，并且它应该向租界供应例如鱼、肉、蔬菜等等生活必需品（目前应该考虑利用上海市的鱼市，并且应该许可小型船舶自由出入港口）。

（5）目前，至于能够立即着手的商业，在国家政策性公司成立之际，在适当处置或者调整的条件下，应该采取措施马上着手。

为了这些经济权益的设定，目前应该与治安维持会或者地区政府谈判。

华北管理方针 B

与经济开发政策有关的内阁会议赞同事项。

（1）对于主要的交通运输企业和主要的通讯企业，不应该许可在满洲和中国全境由单一公司统一管理。

（2）为了推进华北地区的公共企业和其他开发性企业，应该努力加强华北政权的财政。

（3）为了维持和改善华北和任意第三国之间的国际收支，应该采取有效和适当的政策。

（4）从我们国家国际收支的角度，应该立即掌管华北的黄金产业，当未来进行调整时，应考虑到这些情形。

上海周边地区管理政策 B

与在内阁会议上赞同的日本经济权益的设定政策有关的事项。

如有必要，应该许可国家政策性公司在日军和特别市的日方文职当局的控制下开展与土地有关的商业。

洛根辩护律师：尊敬的庭上……

韦伯庭长：洛根律师。

洛根辩护律师：我不想我的沉默被理解成同意法庭允许检方此时继续它的案子的这一决定。

韦伯庭长：你不赞同法庭的决定。无论你是否同意，你受它们约束，因此你解除了你的沉默可能产生的任何对你不利的因素，洛根律师。此外，这对其他每个律师都适用。

洛根辩护律师：请尊敬的庭上允许，我只是想指出，除了我认为这种做法与我们在美国的做法相悖外，而且……

韦伯庭长：我们不能允许你再次讨论该问题。

洛根辩护律师：但是，请尊敬的庭上允许，我只是也想指出，在准备被告木户的案子前夕，随着进一步的证据像那样被采纳，这将成为一个

柯明斯-卡尔检察官（继续）：下面，堀内证人，1938年1月8日，广田阁下告知德国大使假如中方为更加全面理解这4点而希望询问的话，日方政府会回答吗？而且，他要求德国大使从驻华德国大使那里取得这些问题了吗？

答：我不记得了。然而，我的确记得广田外务大臣就这4条做了相当详细的解释。

语言仲裁官：我想传译机器关了。

韦伯庭长：不过，我听到了他所说的，我的还好。

柯明斯-卡尔检察官：庭长大人，机器并没有出故障，但是我没有听见证人上一回答的任何翻译。

韦伯庭长：他说了与这四项条款有关的一些事情。我听到了。

（证人的上一个回答由法庭官方速记员宣读）

柯明斯-卡尔检察官：你看，我正在跟你说的是他根本就没有做细节性的解释，但是却说他欢迎中方询问。

答：我所记得的内容正如我刚刚证实的。

韦伯庭长：我们将休庭15分钟。

（法庭在10:45休庭直到11:00，之后法庭重新审理如下）

法庭执行官：远东国际军事法庭现在重新开庭。

柯明斯-卡尔检察官：请尊敬的庭上明鉴，我在向证人提出的上一个问题中说了一个错误的日期。我说的是1月8日，本应该是1月6日。

柯明斯-卡尔检察官（继续）：难道广田没有在1月6日告知德国大使，为了阐明日方4个要点，他欢迎来自中方政府的询问吗？

答：我不记得了。

问：并且他没有在同一天告诉大使，他期待一个答复或者至少在不久的将来，一个来自中方的问题吗？

答：我不记得了。

问：1月10日他没有会见德国大使并说日方政府正在期待一个最快的答复吗？

答：我不记得他在那一天说过还是没有说过。然而，我的确想起他告诉迪克森大使他希望敦促中方政府尽可能快地答复——传达给中方政府。

问：就中方政府的澄清要求，他在那一天说过军方坚持立即并清楚地答复吗？

答：我不记得了。

柯明斯-卡尔检察官：这是证据第486F号庭审记录第5993页所说的。

问：真相正好相反，不是吗？

答：我不记得了。

问：难道真相不是参谋本部坚持认为这些条款应该予以澄清而内阁却坚持认为不应予以澄清吗？

答：我不记得实情了。

问：不过，在你对这些谈判和在日本的内部讨论的描述中，你完全省去了1938年1月11日举行的帝国会议。为什么？

答：那是因为我没有记得这件事。

问：你现在记起来了吗？

答：您在就帝国会议举行还是没举行而询问我吗？

问：是的。

答：是的，我记起来了。

问：你真的说你对其全部内容都已经忘记了吗？

答：我没有说我对其全部内容都已经忘记。

问：你为什么没有在你的宣誓证词中提到它？

答：当我起草宣誓证词的时候，对帝国会议的事情忘记了。

问：帝国会议是在军队的要求下举行的吗？

答：我记不起来是谁首先呼吁召集该会议的。

问：那么，广田外务大臣说过他没有看出有任何必要召集这次会议吗？

答：我想不起来了。

问：陆军说过他们为什么想要召开这次会议的一个理由是寺内大将和松井大将正在中国发表非常强硬的意见，并敦促政府不应再与蒋介石有关联吗？

答：当时，我没有听说任何这种性质的事情。

问：他们说过他们想压制那两位将军的那些观点并快速和解吗？

语言仲裁官：当你说"他们"的时候，你是指陆军吗？

问：参谋本部说过他们想压制那些意见并快速和解吗？

答：这，同样，我没有听说。

问：你知道在帝国会议上发生什么事了吗？

答：据我回忆，中国事变应对措施要纲在那次帝国会议上获得认可，而且也达成了一项决定，据此日本不会承认——将不再承认中方政府。

问：然而，就此我不得不与你意见相左，请你查看一下国际检察局第 3090A 号文书。

（文书被递交给证人）

柯明斯-卡尔检察官：关于这一点我也提请法庭查阅证据第 270 号和第 2235 号，它们与我昨天查阅的第 3610 页庭审记录是相同的。

问：刚刚递交给你的文书不是有关帝国会议的官方记录吗？

答：这是我第一次见到该文书，但是既然它是写在宫内省用纸上，我猜这可能是帝国会议的记录。

问：查看附件 1 和附件 2，并告诉我附件 1 是否不是那些出席人的官方记录,而附件 2 是该决定的官方记录。

答:我猜是这样的。

柯明斯-卡尔检察官:我请求提交该文书作为法庭证据。

韦伯庭长:按照惯例,予以采纳。

法庭书记官:检方文书第 3090A 号采纳为证据第 3264 号。

(上述文书被标以检方证据第 3264 号,采纳为法庭证据)

柯明斯-卡尔检察官:我将宣读证据第 3264 号。

帝国会议纪要

1938 年 1 月 11 日,帝国会议举行,目的是决定我们对中国的国家政策。

去年秋天,当中国问题变得逐渐严重的时候,各方都争论坚持认为有必要通过举行帝国会议确立坚定的国策。但是在随时变化的形势下,而且在当时,中方的意图尚不明朗,显然,像他们说的那样简单地确定我们的政策是很困难的。结果直到今天政府也没有实现。然而,一方面先前德国政府曾经调停过;而另一方面蒋介石政权不会那么轻易崩溃,而且看上去尚不会拒绝德国的调停。考虑到这两种情况,并假设一些可能的情况,即,万一和解突如其来、万一蒋政权被歼灭或不被承认等,政府认识到有必要为它们确定对策的原则。因而,这最终成真,政府今天就帝国会议和具体方案奏请天皇,并举行了延长到 9 日(星期天)和 10 日的联络会和内阁会议。在此之前,海军军令部总长宫殿下提议期待天皇陛下,也能问一些问题或诸如此类的事情,因为,按照迄今他在帝国会议上的经历,没有人敢说话,天皇也不说,因此会议极难开展。然而,由于西园寺公爵对天皇的讲话早就非常慎重,掌玺大臣昨天,也就是 10 日,告诉了原田男爵上述要义,并要求他听取一次政界元老的意见。并补充说,他,掌玺大臣的意思是天皇陛下发言是可以采纳的,除非它包含最终的决定。因而,原田男爵在同一天15:00乘火车离开去了兴津,并问了政界元老的意见,在同一天晚上的电话中做了答复,政界元老也和掌玺大臣持同样意见,即,他的意思是他并不想在天皇身上加注责任,而且他认为其他问题都是可以采纳的。

内阁总理大臣近卫在10日16:20进入皇宫,被天皇陛下召见,并就在第二天11日举行帝国会议一事向天皇陛下奏请。他在那个场合遇见了掌玺大臣,并告诉后者,大意是既然他要提出方案的绝大部分内容已经决定好了,仅是应在天皇陛下前正式决定。为了推动帝国会议,天皇陛下没有必要讲话。

另一方面,掌玺大臣也考虑到了会议的进程,并在同一天,10日,在内阁总理大臣退下后被天皇召见。他告诉天皇他认为,既然即将召开的帝国会议的目的是决定我们的国策,从责任和职位角度来讲,内阁总理大臣安排这次会议的议程是合适的。并因此在第二天11日的会上决定天皇会授予大意如此的许可。

第二天11日,14:00,天皇出现在皇宫1号东间,御前会议按附件(1)所示席次举行。枢密院议长平沼骐一郎根据特令参加。因为枢密院与外交、条约等的联系,内阁总理大臣私下请求并获得天皇的批准让议长参加这次会议。似乎天皇就这个理由做了特别询问。在这次会议上,内阁总理大臣说在天皇的许可下,他将安排这次会议,并且,他让外务大臣按照附件(2)解释了初稿。(起初,内阁总理大臣期望自己来做,但是后来做了更改。)

参谋总长宫殿下声明除了战胜国对战败国的概念,从东方永久和平的角度他赞成最初草案,并希望能够予以执行。然后海军军令部总长宫殿下表示赞成。之后,平沼枢密院议长表示赞成,并进一步说假若与蒋介石政权达成某些协议,对迄今华北地区和其他地方的亲日政权应考虑给予充分的保护,以便于行事不与他们的道德准则相悖。他要求内务大臣对国内的治安给予特别考虑。就这样,最初草案被采纳,内阁总理大臣告知陛下休会了。陛下退回内宫。当时是下午 14:55。

陛下未发一言。

附记:书记官长和外务次官在前一天即 10 日向平沼枢密院议长解释了诸种情形。枢密院议长多少有些不满,因为那些措施是那天第一次采取,但却解释成是在内阁成员和参议间突然决定的,并获得了他的同意。然而就在御前会议当天,枢密院议长说他有几个问题要问。因此,就在会议之前 13:30 在皇宫中阁僚们和他会面并回答了他的质询,在会议上就没有问题了。

政府在 16 日午间发布了一个声明。然而,为了草拟那份声明,从 14 日的 9:30 到 20:30 及从 15 日上午到下午召开了联络会和内阁会议。问题并没获得解决,主要是因为参谋本部坚持和解之努力。最后,政府方案获得采纳,但参谋本部的某些个人补充说他们仍然认为和解说(回应中方中央政府希望了解具体细节提议的看法)是可取的。

一项具有历史意义的向国内外解释天皇对中国坚定方针政策的声明在 16 日午间由内阁发布。

那么,我不必宣读政府的这则声明,因为证据中已经有了。
然后(继续宣读)

附件(1)1938 年 1 月 11 日御前会议

然后接着就是一个表明每个人座次的图表方案,出席者中有"D 枢密院议长"和"E 外务大臣。"

附件(2)有关处理中国事变的基本方针

（御前会议议题）

我们帝国不变的方针是在与"满洲国"以及中国合作的过程中形成东方和平的轴心，并以此为中心，为世界和平做贡献。

为了根据这一国策处理中国事变，日本和中国将扫除过去的一切摩擦，在宽宏大度的基础上，重组双方的关系，尊重彼此的主权以及领土完整，并把促成两国间的完美融合作为终极目的。因而我们在两国之间制定下列规定，以及为禁止类似事件的再次发生确立必要保障。

（1）日本、"满洲国"和中国应废除所有易于摧毁他们间彼此友好的这类政策、教育、贸易和所有其他举措，并且他们也应根除招致上述恶果的行为。

（2）日本、"满洲国"、和中国应联合起来共同实现他们的文化共荣和防共政策。

（3）就产业、经济等方面，根据取长补短互通有无的原则，日本、"满洲国"和中国应合作互利。

根据上述政策，决定帝国应通过应用紧密融合的政治和军事策略，恰当地实施下列措施。

（1）如果中方现中央政府能够在此之际反省并真诚寻求和解，我们会根据日中之间在附加页（A）中表明的和谈条件与他们谈判。假若帝国将来承认中国已经实施了和解条件，它不仅将解除附页（B）中表明的包含在上述条件中的保障规定，而且会就中国的重建和发展与中方真诚合作。

（2）假若中央政府不寻求和解，帝国不会完全依赖于把其作为对手处理该事变，而是会支持成立一个新的中方政府，就调整相互关系与之谈判，并合作建立一个重生的新中国。帝国将决心消灭他们，或者采取措施把他们吸收到新的中央政府之下。

(3) 为了彻底贯彻上述政策处置该事变,预料到国际环境要发生某些改变,我们应该推进快速培育和完备总体国力,特别是国防力量,并维持和改善与第三国的友好关系。

(4) 我们应尊重第三国的权益并尽力仅通过自由竞争,赢取在中国经济发展中的主导地位。

(5) 为了使国民认识到处理中国事变的基本方针,我们应引导舆论。这同样适用于外国公民。

附页(A)

日中之间和平谈判条件的明细。

(1) 中国应对"满洲国"予以正式承认。

(2) 中国应放弃反日反"满洲国"政策。

(3) 在华北和内蒙古地区建立非武装区。

(4) 华北应在中国的主权之下建立一个适宜实现日本、满洲以及中国共荣的组织,给予该组织广泛权限,为促进日本、满洲以及中国的经济发展做出特别努力。

(5) 在内蒙古建立防共自治政府。它的国际地位应该类似于现外蒙政府。

(6) 中国应确立防共政策,并在实施该政策过程中与日本和"满洲国"合作。

(7) 在华中占领区建立非武装区。至于大上海市区域,日本和中国应该合作维持治安并开展经济活动。

(8) 日本、"满洲国"以及中国应该签署涉及自然资源开发、关税、贸易、航空、交通运输、通讯等的必要协议。

(9) 中国应给与帝国其应得的战争赔款。

附记:

(1) 为了安保目的,在认为必要的时段,日军要在华北、内蒙古以及华中特定地区驻屯。

（2）涉及日中之间的上述规定达成协议之后，就应该开始有关休战协议的谈判。

当中方政府真诚地实施了上述每项规定，并与我们精诚合作、实现日中之间合作互助的理想，帝国将不仅解除这些保障规定，而且为了中国的复兴、国家的发展以及人民愿望的实现，主动真诚地与中方合作。

附页（B）

1. 附页（A）中提到的保障规定如下：

（1）在第3项提到的非武装地区。

（2）在第4项提到的为了安保目的，要在谈判中确定的特殊权益，以及与此有关要建立的必要的设施。

（3）在第7条提到的非武装地区。

（4）涉及附记（1）中的重要通信系统以及附随的军事设施的控制和扩大的权益。

2. 和解时要废除的约定。

（1）《梅津何应钦协定》《塘沽停战协定》《土肥原秦德纯协定》《上海停战协定》。

（2）在废除保障条款的同时，日本直到现在持有的在华特殊权益（如治外法权、定居权以及驻军的权力）应该考虑予以放弃。

问：堀内证人，就有关拒绝告知中国超出中方政府已经收到的进一步的信息，此中没有任何东西，有吗？

答：对不起。我不能理解您所指。

问：好吧，我不再追问，因为我们自己会看。我要问你另一个问题。当陆军参谋本部就举行该次帝国会议与外务省交涉的时候，他们说过这吗：停战条件如此苛刻以至于它们可能损害日中之间未来的外交关系？

答：谁？

问：参谋本部的代表人物，大概是参谋次长多田将军，向外务大臣说的这个吗？

答：不，我从来没有听说此。

问：他们说到它们可能损害日中之间的外交关系吗？

答：我不记得曾经听到任何这类东西。

问：他们说到因此有必要在天皇面前举行会议吗？

答：我没有听说。我想就有关帝国会议的陈述做些更正。当我说不再与中央政府交涉的决定在这次帝国会议上达成的时候，我记错了。我本应说这类措施在这样一项事件中被予以考虑。

问：那么，请您回答我的问题好吗：当参谋本部与您交涉准备举行帝国会议的时候，说过他们认为因为先前提出的停战条款如此苛刻，以至于有必要通过举行该次帝国会议，为重建中日关系制定基本的政策方针吗？

答：我记不起来了。我想补充说明的是当陆军的意见转达给外务省的时候，无论该意见是否是参谋本部的意见，由陆军的代表人物向外务省转达这一意见是惯例。

问：而我向你说的是在陆海军外三省之间的一次会议上传达的，参谋本部于1938年1月10日出席过该会。

答：我不记得出席过这样一次会议。

问：参谋本部说过有必要预备一项对策，来应对可能变得太具侵略倾向的国内趋势吗？

答：我没有听说任何这种意思的事情。

山冈辩护律师：尊敬的庭长大人，我反对该种提问方式。证人说过他没有出席任何这类会议并且想不起来了。

柯明斯-卡尔检察官：现在请向证人出示检方文书第820-E号，好吗？

（文书被递给证人）

问：堀内证人，我认为识别这份文书不会花费你太长时间，因为上面有你的签名，不是吗？

答：是的。

柯明斯-卡尔检察官：那么，庭长大人，我请求法庭采纳该文书作为法庭证据。

韦伯庭长：那是什么，柯明斯-卡尔检察官？

柯明斯-卡尔检察官：这是一份载有证人签名的外务省记录，并且题为"有关处理中国事变的基本方针（御前会议议题）（1938年1月10日……）"

……

山冈辩护律师，你已经这样做了。那是要求的全部。假如在决定做出后，你继续就此争论，这会导致我们必须要避免程序上的混乱。

山冈辩护律师：好吧，请庭长大人明鉴，那不是我的目的。我只是想在提交文书的时候保护这份记录。仅此而已。

柯明斯-卡尔检察官：尊敬的庭长大人，就我所知，仅仅需要宣读该文书的两段。

法庭书记官：检方文书第820E号采纳为证据第3265号。

（上述文书被标以检方文书第3265号，并采纳为法庭证据）

柯明斯-卡尔检察官：尊敬的庭长大人，文书的其余部分基本上是对我刚刚宣读部分的重复。

有关处理中国事变的基本方针（御前会议议题）（1938年1月10日，东亚）

韦伯庭长：柯明斯-卡尔检察官，假若这对先前的文书无所补充的话，为什么要宣读？

柯明斯-卡尔检察官：庭长大人，最初两段有所补充，但与证人证言的大部分相矛盾。其余部分没有补充新的内容。

我已经宣读了标题：

（1）陆军提议解决中国事变的方针草案附录Ⅰ（1937年12月1日）应在这三省之间讨论后在御前会议上决定。但是外务省和海军省相关当局，对陆军的提议不置可否，理由是没有必要制定新方针，因为他们早已准备了一项主要方针作为有关处理中国事变的基本要纲，而且，事变的主要方针（A）已经确立，有关和平和战争的情况都已考虑在内，并且当在东京的德国大使获得答复的时候，涉及与蒋介石和解的条件的调查已经全部完成。

（2）同时，有关和平谈判的答复告知德国大使后，下列意见在参谋本部中变得越来越有影响，即停战条件如此苛刻，以至于他们可能损害日中之间未来的外交关系，因此，参谋本部认为没有必要通过举行御前会议，为重建日中关系确立一项基本方针，以及准备应对可能变得太具侵略倾向的国内趋势的对策。参谋本部出席了这三省主管当局，即陆海外大臣的会议，并解释了上述意图。因此，外务省和海军省认为陆军省能有上述如此开明态度是一件好事，并且不管前面所说的情形，他们赞同为了维护上述精神的活力，正如参谋本部提议的那样，在御前会议上讨论这一议题可能是一件好事。结果，这三省相关当局就草拟了在御前会议上讨论的议题（附录Ⅱ），并且分别获得他们上司的同意。

柯明斯-卡尔检察官（继续）：当时松平阁下是东亚局长吗？

答：东亚局长是石射猪太郎阁下。

问：松平是第一课课长吗？

答：我不记得一位名为松平的人当时在外务省任职。

柯明斯-卡尔检察官：请让证人查看检方文书第 820 - E 号。

（文书被递交给证人）

问：证人，看一下那份文书。你认出那是外务省的记录了吗？

答：我没有依据来这样识别该文书。

问：那么我不会再继续追问该问题。那么，紧随 1 月 13 日的帝国会议，正如你已经告诉我们的，经由日本大使传来中方政府的答复，那不是在 1 月 14 日——经由德国大使吗？

答：那是我所记得的。

柯明斯-卡尔检察官：这可以在第 486B 号证据庭审记录第 5983 页找到。

问：当答复传来时，广田是否说了如下内容：

语言部，我将从第 32 号文书第 4 段第 6 行宣读。

他是否说了这些：

通过我们的陆军参谋本部以及德国武官，中国总体上对我们的具体提议是很清楚的，但是尽管如此，他声称不知道，并且仍然坚持认为提议不可理解。这样一种答复毫无希望，因此，御前会议上已经决定我们别无他法，只能启用我们的备用方案，就是要把目前的敌对行为转化成长期的战争。增强我们在这个意思上的决心是很关键的。

答：您问了我一个问题吗？

问：我问你广田使用了我刚刚向你宣读的那些话吗？

答：我不记得广田曾经向我说过。

问：当收到中方政府对进一步的细节情况的要求时，那代表广田采取的态度吗？

答：我的确听说那是内阁会议之前内阁的论调。

问：你听说过广田是赞成该论调的人员之一吗？

答：我没有听说广田是主要人员之一。

问：1月14日广田与迪克森举行会议并提出中方答复的时候你出席了吗？

答：没有。

韦伯庭长：我们休庭到13:30。

（法庭在12:00休庭）

（下午庭审）

法庭在13:30重新开庭审理。

法庭执行官：远东国际军事法庭现在重新开庭。

韦伯庭长：在法庭的允许下，被告岛田在与他的辩护人协商后将缺席整个下午的庭审。

柯明斯-卡尔检察官。

堀内谦介，证人，代表辩方出庭，重新站在证人席，经由日语译员作证如下：

交叉询问（由柯明斯-卡尔检察官询问堀内谦介证人）

问：堀内证人，当法庭休庭时我在问你，当迪克森大使向广田递交中方答复时，你是否在场？

答：我不在场。

问：广田外务大臣告知过你，他已经告诉德国大使他对中方的声明很生气吗？

答：您所说中方声明指什么？

问：中方对和平条款进一步的细节性要求。

答：我听说外务大臣说过答复不甚令人满意。

问：而且他拒绝告知中方任何进一步的细节吗？

答：我理解外务大臣回复说既然他已经做出了详细解释，他没有必要再对它们作出补充。

问：然后德国大使告诉他那不属实了吗？

答：对此我没有听说。

柯明斯-卡尔检察官：我提请法庭查阅证据第486C号庭审记录第5987页。

问：1938年1月15日，正如你所说，内阁对此事项予以讨论。当你提到内阁会议的时候，你是指内阁本身的会议，而不是指内阁参议官或者内阁顾问的会议吗？

答：正如你所说。

问：实际上，在那一次，参谋本部重复了他们的要求，即应该把条款的进一步细节发给中方吗？

答：对此我没有听说。

问：但是他们最终让步了，缘于假若他们不让步，他们或者内阁会面临不得不辞职的威胁吗？

答：我从没有听说参谋本部被威胁过。然而，我的确听说参谋本部表达了他们希望继续谈判的意向。然而，根据我的理解，参谋本部并没有要求谈判依据改进的条件继续，而是谈判就依据这些条件继续，条件本身保持不变。

问：当参谋本部不再考虑他们应该就该威胁做些什么的时候，内阁会议没有在那一天一度被打断吗？

答：我不记得这些情形了——我不记得这类新情况。

问：最终，参谋本部没有屈服，并赞成内阁应该发布拒绝与蒋介石进一步交涉的声明吗？

答：是的，我不知道参谋本部是否持此态度。但我确实知道内阁在会上达成这样一项决定。

问：内阁的那项决定完全超越了帝国会议上的任何决定，不是吗？

答：我不是这样理解的。

柯明斯-卡尔检察官：在这一点上，我提请法庭查询证据第 2260 号《木户日记》第 16223 页、证据第 972A 号第 9505 页、证据第 268 号第 3563 页、前面提到的证据第 486B 号、证据第 486G 号第 5999 页还有证据第 486I 号第 6016 页和证据第 972G 号第 9521 页。

问：1月21日，近卫内阁总理大臣在发布了那项声明后，向广田外务大臣发送了一份包含国家政策总原则的文书吗？

答：我不记得。

柯明斯-卡尔检察官：请证人查看国际检查文书第 820D 号，好吗？

问：难道那不是外务省档案中内阁总理大臣发给广田的文书副本吗？

答：我想不起来了。

问：你能只是浏览一下就告诉我们，是否你没有很好地记住该文书吗？

答：仅仅看一下它的内容很难确定其是不是一项内阁决定。

问：你作为外务省次官了解已经制定的新的国策不是至关重要吗？

答：这是很重要，然而我不能在没有一些更确切根据的情况下，确定该文书本身是否是内阁决定的副本。

问：假若那不是真的话，你能说明为什么外务省会存档内阁总理大臣给外务省大臣的一封书信的副本吗？

答：一般来说，官方公文在首次由外务省大臣、外务次官或者相关的局长察看后由文书课归档，这类文书总是载有阅览过该文书的官员的署名或者印章。这类文书称为公文。该文书甚至不带有文书课——档案课的档案号。

问：你告诉过我们许多外务省的文书在大火中毁坏了。制作额外的副本并把它们单独存档不是惯例吗？

答：这甚至没有档案课课长的证明书。

问：回答该问题。

答：我不会说从没有制作过副本，但是为了以后确定这样制作的副本是不是确切，必须有一些确定和确切的证据，无论这个人是谁，我认为没有这样的证据是不可能确认它的。

问：你可以断定假若你继续否认，当其被提交作为法庭证据的时候将会有一份证明书。

山冈辩护律师：请庭长大人明鉴，证人并没有否认这不是一份副本。他说他不能把其与交给他的其他文书区别开。

韦伯庭长：是这样。

问：就此我将仅仅向您提一个问题，然后，假若您说您想不起来了，这个问题就到这里。这是 1938 年 1 月 21 日决定的国家政策的一部分吗？看一下该文书的第 3 段。

我要向证人宣读编号为 3 的这一段。

中国事变中的军事目标应该完全达成，并根据国防需要完成总动员情况以及制定计划加强我们的军备。此外，应采取一切措施应对中方的长期抵抗。

难道政策的该部分不是在那时决定的吗？

答：我想不起来了。

柯明斯-卡尔检察官：我不再就此提问。请从他那取回该文书。

问：1938 年 2 月，广田就分化瓦解中方军队的宣传方法，向驻华外务省各代表发布指示了吗？

答：我想不起来了。

柯明斯-卡尔检察官：请证人查看国际检察局文书第 18418B7 号好吗？

（文书向证人出示）

问：那不是外务省情报课课长发布的广田外务大臣致外务省各驻华代表的文书吗？

答：我想不起来该文书的内容了。

问：你认得该文书是发出指令的外务省存档的文书副本吗？

答：这可能是情报局局长发出的电报。

问：那么你认为它是来自广田外务大臣的吗？

答：外务省一直的惯例是所有外发电报，甚至实际上是由情报局局长发出的电报，都签有外务大臣的名字。

问：你对这是一封由情报局局长发出的电报在心里确有疑虑吗？

答：可以推测它或许是由情报局局长发出的。

问：你对它是由情报局局长发出的有任何疑虑吗？

答：这份电报既不带有情报局局长的签名，也没有主管课课长的签名。对电报来说这种做法确实不寻常。

问：现在您能回答该问题吗？

山冈辩护律师：请庭上明鉴，我相信上一个回答就很充分了。

韦伯庭长：他在被问及一个简单的问题。他应该回答是还是不是。

山冈辩护律师：请庭上明鉴，沿着这一思路，我恭敬地提出，对我的学识渊博的朋友来说，从外务省档案课课长那里获得证明书会易如反掌，正如我们一直在做的。

韦伯庭长：你知道为什么在现阶段证明书对他没有什么好处。这是辩方案子，并且处于该案的交叉询问阶段。

回答该问题，证人，假若你能的话。

证人：请向我重复一下那个问题，好吗？

（官方法庭速记员宣读该问题如下）

问：你对这是一封由情报局局长发出的电报，真的在心里有任何疑虑吗？

答：既然这封电报并不载有情报局局长的签名,也不载有主管部门在这种情况下指明为情报局第三课的签名,确认这封电报的真实性就很困难。

柯明斯-卡尔检察官：请把文书从证人那取回来。

问：现在,要向你提出一段我猜是您在1938年2月14日与原田男爵的私人会话。你认识原田男爵,不是吗?

答：是的,我认识他。

问：……你在那一天或晚几天遇见他,并说"你听说过2月14日的联络会议了吗"?

答：我想不起来了,但是假若你告诉我这次会话的内容,我可能能够想起来。

问：你告诉过他在会上……我概括一下——在会上陆军和海军之间,就陆军是否要在中国前进到安庆以便于海军可利用其作为轰炸基地而有过争论?

答：我完全不记得了。

问：你告诉过他争论的原因在于陆军正在对俄备战吗?

答：我不记得曾经说过这样的话。

问：你告诉他天皇问过陆军大臣……第35号文书最后一句,第35号文书最后一段。

语言仲裁官：同步实施长期敌对行为,对俄军事备战以及扩充海军的方案可行吗?

答：天皇向谁发此一问?

问：根据我提示的你向原田男爵所说的,他向杉山陆军大臣提出了此问题。

答：关于这一点我什么都想不起来了。

问：你告诉过原田男爵,陆军大臣答道"我将与内阁讨论此事并采取适当的行动"了吗?

答：我没有这样的记忆。

问：你能告诉我，你对其后在内阁讨论的事项有任何记忆吗？

答：我想不起来。

问：你能查看一下国际检察局文书第820－B号吗？你认得那份文书是保存在东亚局外务省有关"御前会议涉及大本营事项"的日期注明为1938年2月18日的记录吗？

答：我确信文书是写在外务省用纸上。然而，就其内容，我从未见过，因此我不能确定地说这是一份外务省保管的文书——既然内容论及军事行为。

问：阅览来信——送入外务省的涉及军事和海军事务的来信，不是你的职责吗？

答：外务省次官没有阅览全部来文的职责。

问：你注意到了该文书的内容并非精确而是基本上与我说的，你告诉原田男爵的大意相同吗？

答：有类似点。然而，正如我已经告诉你的，我本人对于与原田男爵有过一次那方面的会话没有记忆，我也从未见过该文书。

问：你注意到有人用铅笔在该文书的顶端写下这些话，"谈判原始复印件（资料）"？

答：我的确看了那一注释。

问：那是谁的笔迹？

答：我无法确定。

问：这不是一份如此重要，你必定已经看过的文书吗？

答：该文书归类为"研究资料"。如此归类的文书有许多种。更正："参考资料"。但是既然外务次官在其他事务上非常繁忙，我没有见到该特定文书也是可能的。

问：那么，你是否观察到在该文书的第4段出现如下这句话："对于该声明，海军从海军的立场坚持认为，为了备战英国和美国有必要扩充海军的力量。"

答：是的，我现在读到了。

问：如果一份透露了那就是海军省意向的文书到达外务省，难道你和广田阁下都没有必要看一下吗？

答：我没有说它不重要，我只是想告诉你我对曾经见过该文书没有记忆。

问：你现在心里对那是外务省的一份官方记录或它的副本有任何疑虑吗？

答：正如我以前告诉你的，既然该文书只声称是一份副本，我无法证明它实际上就是一份公文。

问：尽管你告诉我那是写在外务省官方用纸上？

答：我的确承认这一点。

问：我要理解成您不会承认那是一份外务省官方文书吗？

答：就这种形式，我无法说这是一份公文。

问：你们对在外务省存档的公文和其他文书做了区别吗？

答：有区别。例如，新闻剪报不可能被看成是公文。不会这样看待它们。

问：该文书不是新闻剪报，是吗？

答：我没有说它是。

问：它表明，还是没表明，这是一项至关重要事项的记录吗？

答：我不否认它是重要的。我只是说我没有根据声明我个人认为它是一份外务省公文。

柯明斯-卡尔检察官：请把文书取回，好吗？

问：我最好相当具体地问一下你，你知道在文书中提到的这次会议是否发生过？

答：对那次会议无论什么，我都想不起来了。

问：那么，仅有另一个问题我想要问你，关于——请原谅。在你的宣誓证词第 21 项中，你提到了同样的问题，你提到你所说的广田为捍卫第三国在华利益采取的重大措施。

韦伯庭长：深思熟虑，不是吗？

柯明斯-卡尔检察官：是的，是深思熟虑。并继续说："他会真正地以对其有利的方式尽全力。"

你知道格鲁大使仍在就违反门户开放政策、袭击美国人的生命和财产、掠夺美国人的财产等向广田抗议吗？

答：是的，我知道。

问：而且不管这些抗议，那些坏事还在继续，没有停止，没有中断吗？

答：外务省——外务大臣，一方面，煞费苦心地解释事态的真实情况，并就这些问题呼吁大使理解。而另一方面提请陆军、海军以及相关其他当局注意这些抗议，并尽他最大努力保障第三国的利益。而且，他再三向我们的驻华外交代表发送指示，要求采取一切可能的措施保障第三国的利益。

问：你知道还在不断收到英国大使的要求相同结果的类似抗议吗？

答：我记得英国大使经常抗议。然而，我不能做出意思上同样模糊的泛泛陈述。

柯明斯-卡尔检察官：我提请法庭查阅下列证据：证据第 941 号，庭审记录第 9413 页；证据第 944 号，庭审记录第 9418 页；证据第 954C 号，庭审记录第 9451 页；证据第 955 号，庭审记录第 9456 页；证据第 968 号，庭审记录第 9493 页；证据第 969 号，庭审记录第 9497 页；证据第 973 号，庭审记录第 9534 页。

问：现在，我将仅仅举出一例：瓢虫号。你记得该事件，不是吗？

答：我记得。

问：1937 年 12 月 30 日，广田向英国发送了一份官方照会说日本陆军向英国军舰开火应完全归于误解吗？

答：那是我所记得的。

问：那么，对"帕奈号"的攻击你做了类似的解释吗？

答：那是我所记得的。

问：你知道这不属实，不是吗？

答：完全不是这么回事。

问：12月14日，仅仅在照会发送前两周，你在外务省见过原田男爵吗？

答：我不记得是否我在那一天，就在那一天见过他。

问：我会让你想起这次会话的。语言部，第25号文书——有关"瓢虫号"。

你对原田男爵说过：海军航空兵轰炸并击沉一艘美国军舰。恰恰大约就在那时，一艘英国军舰在南京被从山上炮击，并且士兵受伤。这的确很令人沮丧。英国军舰自然是一艘用于水上的小型军舰。然而，那是在距离南京上游26英里的地方。桥本欣五郎军团在桥本的命令下向其开火。

答：我不可能使用——我不记得是否我使用了你向我引述的确切语言。我知道我的确使用了类似性质的一些用语。然而，我不记得曾经有一次使用过"故意地"这个词。

问：如果是在桥本的命令下开火的，你知道，怎么能真的说这完全应归于误解呢？

答：纵使是在桥本陆军中尉的命令下开的火，他或许把这艘舰艇误认成一艘商船也是有可能的。我从未在任何时候说过桥本在知道那是一艘英国战舰的情况下故意下令向一艘英国战舰开火。

柯明斯-卡尔检察官：我的交叉询问完毕。

……

日高信六郎，证人，代表辩方重新出庭，先前经过宣誓，经由日语译员作证如下：

韦伯庭长：他已经宣过誓了吗？假若是誓言仍然有效。

山冈辩护人：我认为是。他先前在庭前作证过。

韦伯庭长：誓言仍然有效。

直接询问（由山冈辩护律师询问日高信六郎证人）

问：请说出你的姓名和住址，好吗？

答：我是日高信六郎。住址为东京都世田谷区松原町一〇三〇番。

山冈辩护律师：请向证人出示辩方证据第2148号。

（文书被递交给证人）

问：那是你的宣誓证词吗？

答：是的。

问：全部真实无误吗？

答：是的。

山冈辩护律师：我提交辩方文书第2148号作为证据。

……

韦伯庭长：多数意见，反对有效，文书部分被拒绝。未被拒绝的部分按照惯例予以采纳。

法庭书记官：辩方文书第2148号采纳为证据第3273号。

（上述文书被标以辩方证据第3273号，采纳为法庭证据）

山冈辩护律师：我现在将宣读第3273号证据采纳的部分。省略公式化部分。

（1）我1919年进入外务省，并在供职欧洲和东京后，从1933年到1934年初大约10个月的时间任南京总领事。然后我就返回外务省做了大约3年的人事课课长。之后从1937年4月30日到同年8月16日我任南京大使馆参议官，而后从1937年8月29日到 1939 年 3 月 3 日在上海。从 3 月 17 日到 1938 年 12 月 12 日我任上海总领事，之后就返回东京。

1940 年 4 月我再次被任命为南京大使馆参议官并一直任职到 1942 年 11 月。然后我成为驻意大利大使，1943 年到罗马，1946 年回国。1946 年 5 月退职。

（3）我通过 7 月 8 日从北京发出的官方电报首次得知卢沟桥事变爆发。我也在当晚收到了对方董科长有关这方面的电话。他说他希望日本陆军谨慎克制以不至于扩大事态。我答复他说日本并无有意恶化事态的意向，并请求中方自我克制。

10 日我收到了中方外交部的照会，其要义可以归纳为以下两点，即① 引发该事件的日军应撤退到起初驻屯地区，并等待司法解决；② 中方外交部保留有关本事件的所有司法要求。日方回复的大意是① 日军驻扎在华北地区以及在那演习是有条约根据的；② 由于中方的挑衅行为，日方才不得已采取自卫措施；③ 中方对事变的爆发负有责任；④ 相应地，日方政府不能采纳中方外交部保留这方面所有司法要求的主张。11 日，我收到了外务省电报指示，命令我先给当地传达日方政府在当地解决事件的意向，并且要求南京政府不要阻碍日本及时挽救局势的努力。我不敢怠慢，立即向中方的外交部副外长、之后正式向中方外交部部长，转达了此指示的重要性，然而中方外交部部长在答复中，要求当时在骚乱地区驻屯的日军撤退到他们起初驻屯地区，而且不能从满洲、朝鲜以及日本国内增派援兵。之后我问他我的想法对否，即一旦有关本事件停止敌对行为的协议，在当地中日当局之间达成的话，南京政府没有意向否认或者破坏它。外务大臣没有流露出任何否认的意思，尽管在晚上，外务省还是给我发了一份官方照会，大意是任何地方性的已经签署或随后将要签署的非正式协议或者协定，将根据中央政府的确认才能生效。会面的时候，我也问过中方外交部部长有关汇报中方军队的动员或者北进运动的情报是否属实,他并没有否认。

在 16 日,我再次收到一份来自中方外交部的官方照会要求① 值本事变之际派遣的所有日方增援部队应立即予以撤退;② 对该事变的爆发负有责任的日方军队应撤退到他们起初驻屯的地区;③ 中方政府保留与该事变有关的一切诉求。

在翌日 17 日我接到了日本外务省的电报指示,急切命令我要求① 南京政府不应阻碍实施日方和当地中方军事当局 7 月 11 日达成的和解协议条款;② 为执行防止冲突进一步发展的政策,上述政府应停止一切挑衅性的言行;并特别要求我努力实现指示的要领。于是,我当夜拜访了中方外交部部长,向其递交了表达上述两点的官方照会,诚恳劝说他为维护日中之间的和平,亟待采取的措施是通过忠实履行 7 月 11 日的协议,防止形势进一步恶化。此外,我指出日方在华北的兵力无法与在那儿的中方兵力相比,亟待增援,即使是为了驻军的安全,更别提那儿的日本侨民。我强调急需实施 7 月 11 日的协议,以缓和华北紧张的局势,提醒外交部部长注意南京政府进一步向华北增派援军,可能成为局势恶化的确定诱因的危险性,并请求他应立即采取措施遏制当时正在北进的中方中央军的推进。对此,中国外交部部长许诺在下周一 19 日回复。我交到中国外交部部长手中的官方照会,翻译成英语发给驻南京的英国和美国大使以作参考。

19 日,董科长拜访我并交给我一份照会,大意如下:"日方正在向河北省派遣大批部队,甚至现在也没有停止派遣。在这种状况下,中国只能为自卫做适当的准备。中方政府特此提议日中双方应同时停止他们各自兵力的调遣,并撤退已经派遣到他们起初驻屯地区的部队。任何在当地达成的地区性质的和解都应经过中央政府确认。"我问董科长这是否是中方政府方面对我们 7 月 17 日官方照会的答复，但是我能获得的仅有的答案和他通过外务大臣的命令传达给我的一样模糊。在接下来的20日，我拜访了中方外交部部长，并查明中方7月19日的官方照会意在回复我们17日的照会。然而，这离尽可能早地缓和华北紧张局势的实际需要还很远。并且，我确信，假如我们在这种绕圈子的交涉中这样浪费时间，局势会更变得愈加恶劣。从这个立场，我恳切奉劝中国外交部部长，但是他仅仅重复他惯常抽象的论点。

我和与蒋介石有直接联系的外交部东亚司司长高宗武25日就除了提到的谈判外的一些事务的谈话纯属偶然，并被暗示蒋介石本人有意寻求快速务实地处理该事件。受此鼓舞，我设法与四川省省长张群举行会谈，他是蒋委员长最信任的那些知名政治人物之一。从7月25日或者26日到7月27日期间我与他会面两到三次，他与我的谈判总是与蒋介石密切相关。在谈判进程中，他声称中方政府不反对7月11日的协议。于是谈判有了实质性的转折，最终同意7月11日的协议一旦确保执行，日军会自愿声明撤退，而且实际上中方中央军会径直跟随日军的撤退首先向南移动。想到卢沟桥事变最终获得解决我就很高兴。无论怎样，7月25日的廊坊事件和7月26日的广安门事件至此已然发生，而且，自28日起，日中兵力之间的冲突变得更加严重。因此，张群和我本人之间达成的协议证明毫无效果。

我可以顺便补充一下，必要时，我向英国、美国、德国、法国以及意大利的代表告知了与中方政府谈判的进展情况，并且我与英国大使纳奇布尔·许阁森爵士保持了特别密切的联系。

（5）在卢沟桥事变爆发后，上海相对平静。但7月底或者8月初，那儿的形势开始变得越来越险恶。我们能够清楚地意识到来自各个地区的军队正在南京集中，部队和军火正在从南京运往上海。8月8日，英国大使许阁森向我提出他的有关维护在上海以及周边地区和平的意见。通过日本外务省的连续电报，清楚了解到日本政府坚守现地解决的方针，恳切地希望避免日中在上海的冲突，我立即把英国大使的意见向日本外务省做了汇报。而实际在上海，日本当局，包括海军当局，没有丝毫让事态变严峻的意向。事实上海军陆战队副队长藤田利三郎大尉，在上海日中军队之间的冲突爆发前不久到达上海履职，告知我他在离开东京的时候从海军总部那收到一特别密令，大意是不惜一切代价避免在上海的冲突。11日，英国大使，代表英国、美国、德国、意大利以及法国的代表，向8月7日从华北旅行途中返回上海的大使川越，书面提议日中两国的代表以及上述五国的代表应该合作，以维护在上海及其附近地区的治安。我立即把该提议向外务省做了汇报。第二天12日，我收到一封电报，大意是在中方政府遵守1932年停战协议的条件下，日本政府会采纳五国代表的联合提议。通过英国大使许阁森，我把此意见向上述五国代表以及蒋介石做了转述。这样，包含日本、中国和上述五国代表的联合委员会12日在上海成立，冈本总领事作为日方代表参加了这次委员会。同一天，我收到了冈本总领事的电报，要求我请求南京政府撤退驻扎在上海租界附近的中方国防部队，并移走租界附近军事装备和设施。我在同一天下午拜访了外交部陈副部长并提出此请求。接下来的13日，我再次收到了大意相同的外交部的电报。我拜访了王外交部长，并重复了该请求。然而，外交部长争论《停战协定》的有效性，重复抽象的形式化的讨论，请求没有取得有效果。

我7月底收到了长沙高井代理领事的一封电报，印证了我的这种印象。按照这封电报，湖南省主席何健的参谋告诉高井南京政府已经给予何健，一旦在上海的日中兵力发生冲突就从长沙海岸附近向日舰开火的密令，并要求高井运用他的影响力在一些事故可能发生之前撤退在长沙抛锚的日舰。高井本人8月10号左右从长沙撤退,在南京停留的时候口头详细汇报了上述事实。

(7)我依日本外务省的命令在月16日离开南京返回东京。当我有机会与广田外务大臣在21号交谈的时候,我告诉他几天后我要向天皇陛下做口头汇报,并请示他在这方面的建议。外务大臣建议我应该把中国的情况向陛下汇报,以便于提议仍然有和解的希望。进一步说,我当时遇到了杉山陆军大臣。他说他害怕日本的和解提议可能会被中方政府拒绝,并寻求我对此的意见。我回答道我认为仍然有和解的一线希望。

(8)在上述陈述中提到的电报和文书在一场大火中遗失,不能在外务省的档案中找到。

请尊敬的庭上明鉴,我被要求再追加询问该证人一个问题。

山冈辩护律师:你知道你在供述书中提到的张群现在在中方政府中担任何职吗?

柯明斯-卡尔检察官:依我看,这个人现在在中方政府担任何职与本案没有关联。我反对。

韦伯庭长:反对有效。

山冈辩护律师:你可以交叉询问了。

韦伯庭长:柯明斯-卡尔检察官。

柯明斯-卡尔检察官:请庭上明鉴,检方并没有提议交叉询问该证人。

山冈辩护律师:证人可以按惯例退庭了吗?

韦伯庭长:证人按惯例退庭。

(证人退庭)

山冈辩护律师:我们下面提交辩方文书第 2538 号作为法庭证据,该文书是外务省林薰的宣誓口供书,证明在辩方文书第 2148 号日高证人的宣誓口供书中提到的电报和公文,在战时大火中丢失了,并不在外务省档案中。我不会宣读该证据。

韦伯庭长：按照惯例，予以采纳。

法庭书记官：辩方文书第2538号采纳为证据第3273A号。

（上述文书被标以证据第3273A号，采纳为法庭证据）

山冈辩护律师：我们下面传证人冈本季正。

冈本季正，证人，代表辩方再次出庭作证，先前已经宣誓，经由日语译员作证如下：

韦伯庭长：先前的宣誓仍然有效。

直接询问（由山冈辩护律师询问冈本季正证人）

山冈辩护律师：请您说出您的姓名和住址。

答：名字，冈本季正；地址东京都世田谷区北泽町一一二〇番。

山冈辩护律师：请向证人出示辩方文书第2276号。

（于是，证据被递交给证人）

……

上述被提交的证据被标注为辩方证据第3276号，采纳为法庭证据。

山冈辩护律师：现在我将宣读证据第3274号，省略公式化部分：

（1）我在1917年10月进入外务省任职。先后在英国、美国、中国以及东京的外务省任职，1942年11月被任命为驻瑞典公使，一直留在那儿直到1946年1月。我在1946年3月回到日本后不久就退休了。

从1937年5月8号到1938年3月21日我是上海总领事。

（2）卢沟桥事变在7月7日爆发，当时我是上海的总领事。我正在尽我最大努力，按照广田外务大臣给我的指示行事，与中国当局密切合作维护在上海以及周边地区的治安。8月6日，我收到了外务大臣的几份重要的训电，大意如下。

承蒙法庭允许，我现在将就此点宣读证据第 3275 号：

  自：广田外务大臣
  至：冈本总领事（上海）
  发电：1937 年 8 月 4 日
  密电第 号
  机密。致外使专电。

  船津预计在 7 日乘坐长崎丸到达上海，他与高宗武立即举行一次秘密会议是有必要的。然而，既然假若船津要立即奔赴南京可能引起注意，就要求你做一些安排，以便于他能够 7 日在上海与高宗武会面，而不会产生领事或者其他当局在进行联络的印象。为此目的，一个方案是立即向南京派遣棉纺主协会的堤先生，让他与高宗武私下见面并要求他在 7 日晚之前到上海，就像是收到船津的电报要求一样（船津知道此点）。

  此事严格保密，你需高度注意以便于不致泄露，也要确保高能够理解与船津的会面会绝对保密。

附有证明书，我将不再宣读。
就此点我也将宣读证据第 3276 号。

韦伯庭长：这是一份相当冗长的宣誓证词，因此我们现在将休庭直到明天 9:30。

（法庭在 16:00 休庭，直到 1947 年 10 月 3 日星期五 9:30）

1947年10月3日，星期五
日本东京都旧陆军省大楼内远东国际军事法庭
法庭9:30重新开庭。

出庭情况：

法庭上所有成员都已出席，除了尊敬的来自法兰西共和国的法官亨利·贝尔纳，从9:30至16:00没有出席，以及尊敬的来自新西兰自治领的法官艾瑞玛·哈维·诺斯克罗夫特，从13:30至16:00没有出席。

检方人员照旧。

辩方人员照旧。

（英日和日英口译由远东国际军事法庭语言部承担）

法庭执法官：远东国际军事法庭现在开始审理。

韦伯庭长：在法庭的允许下，被告木户在与他的律师商讨后将缺席今天上午的庭审。

山冈律师。

冈本季正，代表辩护方被再次传唤，重新站在证人席，经由日语译员作证如下：

山冈辩护律师：请尊敬的庭上允许，我想此时提交在我们的证据顺序表上列为69号的一封电报，辩方文书第2029号，请法庭采纳为证据。

韦伯庭长：按照惯例，予以采纳。

法庭书记官：辩方文书第2029号采纳为法庭证据第3277号。

（上述文书被标以辩方证据第3277号，采纳为法庭证据）

山冈辩护律师：我将宣读法庭证据第3277号。

自：广田外务大臣。

致：川越大使(在中国)。

发电：1937年8月7日。

主题：停战提议草案。

密电第　　号

极密。至急。致外使专电。部外密。

别电：

(1)大部分在河北境内的接近永定河以及海河右岸诸城镇以东以及以北地区,和察北六县将被指定为非武装地带,并且《塘沽停战协定》等将废除(无需说,现在驻扎在河北省的中央军应该一次性从该省撤退)。

(2)同意清除冀察(依情况连同冀东)以及由南京政府对该地域直接管理。

与上述相关,中日之间华北地区的经济合作原则要商定。

附有证明书,我不再宣读。

现在,继续证据第3274号——

韦伯庭长：是证人的宣誓证词吗？

山冈辩护律师：当前证人的宣誓证词,英文本第2页：

川越阁下,当时的日本驻华大使(7月7日左右离开上海前往天津,滞留华北)并不在上海,正在从华北返回上海的路上。这就是为什么上面提到的电报训令发给我的原因。此外,日本大使馆位于上海总领事馆内,当时,我除了任总领事外,还兼任大使馆参赞官。

在收到上述电报训令后,我召堤先生来访,并要求他立即前往南京去见高宗武。

第二天，8月7日，恰巧川越阁下从华北返回上海，并到我的官邸来访。我向大使汇报了这件事。

同一天晚上，船津阁下从东京返回上海，并和大使当晚进行了磋商。磋商的结果是决定大使本人将会见高宗武。

川越大使和高亚洲司长的会谈大约在8月10日左右在大使官邸举行。会谈中高司长以个人身份征求大使对急速解决华北局势的意见。于是大使告诉他尽管他尚未接到日本政府开启与此相关的谈判的指示，但尽可能快地处置这次不幸事件同样是日本政府的政策。就解决的条款而言，他的观点是这些条款毕竟必须具有中日政府从各自立场都能够采纳的性质。然后他详尽阐述了他自己解决该事件的初步设想。

大使设想的框架与提到的外务部门的指示是一致的，可以总结为以下三点：

① 在沿白河两岸诸城市的东北地带设立非武装区。② 解散冀察和冀东政权。③ 同意中日之间在华北的经济合作。

保存在外务省的这些电报副本免于烧毁并保存至今。因此，可以从这些副本中获取详情。

对此，高司长声称尽管他预期或许存在困难，但是他认为如果条款具有这个性质和程度，谈判有希望取得成功。因此，他将返回南京与上级商讨并将带着商讨结果再次拜访大使。川越大使和高司长之间的谈话内容当时是川越大使自己透漏给我的。但是，首先8月9日晚上大山中尉被残忍谋杀了。数天之后，上海地区成为中日军队武装冲突的场所。川越大使和高司长之间的谈判就这样被中断了，未取得任何成果。

请尊敬的庭上明鉴，由于疏忽我忘了宣读证据第3276号，该证据在昨天庭审要结束时被采纳。

韦伯庭长：辩方文书第 2028 号，证据顺序表上位列第 68 号。

山冈辩护律师：我可以宣读吗？

韦伯庭长：是的，你可以宣读。

山冈辩护律师：我将宣读证据第 3276 号：

自：广田外务大臣

致：川越大使（中国）

发电：1937 年 8 月 7 日

主题：中日之间停战谈判的开始

密电第　号

（极密。至急。致外使专电。部外密。）

（1）作为陆军省、海军省和外务省间就解决当前时局的方法积极协商的结果，现在希望根据在别电中阐述的路线达成一份协定，该路线有望在一两天内被官方采纳为政府政策。

（2）同时，从多方考虑，因为高度希望保持这种形式，即中方主动要求停战谈判，已经做了各种安排，按照我四日发往上海的致外使专电急派船津（从日本派遣的 3 个师团的增援部队有望在 8 月 20 日前集中完毕，我们认为在此之前达成某种协议是非常重要的），他将在极秘密的情况下会见高宗武，并向高司长游说他个人的看法，即还有和平解决的希望，并劝说高接近您并提议停战。令人讨厌的是高司长或者类似的其他人应该会以不确定的提议作为试探来回应，因为非常必要的是，如果中方真提出和平提议的话，应建立在他们那一方一定程度的决心之上。在我看来高司长对您的提议必须是在对蒋介石的全面理解达到一定程度时才能提出（最后一点通知了船津）。

（3）假若高司长提议停战谈判回应我们的上述安排，假定提议是随着对蒋介石的理解做出的① 如果我们政府已对第（1）项中陈述的政策做出决定并相应地电报给你指示的话，你可以根据上述政策路线开始与高司长的预备会谈；②或者，如果你到时还没接到这个意思的电报，即政府已经根据上述路线对政策做出决定的话，你要立即请求指示，同时汇报高司长提议的细节。

（4）在等待政府决定政策期间，从多方考虑都有必要把前述内容严格保密（甚至对陆海军武官保密），并且要极为慎重不要诱发外人的反对。因此，我的看法是最好暂时避免你和船津之间的直接接触。

（5）此外，政府愿意，在上述停战谈判同时，或者据其从不受过去影响的立场开启重整外交关系的谈判，并且相关人士在进行积极协商。这也有望在两三天内做出决定。

仅有少数人甚至是陆军和海军的高层人士被告知此事，我们正努力首先达成决定然后再推动其通过。同时，前面所提到的严格限于您个人知悉。

转发：上海，连同别电。

可以进行交叉询问了。

柯明斯-卡尔检察官：尊敬的庭上，请允许检方不打算对此证人进行交叉询问。

……

因此，我现在提供辩方文书第 2541 号作为法庭证据。

韦伯庭长：按照惯例，予以采纳。

法庭书记官：辩方文书第 2541 号采纳为证据第 3278 号。

（上述文书被标以辩方证据第 3278 号，采纳为法庭证据）

柯明斯-卡尔检察官：现在，为记录起见，我将宣读的证据第 2515 号英文本第 6 项和第 7 项……

韦伯庭长：按惯例采纳。现在没有异议，我理解。它仍是证据第

2515号的部分内容。我们不会给它单独编号。

山冈辩护律师：好的。我将宣读第6项和第7项：

（6）在1937年7月7日爆发了卢沟桥事件。这让中国人和在上海的外国人严重不安。

当时，林内阁已经垮台而且近卫公爵组建了一个内阁。外务大臣是广田阁下。事件爆发后的几天，我收到政府的电报训令。

指示如下：政府在坚持对该事件采取当地解决和不扩大的政策。你应当采取所有可能的措施阻止在上海发生任何事件。含有同样意旨的指示接二连三地到达我手上。

（7）为了回应中国人、外国人以及领事们的不安质询，我解释了政府指示的精神，并告诉他们我可以向他们保证，鉴于政府现地解决的政策，事件将不会波及上海。

请尊敬的庭上允许，我希望宣布证据顺序表上第70号和第71号，分别是辩方证据第2156号和第2169号，撤回。

韦伯庭长：是否就他的第一份证词，刚采纳的那两项进行交叉询问？

柯明斯－卡尔检察官：不，庭长大人。

山冈辩护律师：证人可否按惯例退庭？

韦伯庭长：证人按惯例退庭。

（证人退庭）

……

法庭书记官：辩方文书第206D号(4)采纳为证据第3279号。

韦伯庭长：这是多数决定。

（上述文书被标以辩方证据第3279号，采纳为法庭证据）

山冈辩护律师：我将按采纳的宣读证据第3279号，省略公式化部分：

1937 年 8 月 6 日

英国政府，不断重复 7 月 28 日向我们的驻英大使提出的建议，现在向中日双方主动提议英美共同斡旋，提供全权代表可以会面的中立场地，并且帮助缓解为随后的撤军而进行的谈判安排方面可能发生的一些障碍。但是在实行前他们希望得到多兹和我对有关日本对这样一种提议可能的反应的看法。

……

我们现在提交列出的下列辩方文书：第 2030 号，修正本，第 2031 号，第 2032 号，第 2065 号和第 2066 号。这 5 份电报都是广田外务大臣，对日本驻华大使为和中方政府进行停战谈判的一连串指示的一部分。

韦伯庭长： 按照惯例，予以采纳。

法庭书记官： 辩方文书第 2030 采纳为证据第 3280 号。辩方文书第 2031 采纳为证据第 3280A 号。辩方文书第 2032 采纳为证据第 3280B 号。辩方文书第 2065 号采纳为证据第 3280C 号。辩方文书第 2066 号采纳为证据第 3280D 号。

（辩方文书第 2030、2031、2032、2065、2066 号分别被标注为辩方证据第 3280 号、3280A 号、3280B 号、3280C 号、3280D 号，采纳为法庭证据）

山冈辩护律师： 尊敬的庭上，请允许，我将宣读证据第 3280 号。

自：广田外务大臣
致：川越大使（中国）
发电：1937 年 8 月 8 日

主题：停战谈判

暗第 169 号（机密。至急。馆长符号报）。

（1）派遣帝国军队到华北的目标正如 7 月 11 日内阁决议所阐明的，尽管我们是由于二十九路军的非法行动而被迫驱逐它，但是派遣惩罚性的远征军本身并不在我们的打算之中。

万一中方反省并寻求和解，认识到了什么才应当是中日关系的正常状态，对他们的态度表示欣赏并为了两国关系的明朗化与中方合作，对南京政府的立场给予应有的考虑，并当其发现自己处于困境时施以援手，应是自认是东方稳定势力的我们的帝国应有的宽厚态度。

因此，8 月 7 日，陆军大臣、海军大臣和外务大臣达成共识，不仅中方的和平提议将按照别电第 170 号阐述的路线对待，而且随着当前事件成为一个转折点，要向改善中日关系迈出一大步。

（2）据此，当中方提议停战的时候，如果你确信提议是真诚的，你可以谨记别电的指示进行谈判（如果可能，要确保中方首先踏出第一步），汇报他们接近的方式并请求指示。当中国似乎终于谈到对"满洲国"承认的时候，如果能劝说他们此时迈出一大步承认"满洲国"的话，会更好。

（3）由于别电第 170 号表达了我们最隐秘的心声，所以要求你在应对时要尽可能保守秘密，并且首先要引导谈判尽可能有利于我们。但是正如你会很自然地明白，我们政府宽大的政策或许会超出中方自己的预期，并因为我们帝国公正无私的态度，值得全世界尊重。因此，你首先要确保中方清楚认识到我们提议的潜在思想。

转发：上海，连同别电第 170 号、第 171 号和第 172 号。

现在我将宣读证据第 3280A 号：

自：广田外务大臣

致：川越大使（中国）

发电：1937年8月8日

主题：停战谈判条件

暗第170号（极密。馆长符号报）

别电：

A. 设立非武装地带

以下地区将被指定为非武装地带，中国军队不得在此地域内驻扎。

在此地域内，将由保安队维持治安。该保安队的人数和装备将另外规定。

备注：

方案一

连接德化、张北、怀来、门头沟、涿州[1]、固安、永清、信安、濁流镇、兴农镇、高沙镇一线以东和以北的区域，沿线各地包含在内。（毫无疑问这是要提出的首选方案）

方案二

方案一中的怀来替换为龙门和延庆。

方案三

连接德化、张北、怀来、门头沟一线以东和以北地域，包含沿线各地，以及与河北省内永定河和海河左岸毗连相同地域（包括长辛店、附近高地以及天津周边地区）。

方案四

方案三中的怀来替换为龙门和延庆。

B. 让步的限度

---

[1] 英文版庭审记录中无"涿州"一词，日文版中有该词，应为日版。

（1）必要时，表明我们有意自愿，尽可能把我们的驻军减少到事变爆发时的兵数以内。

（2）废除《塘沽协定》（包括协议所附的所有承诺）、《秦土协定》、《何梅协定》，基于《北平协议》的所有谅解除外，即：有关① 接管长城诸关口；② 通车；③ 设关；④ 通邮；⑤ 通空和⑥ 承诺严厉镇压排日和抗日运动而且防止那些非武装地带的赤化。

（3）同意解除河北察哈尔和冀东政权，承诺这些地区归南京政府自由管辖，证明这些地区的行政首脑是有威望的人员，适合实现中日融合。

与此相关，中日之间就华北的经济合作原则达成协议。当然，该合作应当基于中日平等的基础上，采取合办或其他类似的形式。（注：本项，特别是清除冀东政权，是我方的一项巨大让步，应当考虑最充分地利用它讨价还价。）

C. 尽管在B条中应废除《何梅协定》，但直到当前谈判圆满达成之前仍然有效，中方应把现在驻屯河北省的军队撤出，以彰显他们的诚意。

D. 与上述A、B和C下的停战和谈同时，要求中方政府承诺不受过去所有情势的影响，为调整中日关系进行谈判。后者的谈判方案将单独提出。

备注：

（1）一旦中方军队撤出非武装地带以及中央军从河北省完成撤退，中日之间的停战协议一达成，我们的军队随之要自动撤退。我们将以合适的方式宣布我们撤军的打算。

（2）根据停战协议，进一步建议日本和中国应当签发一份声明，大意是中日进入一个"新政"时代，真诚致力于双方和睦，摒弃过去所有的不愉快。

我将宣读证据第 3280B 号：

　　自：广田外务大臣
　　致：川越大使（中国）
　　发电：1937 年 8 月 8 日
　　主题：停战谈判
　　暗第 171 号（极密。至急。馆长符号报）
　　对别电第 170 号的解释：
　　（1）提议连接门头沟、涿州、固安、高沙镇一线的目的是为了把永定河和海河右岸战略上非常重要的高地，以及所有重要的要点如天津和大沽包括在内。
　　（2）有关在 C 项阐述的中央军撤军问题，因为我们一直坚持中央军在河北省的出现违反了《何梅协定》，我们首先应当要求撤军这一步不过是很自然的事情了。因此，只要这个要求没有实行，那么停战和谈就不能够实现。
　　（3）有关清除冀北政权，军方非常不愿同意，但被劝说这可能有助于把谈判导向对我们有利的方向。要求你对备注 B 中提到的这一点特别注意。
　　（4）对于 D 项下的有关调整中日关系的谈判，如果可能快速达成协议的话，非常希望能够和停战谈判同时执行。然而特别不希望停战谈判，会由于调整外交关系的谈判而延迟，引发预期之外的复杂情况，使一切化为泡影。要求你特别谨记此点。

我将宣读证据第 3280C 号：

　　自：广田外务大臣
　　致：川越大使（中国）

发电：1937 年 8 月 8 日

主题：中日关系总体调整方案要纲

暗第 172 号（极密。至急。馆长符号报）

1. 政治事务

（1）中国要承认"满洲国"，或以其他方式做出隐形承诺，自此不再拿"满洲国"做文章。（让这成为我在第 170 号电报中提到的停战条件之一更可取，但这取决于中方的态度。）

（2）中日之间签订防共协定。（非武装地带的防共适用该条，但是要求在该区域内特别严格执行。）

（3）除了冀东和河北察哈尔政权的废除作为停战的一个条件外，日本准备与南京政府讨论内蒙和绥远问题，假使他们满足我们的正当要求（大部分规定在上述第（2）条），我们将不再坚持排除南京政府在这些地区的势力。

（4）中方要在全国范围内严厉镇压排日和抗日运动，严格执行"邦交敦睦令"（无需说在非武装地带，应当特别严格执行对排日和抗日运动的管控。）

2. 军事事务

（1）废除《上海停战协定》。（以防中方希望充分利用此协定就有关整个谈判进行讨价还价。）

（2）停止自由飞行。

3. 经济事务

（1）对特定商品降低关税。

（2）理应要废除冀东特殊贸易，以及恢复中方在非武装地带海域对走私的控制。

（3）促进两国间经济联络和贸易的正常增长和发展。

我将宣读证据第 3280D 号：

自：广田外务大臣

致：川越大使（中国）

发电：1937 年 8 月 8 日

主题：停战谈判

暗第 175 号（极密。至急。馆长符号报）

参照我的 170 号电报。严格保守秘密（避免参照这份电报）。

（1）由于军队中存在强烈的反对意见，陆军大臣对停战和调整外交关系的方案严格保密，而且仅有陆军次官、军务局长、军务课长和数量很有限的参谋本部高级官员被告知真相，所以你把此谨记在心，并把这些作为最严格的部外秘密予以保密。

（2）我的第 170 号电报 A 下的方案一是一个理想的方案。我们最终可能同意基于方案三或者方案四的协定（这种情况下，形式上我们对中方的坚持做出了让步）。

（3）如果中方希望就我的第 170 号电报 A 下的有关建立非武装地带的条款予以修订的话，我们准备予以考虑。

转发：上海。

我们提交辩方文书第 206D6 号作为法庭证据。这也是格鲁大使 1937 年 9 月 20 日日记中的部分内容，日记表明了广田阁下在面对美国抗议在中国的轰炸行动时的态度。我将仅宣读最后一段。

韦伯庭长： 布朗检察官。

布朗检察官： 庭长大人，检方对该文书的部分内容提出异议。我们提出异议的部分是第 2 段的后半部分，从文字"当然，是这些年轻鲁莽的人……"开始。我们认为这纯粹是意见。

韦伯庭长： 是的，它意欲确定实际上应由我们确定的责任。

山冈辩护律师： 请尊敬的庭上明鉴，我郑重提出格鲁大使在此只不过是陈述了他当时见面时的情形。

韦伯庭长：仅有一句话好像可以提出异议，与"鲁莽的人"有关。

山冈辩护律师：尊敬的庭上，我完全同意删掉那句话。

韦伯庭长：你在要求仅仅采纳第2段，并且删掉那句话。

删掉该句话的第2段，按惯例予以采纳。

法庭书记官：辩方文书第206D6号采纳为证据第3281号。

（上述文书被标以证据第3281号，采纳为法庭证据）

山冈辩护律师：尊敬的庭上，请允许我宣读证据第3281号采纳的部分：

1937年9月20日　川奈

显然这些抗议留下了一定的印象，因为广田第二天一早就去见天皇，并且后来我们开始注意到一些具体的迹象，政府开始对无差别轰炸带来的影响感到不安，而且开始采取措施对飞行员加以控制。可能由于我们的抗议和他们从国外获得的反应，政府后来向上海派遣了一名海军大将，与长谷川司令长官讨论该事态，并且传出消息，在9月25日之后将不会再对南京进行轰炸。

我们提交辩方文书第206D7号，从1937年9月20日格鲁大使日记节选的又一则摘录，表明了广田在面对美国抗议时的态度并汇报了他们间的谈话。

韦伯庭长：布朗检察官。

布朗检察官：庭长大人，检方对该文书的部分内容提出异议。我们实际对最后一项提出异议，因为该项的第二部分包含的仅是意见，而且我们认为最后一项的第一部分没有实质内容。

山冈辩护律师：请尊敬的庭上明鉴，我郑重主张这是符合本法庭的适当证据。

韦伯庭长：反对无效，该文书按惯例予以采纳。

法庭书记官：辩方文书第 260D7 号采纳为证据第 3282 号。
（上述文书被标以辩方文书第 3282 号，采纳为法庭证据）
山冈辩护律师：我将宣读证据第 3282 号：

对一个失灵政府的严词
1937 年 9 月 20 日

我和外务大臣 18:00 在他官邸的会谈，是以我对美国人在 9 月 22 日和 26 日撤退期间，日本当局为避免轰炸粤汉铁路而做的安排的一句欣赏之词开场的。外务大臣询问我是否收到他的有关轰炸美国在惠州的教会医院的通牒，对此我予以肯定回答，并对外务大臣的表示遗憾和主动考虑补偿的提议表示进一步欣赏。

然后我转向了日本海军部队宣布的要在第二天中午开始轰炸南京的方案，就外国的外交设施和人员以及其他非战人员来说，假如执行这样一种方案，势必要蒙受上述人员对其提出最迫切抗议的危险。我谈到如果某种和那些行动相关的意外发生的话，将在美国对美国政府和人民产生非常严重的影响，而后我谈到在美国和其他国家正在形成的稳步上升的反日情绪，由于日本自己的做法，正在为日本自己积蓄一种世界人民对它的不信任、怀疑和普遍反感的不利因素，以及把日本从国际大家庭中驱逐出去的可能性。我对外务大臣说他和我，在过去这些年建立起来的我们国家之间的善意，由于日本在中国的行动正在迅速消失，而且虽然美国人民是有耐心的，不过他们很容易被一些涉及他们海外合法利益的严重事件所激怒，而且假如由于日本在中国的军事行动，发生一些让美国人民感觉伤害了他们荣誉的重大事件，毫无疑问会在我的国家产生影响，对此我一直在担心。

然后我真诚地谈到外务大臣引导日本外交关系和抑制日本海陆军在中国行径的责任，这种行径正在迅速引发日本丧失世界善意，并在海外树立起几乎遍布全世界的对他的国家的敌对情绪。我说到陆海军部队不理解，而且好像也不关心日本的外交关系和日本在国际上的位置，因此引导正在中国追随的这种行径是他自己的责任。我的言辞的力度、直接以及诉求没有给广田留下任何想象的余地。我努力让外务大臣清楚认识到，假若涉及美国利益的一些严重事件的发生与提议对南京的轰炸有关，在美国产生的特定反响的最大效应。

广田阁下没做任何努力反驳我的言论，而是在我的整个谈话过程中严肃默默地倾听。当我说完的时候，他说到他在四个小时前从东京已经给在中国的海军司令下令，尽一切力量在提议的轰炸行动中，避免对在南京的外国外交设施或非作战人员造成伤害。我说下午的新闻已经报道在南京的一些轰炸行动昨天已经发生了，但外务大臣说这些轰炸并不重要而且远离外交设施。有关日本海军轰炸行动将在9月21日中午开始的警告，外务大臣主动表达了看法，即警告"太短了"。

尽管自我到日本后今天和首相的谈话前所未有的强调和直接，但他并没显露出愤怒。他的态度很自然比通常更严肃，而且好像非常悲伤地采纳我的言论，但是没有试图做出任何反驳。尽管最近的进展表明他已经并正在通过在个别局部问题中告诫陆海军部队从而努力避免惹恼美国，我们必须无奈地面对这个事实，即在东京的文官政府对关注全局问题的这些部队的影响力非常小。

尊敬的庭上，请允许我宣布特此撤出位列证据顺序表上第80号的辩方文书第2507号，因为该文书类似于证据第3262号，第3262号证据是昨天检方交叉质询证人堀内时提交的。

我们提交辩方文书第206D11号作为证据，这是格鲁大使1937年10月21日和22日日记的又一则摘录，说明日方拒绝布鲁塞尔会议邀请时的情形。

韦伯庭长：布朗检察官。

布朗检察官：庭长大人，检方反对该文书，因为它是重复的。我博学的朋友刚刚告知法庭该文书的提交，是要就日本政府拒绝参加布鲁塞尔会议的原因告知法庭。我们认为关于这一点的证据已经很充分。

山冈辩护律师：尊敬的庭上，请允许我特别想说，第一项的最后一部分我认为还没有充分说明。

韦伯庭长：布朗检察官。

布朗检察官：庭长大人，我们认为，我博学的朋友刚才提到的那部分与本案不相关，而且也极为不明确。

韦伯庭长：根据多数法官意见，反对无效，按惯例采纳该文书。

法庭书记官：辩方文书第206D11号采纳为证据第3283号。

（上述文书被标以辩方证据第3283号，采纳为法庭证据）

山冈辩护律师：我将宣读证据第3283号：

日本拒绝参加布鲁塞尔会议

1937年10月21日

一位外交同事说他昨天已经向广田重新抗议，重复了10月15日的抗议，努力劝说日本政府参加在布鲁塞尔召开的九国会议。他进一步争辩到日本一案在日内瓦因弃权而未获通过，而布鲁塞尔会议将再提供一次机会提出日本的案子，与会国家将会仔细考虑此事并希望首要的是，要有助于达成中日敌对冲突的和平解决。外务大臣回答道自从上次和大使会谈后，他已经咨询了这儿大量的名人，而且不参加会议的想法特别是在政党领袖们间非常一致。但是，因为还没有收到邀请，所以还没有达成最终决定。

1937 年 10 月 22 日

昨天吉川告诉杜曼，就外务部门而言，九国会议的邀请将肯定被拒绝，而且只要邀请没有明确说明，会议不是产生于联大决议和美国政府 10 月 6 日的声明的话，不要期望得到赞同的回答。

我们提交辩方文书第 206D14 号，格鲁大使日记中日期是 1937 年 11 月 16 日的另一篇摘录，该摘录汇报了和外务大臣广田的谈话，请法庭采纳为证据。

韦伯庭长：按照惯例，予以采纳。

法庭书记官：辩方文书第 206D14 号采纳为证据第 3284 号。

（上述文书被标以辩方证据第 3284 号，采纳为法庭证据）

山冈辩护律师：我将宣读证据第 3284 号：

广田控告美国开启了反日战线
1937 年 11 月 16 日

广田和我的谈话按下列线索展开：根据从布鲁塞尔会议收到的报告，好像最终决定草案打算采取联合行动反对日本，外务大臣仅看到最初的草稿并不知道它是否未经变更或修订就通过了。但是如果该决议确实号召联合行动的话，他担心将对日本公共舆论产生不良后果。"联合行动"看上去意味着某种制裁，例如经济抵制，而且远非有助于停止敌对行动，这种行动将仅仅鼓舞中方并将导致无限期地延长冲突。根据从"一个特定国家"外交代表处得到的情报，美国不仅主动提议召开布鲁塞尔会议而且在积极领导会议。

广田说这些谣言确定不久将出现在日本新闻媒体里，而且它们将产生一种不良后果。因此，日本公众已经感到在发展强大的反日战线的首要国家是英国，但是如果新闻媒体现在报道布鲁塞尔会议是由美国担当领导的话，那么责任将大量转移到美国人肩上。正如外务大臣经常告诉我的，和美国保持友好关系是他的基本政策，而且他非常"担心"他所描述的可能发展状况的结果。截至最近，日本感到在中日敌对冲突期间美国是唯一一个公正性真实的国家，所有其他国家的公正性都值得怀疑，归因于他们在中国的特殊利益。但是由于美国所采取的立场，我们感到或许我们在帮助实现和平方面会起到重要作用，正如我们在日俄战争中所做的，成为日本所有朋友中最公正的。这种情形由于（美国）总统在芝加哥的演说有了些许改变，但是总统在国会的演说中没有提及远东，这给日本公众的印象是美国的态度或许不像刚开始担心的那么"严厉"。

广田然后继续说到日本在中国的战役进展顺利，而且尽管军队能够继续进行，如果他们认为必要的话，但或许他们没有必要比他们已经前进的再深入得多。现在达成和解将是中国自己的利益所在。如果中国政府撤离南京，这将是一个非常愚蠢的行动，并且一些将领已经在和蒋介石形成对立，而且他的地位并不是很稳固。如果现在达成和平，日本的条件将是"合理的"，而且日本不会占领中国一寸领土。但是如果敌对冲突长时间继续下去的话，这种态度或许会改变，而且由于牺牲人数在增加，可能产生更严厉的条件。美国最助益的方式将是劝说蒋介石进行和平谈判。如果中国政府表示愿意进行谈判的话，广田将派代表赴上海和中国代表进行会谈，公开或秘密都可以。

在广田谈话的终了，我逐条进行了重复，并问他我是否正确理解了他所说的一切，对此他予以肯定回答。我告诉他我将向我的政府重复他的言论，并且同时我希望他尽自己所能，来阻止日本新闻媒体发表未经确认的有关美国态度的报道。我告诉他艾登在众议院实际所说的，并且国务院明确否认我们政府主动倡议召开布

六、广田弘毅战时外交政策 | 351

鲁塞尔会议,而且我再次告诉他会议是如何召集的。广田说他同意我就有关保持日本新闻媒体不发声的重要性所说的,而且他将尽自己最大努力。我也指出中国大使仍在东京而且和平提议的外交渠道好像仍然存在。广田表示赞同但没有发表评论。

广田对我们在日俄战争中所起的作用的评论很有意义,而且暗示蒋介石撤离南京将使得和平谈判更加困难,这两点包含在昨晚杜曼向吉川所提到的几个要点中。后者肯定立即把它们传达给了外务大臣。

我们提交罗伯特·克雷吉爵士的著作《在日本假面的背后》以供识别,并且我们提交从中的摘录辩方文书第 502 号摘录 13 作为证据。该文书记录了广田阁下和克雷吉爵士方面对结束在中国的敌对冲突的所做的努力。

韦伯庭长:我知道这本书为了识别已经标注,作为证据第 2478 号以供识别。你从中提交摘录吗?

布朗检察官。

布朗检察官:庭长大人,检方反对这份文书,因为该文书所包含的全部是意见,除了第一项中仅有的第二句话,而我们认为单独这句话不值得提交,因为事实上它证明不了什么。

我同时想指出这份摘录没有日期显示它是什么时间写的。

韦伯庭长:它提到 1937 年 10 月和 11 月的谈话。

山冈辩护律师:请尊敬的庭上明鉴,我郑重主张这是本法庭适当的证据。

韦伯庭长:该日记指明它提到的战争已经进入第 9 个年头,因此日记根本不是与事件同步而写。

布朗检察官:庭长大人,关于此书,这整本书,是一份识别证据。我可否指出这本书不像格鲁大使的书,这不是一本当时记录的日记。

山冈辩护律师：请尊敬的庭上明鉴，作为回答，我希望说明这虽然确实不是一本日记，而或许是在该摘录描写的事件之后写的，尽管如此，它是克雷吉爵士就当时存在的事实所做的陈述。

韦伯庭长：这是反对陆军的一种评判，真的。这些是我们法官的事情。

多数法官意见，反对有效，驳回该文书。

山冈辩护律师：我们提交《格鲁大使日记》日期为1937年12月13日的另一份摘录，辩方文书第206D17号，该文书记录了广田外务大臣在帕奈号事件中的作用，请法庭采纳为证据。

我仅提交该文书的第1页和第2页的前2段。

韦伯庭长：布朗检察官。

布朗检察官：庭长大人，就现在提交的部分，检方就第3段、第4段和第5段提出异议，因为我们认为这与本案毫不相关。第3段论及派巡洋舰协助胡佛总统。我认为，另外两段太短了以至于我没必要总结它们。

韦伯庭长：我的理解是你没有提交最后两段，山冈辩护律师？

山冈辩护律师：是的，请庭长大人明鉴，我提交的内容略去了第2页的最后两段。

韦伯庭长：反对无效，按照惯例，按文书提交的范围予以采纳。

法庭书记官：辩方文书第206D17号采纳为证据第3285号。

（上述文书被标以辩方证据第3285号，采纳为法庭证据）

韦伯庭长：山冈辩护律师，你想宣读多少？

山冈辩护律师：我应该对宣读第1页的最后1段和第2页的开始两段感到满意。

韦伯庭长：好的。

山冈辩护律师：尊敬的庭上，请允许，我可以宣读该部分了吗？

我将宣读辩方文书第3285号第1页的最后1段和第2页的开始2

段。记录日期是 1937 年 12 月 13 日,而且标题为:

《我们收到帕奈号沉没的消息》

没再出现任何事情,直到 15:00,爱丽丝告诉我广田刚打电话说他要来大使馆见我。我立即告诉她如果外务大臣史无前例地亲自来办公室,肯定发生了一些可怕的事情,而且当然我立即想到了帕奈号。当我到那的时候,广田已在我的办公室了,他立即把对帕奈号和美孚油轮被日本飞机轰炸沉没的报告情况告诉了我。他没有做任何隐瞒假装是中国飞机造成的,而是表达了日本政府"深深的致歉和悔意"。广田看上去正如任何一个日本人一样能够被真诚触动而流露感情,说,"我无法告诉你我对此感觉多糟糕。"我和他一起下楼并送他乘车离去。

我上午拜访广田的报告中午通过电报发到国务省,而且我也汇报了 15:00 广田对我的来访。电报补充说陆海军大臣都同时通过各自武官表达了歉意。

韦伯庭长:我们休庭 15 分钟。

(于是,法庭从 10:45 休庭至 11:00,之后庭审继续如下)

法庭执行官:远东国际军事法庭现在重新开庭。

韦伯庭长:山冈辩护律师。

山冈辩护律师:尊敬的庭上,请允许我们提交辩方证据第 502 号摘录 15 作为法庭证据。这是罗伯特·克雷吉爵士撰写的《日本假面的背后》的另一篇摘要,说明围绕炮击"瓢虫"号以及由当时的外务大臣广田阁下代表日本政府,所作的及时道歉和对遭受的损失及时赔偿的情形。

韦伯庭长:布朗检察官。

布朗检察官:庭长大人,检方反对该文书,我们认为这来自我们学识渊博的朋友对此刚刚所做的描述,很明显与本案不相关。第 2 段的后半部分只是罗伯特·克雷吉爵士对广田当时情感的看法。我们认为它也适用我们对取自这本书的前一篇摘要所提的相同异议，即这不是同步写作，这是在这本书描述的事件发生很久之后才撰写的。

韦伯庭长： 唯一真正可导致异议的是言及广田阁下道德勇气的那一句。多数意见，反对无效，采纳该文书。

法庭书记官： 辩方文书第502号摘要15采纳为法庭证据第3286号。

（上述文书被标以辩方证据第3286号，采纳为法庭证据）

山冈辩护律师： 我将宣读辩方证据第3286号。

1937年12月，日军在南京陷落之后沿扬子江上流追击中方的时候，发生了一起严重的事件。英国炮舰"瓢虫号"停泊在南京上游，它在水面位置的每一次变动都会被立即通告日本政府。11月中旬，日本野战炮兵队向"瓢虫"号开火，仅轻微伤及它的上部构造物，损失不大但并非没有损失。因为炮弹落在该炮舰的四周，它就沿码头驶来，舰长登陆并向炮兵队指挥将校抗议，然而，炮兵指挥官却没有丝毫悔悟的迹象。

日本政府这次的反应迅速并值得称道。广田外务大臣一听到这个消息，就到大使馆拜访我，恳请我向英国政府转达日本政府真诚的遗憾，并自愿全额赔付该舰遭受的损害。广田阁下明显因这件事非常不安，在表达该思想时流露出比平时更多的情感。考虑到日本极端主义者高涨的情绪，外务大臣亲自拜访我表达遗憾，这一非同寻常的举动展示出了相当的道德勇气。英国接受了道歉，日方迅速承诺赔偿该炮舰的维修费用。

就这样，可能轻易导致严重生命损失的一起事件被迅速化解。

我们下面传唤证人石射猪太郎。

石射猪太郎，证人，代表辩方出庭作证，首先正式宣誓，然后经由日语翻译作证如下：

直接询问（由山冈辩护律师询问石射猪太郎证人）

问：请向法庭说出你的名字和住址。

答：我的名字是石射猪太郎，住址是东京都北区西原町一〇七二番。

山冈辩护人：请向证人出示辩护文书第 2149 号。

（随之，文书被递交给证人。）

问：那是你的宣誓证词吗？

答：这是我的宣誓证词。

问：它在各方面都真实正确吗？

答：是的，真实正确。

山冈辩护律师：我现在提交辩方文书第 2149 号作为法庭证据。

韦伯庭长：按照惯例，予以采纳。

法庭书记官：辩方文书第 2149 号采纳为法庭证据第 3287 号。

（上述文书被标以辩方证据第 3287 号，采纳为法庭证据）

山冈辩护律师：我现在将宣读证据第 3287 号，省略公式化部分。

（1）我在 1915 年 11 月进入外务省工作。在中国和欧美各地以及在东京的外交部工作之后，我于 1937 年 5 月 11 日任职东亚局长，并一直留任直到 1938 年 11 月 8 日。那之后，我历任泰国公使、巴西大使、缅甸大使，并在 1946 年 8 月 7 日退职。

（2）1937 年 7 月 7 日，大约在我被任命为东亚局长之后两个月，卢沟桥事件爆发了。我军在 12 月 13 日成功进入南京城。随之，我方南京总领事代理（福井淳阁下）从上海返回南京复职。他发自南京的给外交部的第一份报告涉及我军在当地的暴行。该电信电报毫不迟延地被传送给陆军省军务局长。当时，外务大臣非常震惊，很担忧此事，敦促我迅速采取什么措施或者命令遏制这类耻辱的行为。我回复他电信报告的副本已经传送给了陆军省，而且我意欲在即将召开的陆海外三省联络会上警告军事当局，反对这些行为。

那之后很快在我的办公室召开了联络会议（会议是在东亚局长办公室应急召开的。原本是由陆军省和海军省军务局长以及外务省东亚局长出席。然而，当时的惯例是陆军省军务局第一课长、海军省军务局第一课长、外务省东亚局第一课长代表各自的长官出席会议）。那一次，我提出了暴行的问题，提醒陆军军务局第一课长有关"圣战"的崇高理想和"皇军"的光荣称号，并要求采取严厉措施立即阻止它们。军方代表和我有同感并同意了我的要求。那之后不久，南京的代理总领事的书面报告送达外务省。这是一份用英语打印的有关我军暴行的很详细的报告，由在南京的第三国居民代表组成的国际安全委员会草拟。我们在南京的总领事拿到一份副本，并发给外务省。我非常仔细地读了这份报告，并向外务省汇报了该事件的梗概。在下列联络会召开的时候，根据外务大臣的意愿，我向陆军省军务局第一课长出示了提到的该份报告，并重复了我的要求。军方代表回答我说已经向南京占领军发出了严厉的警告。从那时起暴行案变少了。

大约在来年1938年1月末，如果我记得对的话，日军的中央领导们向在南京的占领军派遣了特使。我们之后了解到这位特使是本间少将。那之后，在南京的暴行消除了。

（3）在本证词中提到的电报和书面报告现在在外务省的档案中并没有找到，原件连同副本在战争期间的大火中已经丢失了。

（4）广田外务大臣，就我所知，要求杉山陆军大臣对南京暴行案立即采取严厉措施，同时对陆军省主管当局提出相同要求。

请尊敬的庭上明鉴，我的理解是辩方律师会进一步询问。

韦伯庭长：是有关被告松井的，是这样吗？

伊藤辩护律师：是的，庭长大人。我希望能够进行询问。

直接询问（由伊藤辩护律师询问石射猪太郎证人）

问：证人先生，在你的宣誓证词中，你提到在南京陷落之后不久，你收到了南京总领事代理有关日军所犯暴行的电报。现在，这份电报——我猜是用日语写的，不是吗？

答：是的，是用日语书写的。

问：词语"暴行"用日语如何表达？

答：在当时没有一个概括性的或者特别的词语用来表示所实施的行为。

问：我想问一下，词语"暴行"指的是什么？

答：日军在进入南京城之后的行为，包括强奸、放火和掠夺。

问：在外务省、陆军省和海军省各大臣会议上，对外国人权力的侵害问题，例如"帕奈号"、"瓢虫号"以及其他问题，在南京陷落时予以了讨论？

答：当然，"帕奈号"和"瓢虫号"问题在联络会上予以了讨论。

问：派遣本间少将到南京不是为了调查调整外国人权益，与日本武装部队实行的行为之间关系的方式及方法这一目的吗？

语言仲裁官：并且，为防止今后对外国人权益的进一步损害，研究那样做的方式及方法，难道不是本间少将出访南京的主要目的吗？

答：是吗，我并不知道促使本间少将到南京的使命的详细情况，但据我自己从陆军省所听到的，他这次旅行的目的是在日军方面执行更加严厉的军纪。

问：在你的宣誓证词中，你说到你经常与陆军省军务局第一课长讨论问题。你看，在你这一方来说，那不是错的吗？

答：军务局第一课长这一名称是个问题吗？

伊藤辩护律师：庭长阁下，为了恢复证人的记忆，我想让他看一下证据第3031号。

语言仲裁官：法庭证据第3031号。

（随之，文书被递交给证人）

伊藤辩护律师：假若你浏览一下这份文书，你会看到在海军省，在海军军务局有第一和第二课长，但是在陆军省没有类似军务局第一和第二课长这样的职位。

答：使用"第一课长"这个词语或许是我的一个错误，但是我记住了拥有此职位的这个人的名字及这个人。

韦伯庭长：他的名字和他的职位是什么？

证人：拥有此职位的这个人是大佐柴山兼四郎。

韦伯庭长：大约在哪一天你从在南京的代理总领事那拿到有关暴行的报告的？

证人：我不记得确切的日期了，但是我相信是在紧随日军进入南京城之后。

韦伯庭长：那么联络会议的日期是哪一天？

证人：对此，我也不记得确切的日期了。但是我相信那是在我收到电报后一天或者可能两天。

韦伯庭长：可以了。

山冈辩护律师：请尊敬的庭上明鉴，检方可以交叉询问了。

交叉询问（由柯明斯-卡尔检察官询问石射猪太郎证人）

问：石射先生，你说到在联络会议之后不久你收到了一份用英语打印的有关我军暴行的详细报告，由居住在南京的第三国居民代表组成的国际安全委员会草拟。而事实上，你没有收到一连串这类报告吗？

答：收到了。

问：你看，在同一段最后一句，你说到从那时起，即，在军方代表已经告诉你他已发出了警告之后，暴行例子减少了。你不知道吗，事实上，从那些报告中可知，他们继续和以往一样行径恶劣直到1938年2月的第一个周末？

答：是的。我的确记得那。但是我在我的宣誓证词中提到，这种情况变少了——比起在占领和进入南京城时在大规模上所犯的这类行为已经少多了。

问：你没有收到一份注明日期是1938年2月2日的汇报1月28日、29日、30日、31日这4天发生在南京的强奸、杀人、纵火以及抢劫的案子少于76起的报告吗？

答：我不记得收到这样一份报告的日期或者涉及的有关时间段，指——与这些行为有关。然而，我的确记得收到一份汇报超过70多起这类案子的文书。

韦伯庭长：军方代表告诉过你在什么日子向南京占领军发出警告的吗？

证人：我可以问一下你所说的军方代表是什么意思吗？

韦伯庭长：你在你的宣誓证词中用了"军方代表"这个词语。我猜你知道它意味着什么。至少这是你所说的英语译文。

证人：我认为那是我在一会儿前刚刚提到名字的那个人，柴山兼四郎，这位大佐。

韦伯庭长：语言部，你们能向他重复一下他的英文版宣誓证词接下来这句的日语译文吗？

"军方代表回答我道，已经向南京占领军发出严厉的警告。"

译员：庭长阁下，日语中没有出现"军方代表"这样的词语。

韦伯庭长：我在要求你从他的日语宣誓证词、他的证词原件中宣读用英语表示的那一句。

证人：当我在那儿提到军方的时候，我指的是大佐柴山兼四郎。

韦伯庭长： 当向南京占领军发出警告的时候，他告诉过你吗？

证人： 我没有听说过。

韦伯庭长： 那是在12月或者1月还是更晚一些？

证人： 我对这些日期不确定，但是我认为自从在外务省举行了有关此事的第一次讨论后没有经过多少天。

韦伯庭长： 那是在福井报告后不久，是吗？

证人： 我认为那是在收到福井总领事代理的电信汇报之后不久，那之后，外务省着手处理该问题并举行了联络会议，因此我认为就是在第一次联络会议之后或者不久我发出了警告。

柯明斯-卡尔检察官： 这不是正在问你的问题。你正在被问的是，什么时候军方代表，即你提到的大佐，告诉你已经向南京占领军发出警告了。

答： 我尚未听说中央军事当局向南京军事当局发出警告的日期。

问： 该联络会议在何时——在你的宣誓证词中你好像已是第二次提到它了——军方代表在该会上告诉了你这个信息？

答： 我不记得这是第二次联络会议还是第三次，因为该类会议经常举行。

问： 但是你说那是在紧接你收到国际委员会的第一份报告之后。

答： 在我的宣誓证词日文版本中，我并没有用单词"紧接"。我想我说过，"不久之后"、"随后"、"一段时间之后"。

问： 之后多长时间？

答： 就确切经过的时间我没有确切地记忆。

问： 两天还是三天？

答： 我认为不是短至两天或者三天这样的时段。

问： 这些联络会议多久举行一次？

答： 这些会议不是定期举办，但是我现在记得的是每周举行一次或者两次。

韦伯庭长：你认为鉴于其性质代理总领事的报告唤起了立即注意和立即行动了吗？

证人：是的。

韦伯庭长：报告在紧接从南京收到之后就传送给军队了。之后不久——当我说之后不久时意味着大约两三天之后——我在我的办公室主持了军务局课长间的联络会议，并传达了该事件，唤起他们对这次严重事件的注意。

韦伯庭长：考虑到这次报告的性质，你能说警告是立即发出的吗？

证人：这仅是我个人的猜测，但是我认为军方立即处理了此事。

柯明斯-卡尔检察官：庭长大人，当我宣读宣誓证词时，猜测军方代表所说的是警告在第一和第二这两次联络会议之间发出。

韦伯庭长：他们对待这份报告的认真程度取决于他们采取的行动和何时采取。他看起来不像是知道有关于此事的任何信息。

问：军方人士，你提到的大佐，告诉过你这一警告是向谁发出的吗？

答：我没有听说采纳人是谁。

问：那么，当报告经由在南京的领事继续从国际委员会涌入的时候，你们进一步采取了什么措施？

答：检察官阁下，你用了单词"涌入"，或者"这些报告陆续涌入"，但是根据我的记忆，它们是一簇而入，一次或许两次。

柯明斯-卡尔检察官：在这一点上我提醒法庭参阅证据第 323 号，这是一份有关这些报告的选集。最后一篇报告编号为 58，注明日期为 1938 年 2 月 2 日，是我向证人提到的有关列举了 76 份详细案例的那份报告，而其中一些案例不止涉及一人。

问：当你收到后来这些报告的时候，难道对你来说已经由军方发出的这些警告不是很明显没有任何影响吗？

答：不，我的印象是由中央军事当局发出的该警告没有完全奏效。

问：或者你曾经怀疑过他们从来就没有发布过该警告吗？

答：不，我没心存这样的怀疑。

问：现在，当你读完所有这些报告的时候，就它们的总体效应，你赞同撰写了其中一些报告的一位德国绅士的描述吗？正如在证据第329号第8页最后两段所特别指出的——我会向你宣读：

> 南京毁灭性的日子已经清楚显现出来了……非个人而是整个陆军即日军没有纪律，确有各种暴行和犯罪行为。

山冈辩护律师： 请庭长大人明鉴，我反对该提问，因为提问仅仅是在要求该证人做出结论。

韦伯庭长： 那是一位德国人的观点，正如我们根据检方证据所知道的。可以恰当地向证人提问，如说明他们知道多少和他们做了什么。

问（继续）：在要求证人回答之前我将宣读下一句：

> 看见这台野兽般的机器作为反共拥护者现身，并且表面上大声支持中国的革新和解放，就像是嘲讽。

当你宣读所有这些报告的时候，这是产生在你脑海中的印象吗？

答：目前我对你刚刚提到的德国人所写的内容毫无记忆。仍然留在我脑海中的仅有的印象是这些暴行很恶劣。

问：你向广田汇报了你收到的所有这些汇报了吗？

答：你是在指有关76个案子的文书吗？

问：那是其中之一。所有由领事寄给你作为国际委员会报告的文书。

答：是的。涉及它们全部的所有报告都向外务大臣汇报。

柯明斯-卡尔检察官： 好的。

韦伯庭长： 我代表法庭成员提一些问题。我们可能在午饭前得到答案。

本间少将是何时离开东京和到达南京的？只说到达南京的时间就行了。

证人：我不记得日期了。

韦伯庭长：对负责派遣他的日军中央领导们是谁？

证人：对此我不确定。

韦伯庭长：东京曾经在本间之前派过其他任何人到当地做过调查吗？

证人：在我的记忆中，我认为我没有听说过此事。

韦伯庭长：我们将休庭直到 13：30。

（于是，法庭在 12：00 休庭）

（下午庭审）

法庭在 13：30 重新开庭。

法庭执法官：远东国际军事法庭现在重新开庭。

韦伯庭长：在法庭的允许下，贺屋被告在与辩护律师商谈后将缺席整个下午的庭审。

柯明斯-卡尔检察官。

石射猪太郎，证人，代表辩方出庭作证，重新站在证人席，经由日语译员作证如下：

交叉询问（由柯明斯-卡尔检察官询问石射猪太郎证人）

问：石射证人，你们外务省有没有一个部门，它的职务是就与日本有关的任何问题研究其他国家的新闻报道？

韦伯庭长：山冈辩护律师。

山冈辩护律师：请尊敬的庭上明鉴，我反对，因为这超越了直接询问的范围。

韦伯庭长：如果我没有大错的话，我确信这会限于在南京的暴行。我不知道。

柯明斯-卡尔检察官：是的，肯定是的。

韦伯庭长：我们尚不能支持反对意见，山冈辩护律师。

答：当时外务省有一个情报部，该部门研究外国报纸的专题性文章以及与之有关的事项，但我与那个部门没有任何联系。

问：那个部门向你和广田阁下汇报过世界新闻报道，充斥的是对南京大屠杀的谴责吗？

答：我没有收到意思是新闻报道、外国新闻报道充斥的都是谴责的报告，但是我时不时地从情报部长那里收到出现在外国新闻和杂志上的有关信息。

问：而且他向你汇报过有很多涉及所谓的南京大屠杀的评论吗？

答：是的，我每次都收到论及此事的报告。

问：这些报告向哪些人传阅？

答：我认为它们在大臣、次官以及全部的局长间传阅。

问：它们向内阁成员传阅吗？

答：对此我不记得了。

问：难道惯例不是外国新闻报道的简报，要传阅给内阁成员吗？

答：我恰恰不记得作为惯例情报部当时在做什么。

问：难道搜集这些报道不是为了向日本政府供给情报吗？

答：检察官阁下，可以重复一下这个问题吗？我对这个问题还不理解。

问：准备这些外国新闻概要的目的不是要告知日本政府成员吗？

答：我应该认为是这样，但是自从在外务省内设置了情报部时起，我不知道它的目的是什么。

问：你曾经在日本的新闻中见到有一则言论言及在南京的暴行

六、广田弘毅战时外交政策 | 365

了吗？

答：我想不起来了。

问：我向您提醒一下，没有一句，你非常了解，被封锁了。

答：我不知道这类新闻是否被封锁了。

问：情报部没有向你汇报是否在日本的新闻中有任何言论言及该事件吗？

答：我认为没有任何报告言及日本的新闻。

问：那么，广田把该事件提交到内阁了吗？

答：我尚未听说它被提交到内阁了。然而，广田外务大臣把该问题提交给了陆军大臣。我径直从当时的外务大臣那里听到的。

我很想对此再澄清一点。广田外务大臣要求陆军大臣着手处理此事。更正：外务大臣与陆军大臣讨论了这个问题——因此我是由当时的外务大臣告知的。

问：但是你告诉过我在那之后，有关南京暴行的报告陆续从南京涌出？

答：是的。

问：当你就此向他汇报的时候，广田采取了任何进一步的措施了吗？

答：我认为广田外务大臣没有经常或者多次与陆军大臣讨论这个问题。我认为是一次或者两次。

问：但是我在问你他是否与任何其他人讨论了此事？

答：我不知道。

问：有一个关于中国问题的内阁咨询委员会。这不是一个向他们提出的非常合适的问题吗？

答：我不理解您所说的内阁咨询委员会是什么意思。

问：我们双方都有证据证明有一个在1937年10月组建的称为中国问题内阁咨询委员会的机构。你对此不知情吗？

答：我推测你是指内阁参议员们。

问：是的。

答：但是该机构不是一家有资格处理——在我的记忆中，不是一个能够处理这件事的机构。

问：广田曾经与你讨论过为了阻止这些暴行应该采取的任何进一步的措施吗？

答：我想我们讨论过几次。

问：他建议做什么？

答：他相当频繁地告诉我要向陆军省有关当局提出严重警告。

问：但是我们知道那没有产生任何影响。难道你没有向他建议在内阁提出来吗？

答：我们从来没有谈到把该问题提到内阁。我说这个的原因是我认为内阁不是一个讨论这个问题的机构。

问：为什么不是？

答：我这样想是因为内阁，作为一个内阁，并不处在一个处理涉及战场上军事问题的位置上。

问：按照你的观点，对你来说处理一些与国际法有关的问题不是必须的吗？

答：是的，当然是。

问：你不知道战俘待遇的责任在政府，而不在战场上的指挥官身上吗？

答：我不是相当理解该问题的要点。

问：那么，根据你所能得到的信息，对此负有责任的任何人曾经因这些暴行被处罚过吗？

答：我还没有听说过。

问：广田曾经采取措施确保这些负有责任的人受到惩罚吗？

答：我想广田外务大臣与陆军大臣讨论了该事。

问：他在内阁提出那件事了吗？

答：我没有听说该事被提交到内阁了。

柯明斯-卡尔检察官：我的交叉询问完毕。

伊藤辩护律师：你刚才已说过广田阁下根据他从外国收到的有关南京事件，有关在南京的陆军的行为的一份或者多份报告向陆军大臣提出抗议。

柯明斯-卡尔检察官：请尊敬的庭上明鉴，我反对。松井的辩护律师早已经向证人提出明显是交叉询问性质的问题，而且，在我看来，他没有权力再进行直接询问。

韦伯庭长：他不能做两次直接询问。但是假如产生于你的交叉询问的任何情况，有损于松井的话，他可以获准再进行交叉询问。但是他对此没有提出要求。

伊藤辩护律师：那么我想在法庭的允许下根据柯明斯-卡尔检察官提出的这点展开询问。

韦伯庭长：哪一点？

伊藤辩护律师：这一点是在回答柯明斯-卡尔检察官的问题时，证人答到广田外务大臣立即把收到的向军队传达的抗议转达给陆军大臣，这些抗议是从外国收到的关于南京事件的。

韦伯庭长：你为什么想阐明此事呢？

伊藤辩护律师：我想从该证人那查明广田外务大臣实际所持的态度，是基于他自己个人的独立立场向陆军大臣提出该抗议，还是仅仅因为从外国政府那里收到了抗议。

韦伯庭长：不管怎样，那无助于你。

伊藤辩护律师：那么我该停止进一步询问了。

韦伯庭长：山冈辩护律师。

山冈辩护律师：尊敬的庭上，请允许我再直接询问几个问题。

再次直接询问（由山冈辩护律师询问石射猪太郎证人）

问：石射证人，当你收到来自南京的这些报告的时候，你和外务省按字面意思采纳它们了吗？

答：我们认为它们中的大部分是事实。然而，是的，一般来说，我们按字面意思采纳它们，尽管在从国外消息人士收到的报告中，其中也包括来自中方的报告，有许多重复的地方，我们相信从外国消息人士或者中方消息人士那里收到的报告，本可能存在或者可能存在重复。但是我们一般都按字面采纳。

问：那么，外务省和你自己在召集联络会议和向军方发布警告的行为是基于该假定吗？

答：是的，是那样。

问：除了你告诉我们的外务省和你自己在紧接收到这些报告之后所做的，在这种情况下，还有什么外务大臣和外务省本可以做的吗？

柯明斯-卡尔检察官：我反对该问题。在我看来，这是法庭的事情。

韦伯庭长：反对有效。

山冈辩护律师：请庭上明鉴，我在这儿的学识渊博的朋友通过询问是否在内阁会议上提出过这个问题，或多或少为该问题奠定了基础。

韦伯庭长：这种问题不会产生于交叉询问的答辩中。这是一个检验。

山冈辩护律师：好吧，尊敬的庭长大人，请允许我再问一个问题。

问：你为什么不能采取比你所采取的更进一步的措施呢？

柯明斯-卡尔检察官：在我看来，这适用同样的异议。

韦伯庭长：支持异议。

问：你为什么没有采取比你采取的更进一步的措施呢？

答：外务大臣不可能比那做得更多——从它所拥有的权限角度，外务省不可能做得更多。

山冈辩护律师：就这些，庭长大人。

证人可以按惯例退庭吗？

韦伯庭长：证人相应退庭。

（于是，证人退庭）

山冈辩护律师：尊敬的庭上，请允许我们接下来提交辩方证据第2539号外务省林馨的宣誓证词，请法庭采纳为证据。该宣誓证词表明在辩方证据第2149号证人石射猪太郎的证词中提到的电报原件连同副本，和书面报告的原件连同副本，在战争期间的大火中烧毁了，不能在外务省档案中找到。

我不将宣读该文书。

韦伯庭长：按照惯例，予以采纳。

法庭书记官：辩方文书第2539号采纳为法庭证据第3287A号。

（上述文书被标以辩方证据第3287A号，采纳为法庭证据）

山冈辩护律师：我们现在请求参阅法庭证据第328号。该证据仅仅部分被宣读。为了表明外务省在一收到对日军在1937年12月13日以及之后所犯的所谓暴行的抗议就采取措施，我们提议宣读第23页和第24页标记的另外的摘录。

我提议从第23页第6段最后一句宣读：

东京发2月4日正午12:00 75号电，国务省发2月2日17:00 33号电，关于在华日军掠夺美国人财产的事项。

（1）我今天9:00向外务大臣递交了照会，审阅了有关掠夺的报告，提出了本省训令最后一项的实质内容。

（2）我向外务大臣提出的补充性口头抗议没有收到本省任何评论——我们1月17日13:00的第34号电，我认为它们没有不被通过，因此我今天在与广田的谈话中采取了同等强硬的态度。我告诉他我现在在我们的照会中提出的数据，有效地否决了日方消息人士给我的报告,即我们的情报取决于中方的情报,并且我说我们现在在提供一些精确的数据,美国人目击到的掠夺数据。我提到了美国公众正在了解到的日军掠夺证据的数据在稳步增多,不应忽视或者最小化该证据的爆炸性影响,而美国人民的耐心并非耗不完。我再次向大臣严词说到,我对局势以及日美关系的未来前景越来越不安。我请求大臣给予精确陈述,我可以转达给我的政府,以回应我方政府对保证的假定和预期。

(3)外务大臣说,最严厉的可能性训令已经从大本营发出,传达到在华所有司令官,这些训令的大意是必须停止掠夺,而且已派本间少将到南京调查并确保训令被遵守。广田说他个人期望立即停止这类掠夺。他进一步授权我告知您根据正在开展的调查,对蒙受的损失将予以全额补偿。

关于这一点,请尊敬的庭上允许,我想提请法庭注意证据第972G号,庭审记录第9521页。这是广田在1938年1月22日在国会提到的最后一条原则。

该证据仅有部分写进了庭审记录,虽然我没有提议目前宣读剩余部分,但是我的确想说我们有意依托整个演讲。

我们提交辩方文书第2157号作为法庭证据。这是广田外务大臣在1938年1月29日帝国议会第73届会议上在众议院预算委员会面前所作的答辩。

韦伯庭长: 按照惯例,予以采纳。

(上述文书被标以辩方证据第3288号,采纳为法庭证据)

山冈辩护律师: 我将宣读证据第3288号。

第73届帝国议会众议院预算委员会会议记录。1938年1月29日。

国务大臣的答辩

广田国务大臣

就中国的未来而言,日本希望建立一个能够执行反共政策的政府,而同时继续与我们国家保持一种热络的关系,而在这样做时,我想帮助中国人民重新焕发生机。因此,日本没有丝毫建立一个政府并使它与中国其他部分分离的想法,因为日本认为全中国的统一对中国的完整是必要的。

我们提交广田阁下在 1938 年 3 月 4 日帝国议会第 73 届会议上在贵族院预算委员会前所作的发言辩方文书第 2165 号,请采纳为法庭证据。

韦伯庭长：按照惯例,予以采纳。

法庭书记官：辩方文书第 2165 号采纳为证据第 3289 号。

（上述文书被标以证据第 3289 号,采纳为法庭证据）

山冈辩护律师：我将宣读证据第 3289 号。

第 73 届帝国议会众议院预算委员会会议记录。1938 年 3 月 4 日。

国务大臣的答辩。

广田国务大臣。

我认为如果在今后有机会各列强讨论海军裁军的话,那会很好。

索 引

A

阿部内阁 154,157
阿南惟几(阿南) 151,155
艾瑞玛·哈维·诺斯克罗夫特 332
爱丽丝 353
爱泽诚 97,98,100,101
爱知县 176
安东 108,109
安庆 319
奥地利 226
澳大利亚 247

B

八纮一宇 2
八月方案 252,253,254,255,287
巴内特 159
巴西 192,231,355
白川义则(白川) 12,13,78,83
白俄罗斯移民 68
白河 252,334
板垣 14,104-106,124,175,202,212,224,225
《邦交敦睦令》 277

保定 134,139-141
保定要塞 140
鲍威尔 29,160
北察哈尔事件 199,200
北大营 85
北方政权 136
北京 110-112,134,239,252,276,325
《北京条约》 238
北满 19,33,85,188,240
北满铁路 173,236
北平 102,103,125,197,201,213,232,233,241,243,246
北平公使馆 201
北平基础协定 190
《北平协议》 341
北平政府大使馆 229
北平政务委员会 190
贝特 50
本间 356,357,363,370
本州岛宇都宫 133
本庄繁(本庄) 15,17,174,175
比利时政府 253
币原喜重郎 117,120

薄田美朝 166

不扩张政策 7,8,10,79,89

布雷克尼 197,198

布朗 191,229,234,237,240,242,243,344,345,348,351-353

布鲁克斯 112-115,273

布鲁塞尔会议 253,254,280,347-350

C

蔡廷锴 83

参谋本部 6,9,10,12,16,19,44,49,88,89,91,92,136,150,154,157,265,266,288-290,302,303,306,309,310,312,313,315,344

曹家渡镇 82

曹子建 27

察北六县 333

察哈尔（察哈尔省） 194,197,199,222,223,240,253,296,341,343

察哈尔事件 223

察南 296

柴山兼四郎（柴山） 109,110,112-115,132,358,359

长城 19,34,35,90,102,212,276,341

长春 198

长谷川 345

长江 90,143

长崎丸 331

长沙 159,328,329

常德 159

巢鸭 92

巢鸭监狱 77,88

朝鲜 10,14,85,113,115,118,325

朝鲜军 250,265,266

朝鲜陆军 113

朝鲜侨民 85

成都和北海事件协议 196

成平铁路 279

池田 5

出渊胜次 247

川岸文三郎 139

川岛 4

川奈 345

川越 250,252,328,333-335,338,340,342,344

川越——高会谈 253

船津辰一郎（船津） 252,331,334-336

磁县 111

村井 43

村井仓松 82

村上恭一 175

D

大阪 162

大阪《每日新闻》通讯社政治部 139

大阪市天王寺区北山町 175,176

大藏省 162,163

大川周明 96

大达 164

大东亚战争　131
大分县宇佐郡柳浦町二六〇番　142
大沽　342
大角　43
大连　99,108,109,126,253
大连会议　20
大连汽船公司(大连汽船)　278
大桥　173
大山　270,334
大山事件　252
大野　162
戴特　50
岛田　314
德国　5,30,150,151,154,226,254-256,279,281-288,290-292,301,302,304,312-315,327,328,362
德国政府　254,256,304
德化　340
德王　277
堤　331,333
迪克森　255,256,284,285,287,288,290,302,314
抵制日货运动　41
帝国会议纪要　304
帝国议会　16,18,20-22,24,84,191,234,235,370,371
帝国政策　55
帝国政府　36,62,86,210,295
第二次北察哈尔事件　200
第二次上海事变　30
第二次张北事件　200

第二届近卫内阁　70,163,179
第二师团　85
第二十四混合旅　86
第62届帝国议会(帝国议会第62届会议)　14,18
第67届帝国议会众议院决算委员会　235
第73届帝国议会众议院预算委员会　370,371
第九师团　83
第二十九军(二十九路军)　249,251,259,339
第六师团　6,139
第十九路军(十九路军)　11,12,45,83,86,90
第十四师团　93,111,133,134,136
第十一师团　36
第一次北察哈尔事件　200
第一次上海事变　3,11,84
第一次张北事件　200
第一届近卫内阁　30,70,76,248
调和外交　192
丁(Ting)　218
丁超　13
东海·北陆地区　177
东京　7,14,38,68,72,87,101,110-114,116-119,128,138,150,153,155,157,158,178,187,192,195,198,207,210,214,226,234,236,237,248,251-254,258,267,286,287,312,324,325,328-330,332,

334,347,351,355,363,369

东京帝国大学　162

东京都北区西原町　355

东京都港区赤坂台町一号　97

东京都目黑区驹场町八六一番　110

东京都杉并区下高井户四町　138

东京都世田谷区北泽町　330

东京都世田谷区成城町　161

东京都世田谷区深泽町　163

东京都世田谷区世田谷一町　87

东京都世田谷区松原町　324

东京都文京区大塚仲町　167

东京《每日新闻》通讯社　139

东久迩稔彦内阁　12

东三省　32

东四省　9,31,32,34,35

东条　158,159

东乡　249

东亚　3-5,83,158,184,185,189-191,193,203,205,206,209,212,214,216,227,230,231,233,237,239-241,249,255,295,311,312,320,327,355,356

东亚和平会议　80

东亚事务局局长　196,199,202

董　325,326

独立守备队　85

独立运动　3,14,15,25,221

杜曼　349,351

渡濑亮辅　138

断禁鸦片政策　169

多田　310

多兹　251,338

E

俄罗斯　64,67,68

俄日战争　87

儿玉　96,113,115

二二六事件　4,5,23,196

二十三国顾问委员会　253

F

法国（法兰西共和国）　178,257,258,286,327,328,332

反共产国际协定　277

反英运动　283,285

芳泽　14

菲律宾联邦　247

丰台　249

奉天　8,85,98-100,102,103,105,107-109,111,113,114,130,136

奉天陆军　98

奉天陆军特务机关　98

奉天事变　110,112,137,138

《奉天协定》　188

福冈　279

福建事件　228

福井淳（福井）　81,355,360

福州　159,229,241,243

富士　214,215

G

冈本　198,328,331

冈本季正　330,332

冈村宁次　19,20

冈田　242

冈田内阁　196

高仓正（高仓）　167,171

高井　138,328

高桥　45,46,64－68,162

高沙镇　340,342

高宗武　252,327,331,333－335

格蕾　231

格鲁　230,232,247,251,254,322,344,347,351

格鲁大使日记　345,349,352

工部局道路　82

共产党　190

共产主义　67,244

古贺兵团　10

谷次亨　165

谷荻那华雄　98

谷寿夫　139

谷寿夫分队　139,140

鹄沼　248,249

固安　139,340,342

关东军　8－10,14－17,19,20,61,89,90,98,108,120,121,139,166,173－176,194－197,199,200,202,212,213,220,222－224,250,265,266

广安门事件　327

广东　26,86,144,229,241,243,279

广亥　85

广田弘毅（广田）　187,191－194,196,202－210,213－226,228,229,232－236,238－245,247－252,257－259,261－264,266－272,279,280－285,287－290,301,303,313,314,316－318,321,322,329,331,333,335,337,338,340,342,344,345,347－354,356,362,364－367,369－371

广田内阁　196,248,252

广田三原则　240

广田政府　205,223

广州　12,27,144

贵族院　54,84,96

贵族院第61届会议　84

贵族院预算委员会　235,371

桂林　159

国会众议院第62届会议　96

国际安全委员会　356,358

国际法　3,16－18,20,24,36,50－52,132,253,274,366

国际公共租界　86

国际联盟（国联）　4,8,9,12,24,25,54,57,58,61,62,68,80,89,91,94,95,129,189,193,209,230,231,253

国家总动员　274

国联调查委员会　80,129

国联理事会　24,126

《国联盟约》　25

国民党　32,194

国民党政府　298

国民精神总动员委员会 1

国民政府 19,140,192-195,244,245,256,257

国民政府军事委员会北平分会 19

国务大臣 12,81,84,96,371

H

哈尔滨 13,14,109,129

哈里斯 142,148,149

海德 33,35

海河 333,340,342

海军省 42,43,240-243,253,279,288,312,321,335,357,358

海军省军务局 356

汉城 113,115

汉口 27,144,229,241,243,257

汉口铁路 134

杭州 144

何健 328

何梅协定 197,198,211,276,341,342

《何梅协定》 197,198,211,276,341,342

何应钦 19

和平谈判 30,205,254,255,257,271,308,312,350,351

和平主义者 2

河北 139,197,199,213,217,219,220,253,276,296,326,333,340-343

河南省（河南） 115,159

荷属东印度公司 180

贺屋兴宣（贺屋） 44,178,214,262,363

黑田 162

亨利·贝尔纳 178,258,286,332

亨利·溥仪（溥仪） 15,18,120-122,126,127,129

衡阳 159

红军队伍 190

虹口 82

虹口公园 82

虹桥 299

后宫淳（后宫） 158,159

呼伦贝尔 19,90

呼伦贝尔战役 90

《互不侵犯条约》 24

华北 94,102,103,111,118,134,136,157,182,185,190,194-196,212,213,215-219,221,222,242,244-246,249-253,259,263,264,266,267,271,274-277,279,291,295-297,299,300,305,308,325-328,333,334,339,341

华北独立 212,220

华北独立运动 215,221

华北政治委员会 225

华北治理方针 295

华北驻屯军 250

华南人士 104-106

华盛顿 231,232

华中 136,185,274,295,298,308

华中政府　136

怀来　340

荒木贞夫（荒木）　1－6,10,31,38, 42,44,46,50,53,61,62,66,71,72, 77,81－84,88－92,94－96

皇道（KODO）　2,3,27,28,56,87

皇道精神　2,5,56

皇道派　4,5

皇道思想　1,5,10

皇道主义（KODO）　87

皇帝　18,102,126－128,155,220

皇帝访问团　155

皇军　4,20,21,56,83,356

皇室军队　2

皇室宣告草案　62

黄浦江东岸　82

黄浦江西岸　82

惠州　346

J

吉川　349,351

吉林省　13

吉汪会谈（吉-汪对话）

济南　33,229,241,243

冀北政权　342

冀察政治委员会（冀察委员会）　195, 213,225,277

冀东委员会　213

冀东自治政府　296

冀东自治政权（冀东政权,冀东反共政权）　224,225

冀唐政权　195

加拿大　247

加藤　224,225

菅原裕（菅原）　87,88,93,95

《建国宣言》　4

江木千之　34

蒋介石（蒋）　26,74,76,86,157,194, 196,235,245,252,255,303,312, 315,327,328,335,350,351

蒋介石政权　75,304,305

蒋政府　288

蒋政权（蒋介石政权）　74,75,304, 305

蒋作宾　196

胶济铁路　279

焦土外交　192

今井武夫　98

金谷　7

津石铁路　279

锦西　10

锦州　8－10,14,34,89,108,109,159

近卫　5,30,53,54,65,75,163,305, 337

近卫内阁　27,74,182,316

晋北自治政府　296

京城　113,355,357－359

京汉线　139

九国公约　24,52,92,230,231,253, 254

《九国公约》　24,52,92,230,231, 253,254

九国会议　348,349

九一八事变　187,190,192

九州　86

酒井　198

军队当局　8,13,23,27,86

军国主义　7,29

军事教育总监部(教育总监部)　6,7

军事学院　7

军事预备学校　7

K

卡尔　31,33,36,38,39,41,42,44-48,50,51,53-55,59-62,64-67,69,71-74,77-81,84,92,95,96,196,197,202,206-209,214-218,220,224,225,259,260,262,264-267,269,273,275,279,281,283,284,286,287,289,291-294,301-304,310-317,319,321-323,329,336,337,358,360-364,367,368

抗日容共政策(反日容共政策)　274,295

柯明斯·卡尔(卡尔)　31,33,36,38,39,41,42,44-48,50,51,53-55,59-62,64-67,69,71-74,77-81,84,92,95,96,196,197,202,206-209,214-218,220,224,225,259,260,262,264-267,269,273,275,279,281,283,284,286,287,289,291-294,301-304,310-

317,319,321-323,329,336,337,358,360-364,367,368

堀内谦介(堀内)　257-259,262,266,279,280,287,301,309,311,314,347

奎廉　163,166,172,175,183-186

L

拉达·宾诺德·帕尔　72,101,153,178,234,286

拉扎勒斯　150-153,156,160

莱瑟姆　247

烂泥渡　82

廊坊事件　327

李杜　13

李顿　18,129,130

《李顿报告书》　29,117,129,130

李顿委员会　129,130

李维诺夫　235-237

联大决议　349

联合委员会　247,328

梁鸿志　136

辽河　8,10

辽西　10,34,85

林德利　228,229,231

林内阁　337

林铣十郎　22,23,113

林馨　257,268,369

铃木　61

刘耀华　160

柳川平助(柳川)　143

柳州　159

龙华机场　299

龙陵　159

龙门　340

龙山站　113

龙王庙　249

卢沟桥　249,337,355

卢沟桥事变　139,325,327,330

陆军大臣　1,3,4,6,7,13,20,22,23,27,28,32,33,38,40,61,70,83,88-92,94,95,113-115,150,151,156-159,204,243,250,252,253,264,272,273,284,319,329,339,344,356,365-367

陆军大学　6,136

陆军省　9,19,38,47,70,72,89,101,151,153,155,157,158,178,187,198,234,240-243,253,258,279,286,288,312,332,335,356-358,366

陆军省参谋本部调查情报部　129

陆军省军务局　356,357

伦敦　214,215,231,232

罗伯特·克雷吉(克雷吉)　254,255,257-259,271-272,284-286,351-354

J.R.罗弗尔　129

罗杰·F·科尔(科尔)　154

罗马　325

罗南政权　16

罗扎耶夫斯基　68

洛根　300

洛杉矶日报　218

洛阳　159

M

马可·波罗桥　137

马可·波罗事变　27

马占山　19,33

麦克马纳斯　1,6,35,39-42,45-47,49,51,54,56-61,63-66,71,77-82,84,95,96

满城　139

满蒙　85

《满密大日记》　60

满洲　3,8-10,12-18,20,24-29,31-42,52,54,59,62,63,66,68-70,73,85,86,89,91-94,111-113,115,121,122,126,136,165,166,168-171,174,177,178,188,195,198,204-206,223,226,227,238,247,252,274,299,300,308,325

满洲当局　17,84,177

"满洲国"(满洲国)　3,4,14,16-20,24,25,27-29,36,37,40,50-52,58-62,90-92,96,99,102,107,155,162-166,168-174,177,178,182,183,185,187-190,195,204-208,219,224,227,229,232,233,236-238,240-243,256,259,271,

272,277,292,296,297,307,308,339,343

"满洲国"政府　20,99,107,167,168,171,174,177

满洲军队　61

满洲事变　3,5,8,20,23,26-29,36,81,84,86,91,111,112,115,120,129,137,174,175,185,194

满洲事件　7,53,189-193,203,227,228

满洲特务基金　70

满洲战役　69

满洲政府　99,107,162,247

满洲重工业开发株式会社　177

《梅津何应钦协定》　309

梅津美治郎（梅津）　111,118,197,198

《每日新闻》　139

美国　2,4,54,63-65,133,144,154,158,159,177,179,180,190-192,201,206,210,214,215,226,228,229,232,233,242,251,254,255,257,281,284,300,320,322,323,326-328,330,344-347,349,350,369,370

美国陆军参谋团　129

美国政府　129,206,346,349

妹尾　116

门户开放政策　322

门头沟　340,342

蒙古　185,196,202,223

蒙古自治政权　223

米内内阁　154,155,163

缅甸　355

明治维新　185

摩尔　55,59,101,124,125,128,148,265

末次　255

莫奈　193,209,210

莫斯科　190,236,238

莫斯科国立出版协会　237

木户　290,300,316,332

N

纳粹主义　2

纳奇布尔·许阁森（许阁森）　251,254,327,328

南次郎（南）　7,112-115,118

南京　30,33,45,70,71,73,125,144,145,193,209,221,222,226,229,232,233,239,241,243-245,251,252,255,267,323-327,329,331,333,334,345-347,350,351,354-365,367,368,370

南京暴行　365

南京暴行案　356

南京大屠杀　70,364

南京国民政府　195,221

南京沦陷　288

南京事件　367

南京占领军　356,359,360

南京战役　27

南京政府　11,16,45,194,195,218,
　　219,221,251,252,267,268,276,
　　281,295,325,326,328,333,339,
　　341,343
南京中日谈判　205
南满　99,171,188
南满铁路圈　99
内阁参议　1,27,30,70,75,315,366
内阁参议院　86
内阁参议制　5
内阁会议　9,12,23,44,52,57－59,
　　61,64,67,68,75,91,95,169,194,
　　244,245,248－250,256,259,260,
　　263,264,269,270,288－293,295,
　　300,304,306,313,315,368
内阁企划院（企划院）　163,167,176,
　　179－183
内蒙古（内蒙）　99,102,108,222－
　　224,277,308,343
内蒙古自治政府　296
内田康哉（内田）　52,61,96,188,192
尼港　33
尼港事件　47
倪　100,101,102,103,104,105,106,
　　108,109,115,117,118,121,122,
　　123,124,125,126,127,128,129,
　　131,132,137,138
1932年停战协议　328
鲇川　177

O

欧洲　21,54,64,150,215,232,324

欧洲战争　166

P

帕奈号　144,323,353,357
帕奈号事件　352
排日运动　41,82,246,259,271,272
炮兵大队　143
瓢虫号　144,145,322,323,354,357
"瓢虫号"事件　142,144
平定运动　19
平津地区　103,124,128
平沼内阁　69,76
平沼骐一郎（平沼）　305,306
蒲淞镇　82

Q

七丫口　12,89
齐齐哈尔　33
千金寨　29
千叶市登户町三丁目一六七番　131
乔治·威廉姆斯（威廉姆斯）　161－
　　164,167,172,175,176,179,185
桥本群　249
桥本欣五郎（桥本）　142－144,146,
　　147,199,200,260,323
侵略战争　2,29,134
秦德纯　110,112,200,201
《秦土协议》　276
青岛　229,241,243,279
清王朝　18
秋草　68

虬江码头　299

犬养健（犬养）　7,9,16,81

犬养内阁　7,9,10,16,17,20,24,25,45,51,52,72,73,89,227

犬养毅（犬养）　7,89

R

热河军事行动　34,35

热河省（热河）　19,32,34,40,47,56－59,72,73,90,98,99,102,108,194,197,199

热河土匪　61

热河战役　58,59

人道主义者　2

日本　2－4,7－14,16－21,24－30,33,36－43,50－52,54,55,57,58,61,62,64,66－68,70－72,74,76,80,82,84－86,88－93,95,98,99,101,107,109,111,114,116,120,125,133－136,138,140,141,143,144,148,150,153－155,158－160,162,163,165,166,168,170－174,177－180,182,183,185,187－196,198－201,203－206,208－213,215,217,219,223－235,237－247,250,252－259,261,265,270－272,274－283,286,288,289,291,292,295－300,302,303,307－309,313,325,326,328－330,332,333,335,338,341,343,346－351,353,354,357,363－365,371

日本海军　11,45,49,252,269,270,346,347

日本海军陆战队　215

日本军方　8,111,116,215,261－263,266

日本军界　116

日本领导人　7

日本陆军　13,29,37,39,57,58,60,64,73,83,85,86,113,115,116,140,249,322,325

日本陆军第14师　133

日本陆战队　41

日本-"满洲国"-中国经济委员会　183

日满中经济圆桌会议报告　184

日本侨民（日侨）　3,14,19,41,82,86,89,170,171,250,269,298,326,

日本政府　10,17,18,20,30,41,44,50,75,166,173,187－190,193,196,199,206,209,210,222,223,230,232,240,253,254,256,258,261,281,282,288,291,328,334,348,353,354,364

《日本政府意见书》　24

日本中央军事当局　14

日本主义者　2

日本驻华北守卫军（华北守卫军）　197,200

日本驻满大使　199

日本驻天津守卫军　200

日本总领事馆　73

日俄关系　190

日俄战争　227,350,351

日高　250,251,268,329

日高信六郎(日高)　250,251,268,
　　323,324,329

《日满经济管理条例》　206

日满联合军队　19

日满联合委员会　208

《日满条约》　173

日满协定　189,207

《日满议定书》　17,19,29,36,40,
　　57-59,72,90

日内瓦　232,348

容共抗日满政策　255

瑞典　330

若槻内阁　8,20,23

S

萨顿　154,156,158,159

《三国公约》　3

三土　22

三月事件　16

桑岛主计(桑岛)　119-123,124,
　　128,198,202,205,215

森岛守人　129

沙俄　188

沙文主义　2

山本　254

山东　213,217,296

山冈　187,188,191,192,197,198,
　　201-203,208,218,219,225,226,
　　229,232-237,239-246,248,249,
　　258,267,269,273,275,281,284,
　　288,291,293,294,310,311,317,
　　318,324,329,330,332,333,335,
　　337,338,344-346,348,349,351-
　　355,358,362-364,367-371

山海关　108,109,195,212,213,219,
　　220,244

山田　202

山西省(山西)　139,296

山下　61

杉山　7,250,268,319,329,356

上海　11-13,25-27,41,43-46,
　　48,49,78,79,82,83,86,89,93,94,
　　125,157,160,209,215,246,250-
　　253,257,269,270,274,277,279,
　　291,297-299,308,325,327,328,
　　330,331,333-337,339,344,345,
　　350,355

上海福冈线　299

上海派遣军　83

上海事变　4,13,25,40,42,44,45,
　　47,48,83,269

《上海事变外交史》　82,83

上海四川路　41

上海停战协定　309,343

上海周边地区管理政策　300

摄政皇帝　189

狮子林炮台　82

十月革命　188

十月事件　7,16

石渡庄太郎　161

石射猪太郎（石射）　249，312，354，355，357，358，363，368，369

矢崎勘十　130，131，133，137

市谷　87

《事关全体日本国民》　53

枢密院　14，18，24，34，207，208，305，306

水手事件　246

寺内　118，303

松冈　25

松井　74，303，357，367

松木侠　163，164，166

松平　312

宋哲元　225

苏炳文　19，90

苏俄　65，190

苏俄政府　190

苏河　19

苏联　2，14，19，63，67－69，90，101，187，188，190，234－238，247

《苏联外交政策》　237

苏联政府　173，187，188，238

苏日关系　19，237，238

绥远　222，223，343

绥远事件　196，202，222，223

T

塔夫纳　144－147

台北　279

太平洋地区　21，188

太平洋和远东问题华府会议分委员会　254

太平洋战争　132，157，180

太田　238

泰国　355

汤尔和　117

汤玉麟　90

汤玉麟叛乱　19

唐绍仪　118

唐有壬　195

塘沽停战协定（塘沽协定、塘沽停战协定）　19，20，22，27，81，90，190，194，195，276，309，333，341

陶德曼　30，255，256，287，292

腾冲　159

藤田　16

藤田利三郎　328

天皇　9，11，20，34，35，87，89，91－93，189，247，264，304－306，310，319，329，345

天皇诏书　25，62，63

天津　103，121，129，139，197，200，201，212，229，239，241，243，245，246，252，264，333，340，342

天津日占区　197

天津守卫军　197，200

天津总领事　120，192

天羽　193，208－210，228

天羽声明　193，208，210，232

田岛彦太郎　98

田中隆吉　4，157，158，160

畑俊六　74,150-153,155-160
铁道守备队　29
停战协定　328
《停战协定》　328
通用汽车公司　177
统制派　5
土耳其　232
土肥原分队　137,141
《土肥原秦德纯协定》　309
土肥原特务机关　97,100
土肥原贤二（土肥原）　97-100,102-112,115-118,120-127,129-141,201,213,217

W

外蒙古（外蒙）　26,223,240,242,308
外务省　17,41,43,44,49,50,62,69,91,120-122,173,193,195,196,202-204,206,209-211,213,214,218,219,221-223,225,226,240-242,244,248-254,256,257,262-264,266-268,270,279,280,283,288,289,292,293,309-313,316-318,320-326,328-330,334,335,355-357,360,363,364,368,369
外务省东亚局　356
外务省亚洲局　120,121
汪精卫　76,193-195,204,205,225-227,244
汪精卫政权　76
王道原则　38-40

王克敏　136
王以哲　85
韦伯　6,35,36,38,39,41,42,44-55,57-62,64-67,71,72,77-82,84,88,92,93,95-98,100-110,112-133,137-139,142,144,146-149,151-156,160,161,163,164,166,167,172,175,176,178,183,185,191,196-198,201-203,207-210,214-216,218-221,225,229,232-237,239-246,248,249,257,258,260,262,265-267,269,273,275,281,284,286-289,291-294,300,301,304,311,314,317,318,322,324,329-333,335-338,344,345,348,349,351-355,357-364,367-371
维新政府　136
文部大臣　1,5,27,69-71
《文部纪要》　76,77
文部省　77
《文部时报》　77
《文艺春秋》　26
《我们的道路》　68
沃伦　97,98,102-106,108-110,112,117,119-123,125-127,129-133,138,139
芜湖　143,144
芜湖码头　143
吴　43,82
吴佩孚　118

五相会议（五大臣会议） 204,22,69,76
五一五事件 91
武藤章（武藤） 154,155
武田寿 19

X

西伯利亚 86,247
西蒙 230
西园寺 220,304
锡林郭勒盟 277
熙洽 13,14
厦门 229,241,243
闲院宫载仁亲王 88,89,150,151
香港 154,159,229
香月清司 139
小幡实（小幡） 142,143,145,147,148
小矶 69,70
小林 181
小畑敏四郎（小畑） 12,30,175,179
小畑忠良（小畑） 175,176,179,183
谢苗诺夫 68
《辛丑条约》 271,272
新疆问题 26
新京 169,184
新桥火车站 249
新西兰 247
新西兰自治领 332
信安 340
兴津 305

兴农镇 340
星野光多 162
星野直树（星野） 147,162-166,168-172,174-185
熊本 6
休·拜亚斯 132
休战协议 309
须磨 243-245
宣统皇帝 122,126
萱野 16

Y

鸦片 99,102,168,169
鸦片10年断禁计划 167
鸦片专卖制度 168
鸭绿江 113
亚欧航空服务 279
亚太会议 81
延庆 340
扬子江 354
杨云竹 250
野战重炮兵第13联队 143
一战 2,5,6,20,26,91,180
伊藤 357,358,367
伊万·米歇耶维奇·柴扬诺夫 101,234
宜昌 159
意大利 254,257,281-285,325,327,328
殷汝耕 224
印度 72,101,153,178,226,234,286

英国（大英帝国） 2,4,50,132,133,
　　144,154,201,210,226,229-233,
　　244,251,254,255,257,281,283-
　　285,320,322,323,326-328,330,
　　349,354
英国政府　230,257,338,354
英联邦　247
营口　126
雍善耆　168,169
永定河　134,276,333,340,342
永清　340
《有关取消在"满洲国"的治外法权和
　　移交赋予南满洲铁路附属地当局的
　　行政权条约》　171
《有关中东铁路协议》　236-238
有吉明（有吉）　192-194,196,204,
　　205,209,216,226,245
有田八郎（有田）　195,198,248,252
《渔业公约》　238
宇都宫市（宇都宫）　111,136
宇垣　5
原田　46-49,53,58,65,66,69,70,
　　203,210,220,221,284,304,305,
　　319,320,323
《原田回忆录》　49
《原田男爵回忆录》　66
原田日记　47
原田-西园寺回忆录（西园寺-原田的
　　日记）　220
远东　20,21,26,55,61,66,187,189,
　　238,350

远东调查委员会　130
远东国际军事法庭　1,6,10,38,44,
　　72,87,100,101,114,124,133,138,
　　147,153,178,187,198,214,234,
　　246,249,258,275,286,287,301,
　　314,332,353,363
远东和平会议　3,22,27
远东空军基地　299
远东门罗主义　81
远藤三郎　19
远征军　11,12,14,19,339
约瑟夫·季南（季南）　156

Z

《在日本假面的背后》　351
《在日十年》　247
早稻田大学　120
泽田　151,152,154,156
斋藤　22,92
斋藤内阁　10,24,25
翟树荣　160
战时经济政策　161
战时外交政策　187
张　165
张北　199,200,340
张北事件　199
张家楼　82
张群　327,329
张学良（张）　8-10,18,19,32,34,
　　37,40,59,73,89,111,114-116,
　　117,124,128

张学良部队　33，36

招商局码头　299

《诏书》　63

真崎甚三郎（真崎）　87，88，92

郑　18

郑亲王　223

郑州　115

支那事变　27，30，111，131，133，139，150，157，174，295

芝加哥　350

《芝加哥论坛报》　29

植田谦吉（植田，谦吉）　11，78，82，83

治安维持会　297，299

中村大尉案　111

中村震太郎（中村）　111，112，114，116，117，143－145，148

中东铁路　187，188，224，236，238

中东铁路出售协议　237

《中俄公约》　188

中国　1，2，8，10－13，18，20，26－30，33，40－43，45，54，57－59，69，70，74，76，79，83－86，90，93－95，100，111，118，120，126，128，134－137，140，141，143，144，150，151，154，155，157－160，172，180，182，183，190－193，195，196，198－200，202，204，205，209，210，212，213，215－219，222，224，226－233，235，238，240－242，244，246，249，251－256，258－260，262，263，267，269，271，274，275，277，278，281，282，284，285，288－292，295，297，298，300，303，304，306－309，313，319，326－331，333，335，337－344，346，347，350，351，353，355，362，365，371

中国便衣士兵　85

中国公使馆　26

中国关税制度　257

中国国民党政府　221

中国国民政府　202

中国海关　257

中国舰队　143

中国军队　11，12，59，157，194，197，199，223，259，268，340

中国陆军　73

中国市长　44，45，298

中国事变　3，5，76，82，157，178，183，185，292，307，308，311，312，317

中国事变处置方针要纲（中国事变处置要纲）　253，273

中国事变应对措施要纲　303

中国问题内阁咨询委员会　365

中国战俘　158

中国战争　179

中国招商局　278

中国正规军　58，59

中国政府　45，75，190，194，196，222，255，256，259，272，288，292，350

中华民国　49

中华民国临时政府　297

中满航空服务　279

中桥德五郎　51

中日关系　141,190-195,203,218,221,227,230,277,310,339,341-343

中日合资辛迪加　278

中日汽船公司（日清汽船）　278

中日事变　166

中日战争　141

中山公园　110,112

中山宁人　146

中央军事当局　12,16,19,78,360,361

中央政府　118,140,195,241,253,274,295,306,307,310,325,326

众议院　17,234,350,370

重光　210,214,217-221

重厚　61

重藤　16

周家桥镇　82

涿州　340,342

濁流镇　340

自我防卫权　23,24,52

宗社党　13

其他

NIKAHASHI　51

KIKAN　138